国家级一流本科专业建设点规划教材
教育部高等学校特色专业建设点推荐读物
北京高等学校优质本科课程指定教材
国家级优秀教学团队骨干成员参与编著

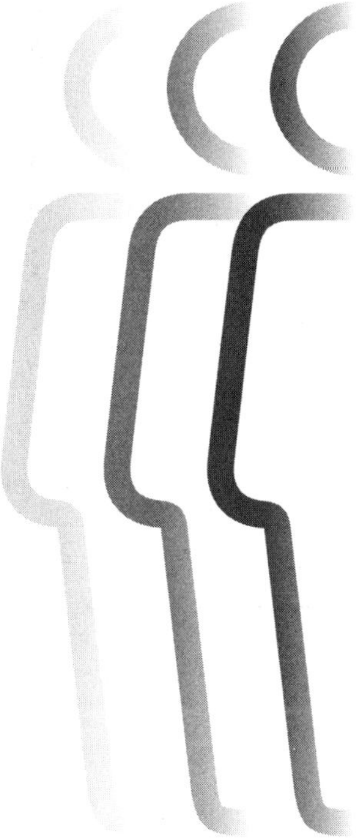

人力资源管理导论

RENLI ZIYUAN GUANLI DAOLUN

第二版

周施恩　刘俐伶　唐　军
毛艾琳　范　围　陈书洁　著

首都经济贸易大学出版社
Capital University of Economics and Business Press
·北京·

图书在版编目(CIP)数据

人力资源管理导论/周施恩等著．—2版．—北京：首都经济贸易大学出版社，2023.4

ISBN 978-7-5638-3499-0

Ⅰ．①人…　Ⅱ．①周…　Ⅲ．①人力资源管理-高等学校-教材　Ⅳ．①F243

中国国家版本馆 CIP 数据核字(2023)第054054号

人力资源管理导论(第二版)

周施恩　刘俐伶　唐　军　毛艾琳　范　围　陈书洁　著

责任编辑　王　猛

封面设计　风得信·阿东 FondesyDesign

出版发行　首都经济贸易大学出版社

地　　址　北京市朝阳区红庙(邮编 100026)

电　　话　(010)65976483　65065761　65071505(传真)

网　　址　http://www.sjmcb.com

E-mail　publish@cueb.edu.cn

经　　销　全国新华书店

照　　排　北京砚祥志远激光照排技术有限公司

印　　刷　唐山玺诚印务有限公司

成品尺寸　185毫米×260毫米　1/16

字　　数　260千字

印　　张　11.25

版　　次　2021年9月第1版　**2023年4月第2版**

2024年8月总第4次印刷

书　　号　ISBN 978-7-5638-3499-0

定　　价　38.00元

序

人力资源是社会经济发展不可或缺的基础元素，也是最活跃、最具开发潜力的生产要素之一。首都经济贸易大学劳动经济学院自创立以来，坚持为人力资源管理专业培养优秀专业人才，取得了显著成效，成为国内劳动科学领域人才培养与科学研究的重要基地。劳动经济学院由原劳动经济系和人口经济研究所合并组建而成，其前身是在原国家劳动部部长李立三同志倡议下创立于1954年的中央劳动干部学校，1984年以前，劳动经济系是全国唯一的劳动经济学科点。劳动经济学院（当时为劳动经济系）在国内最早建立劳动经济专业（1955年）和人事管理专业（1984年），也是最早（1981年）获得劳动经济专业硕士学位授予权的单位。2000年，劳动经济学院获得劳动经济专业博士学位授予权；2003年，获批为博士后流动站设置单位；2007年，劳动经济学获批为国家重点学科。

多年来，劳动经济学院在教学与科研方面取得了丰硕成果，编写出版专著和教材上百种，论文上千篇。许多教材多次印刷，被全国众多兄弟院校相关专业长期使用；率先引进和翻译国外相关专业教材；主持完成的国家级和省部级科研项目产生了良好经济社会效益。经过几十年的发展，学院已形成从本科、硕士、博士到博士后的完整的教学与研究体系，为国家培养各类毕业生一万余名。

首都经济贸易大学在全国首批开设人力资源管理本科专业（1993年），先后获批人力资源管理国家级优秀教学团队（2009年）、北京市特色专业（2009年）、国家级特色专业（2010年）、国家级一流本科专业建设点（2021年）。劳动经济学院师资力量雄厚，科研成果丰硕，人才培养独具特色，并在国内率先开设了“国际人力资源管理”和“人力资源管理实验班”两个人力资源管理培养方向，为国家部委、中央企业、国有企业、民营企业及外资企业培养和输送了拥有国际化思维的高水平复合型专业人才6 000余名。

随着人力资源管理理论与实践的不断发展，劳动经济学院在多年的教学科研过程中，深刻体会到现行人力资源管理课程教学需要进一步的改革。2006年开始，劳动经济学院院长助理、副教授周施恩带领唐军、陈书洁、刘俐伶、范围、毛艾琳等教师组成优秀教学团队，开始探索人力资源管理课程的改革，经过专家论证、实践尝试、持续改进，形成人力资源管理导论课程。该课程改革遵循课程设计的基本规律，尊重当代大学生的学习风格，充分运用国内外前沿学习理论，推动人力资源管理专业本土化、交融式、掘进式发展，改革取得了显著的效果；授课团队骨干成员连续5年获得学院“优秀教学效果奖”，年轻教师“学评教”成绩多次进入全校前30名，并获校级“优秀教学效果奖”。

与此同时，该课程的改革也获得了越来越多国内同行的认可。2020年，改革后的人力资源管理导论课程获批教育部高等学校工商管理类专业教学指导委员会“核心金课建设”项目、北京高校优质本科课程以及首都经济贸易大学教育教学成果一等奖。这为劳动经济学院人力资源管理专业向精深发展注入了新的动力，对学院内其他课程的改革也起到了引领示范作用。

“保持国内领先地位，争创国际知名学科”是学院当前及未来一个时期努力的方向。我们将抓住历史赋予的机遇，再接再厉，与国内外同仁紧密合作，共同为劳动科学的蓬勃发展做出新的更大贡献！

冯喜良

首都经济贸易大学劳动经济学院院长

中国人力资源开发研究会劳动关系分会会长

劳动经济学会人才发展分会会长

2023年1月

第二版前言

一、一个很大的意外

本书出版后，我们的课程改革团队一直将其作为本科生的教材使用。没想到的是，截至2023年2月，全国已经有70余所高校选择了我们的网上课程。广州、重庆、天津、西安、郑州、哈尔滨、桂林、南宁、太原，甚至是革命老区广西百色的一些兄弟院校的教师纷纷与我们联系，一方面是分享在本科教学中的心得，另一方面也征求关于此书用于本科低年级课堂教学的意见和建议。这令我们感到非常之意外，因此也开始了对这一问题的思考。

二、此书应该怎么用？

相较于其他人力资源管理概论性质的教材，本书的内容可以说是非常精炼和全面的。

所谓“精炼”，是指本书绝少为了一个不证自明的概念而广征博引，更多的是通过引导性案例让学生形成较为直观的感性认识，然后直奔主题，切入各章节的核心知识点。

所谓“全面”，是指本次修订，在人力资源管理的核心模块之外，增加了“重要拓展”“展望和规划”两篇。目的是使学生进一步了解从事人力资源工作所需要的周边强相关知识体系和能力素质（如心理学、人才学，社会保障、劳动法律制度等），进而使同学们基于自己的兴趣追求和能力特长，自我构建独具特色的能力素质模型，自主设计大学期间的学习生涯，进而以此为训练蓝图，有目的、有计划地打好理论基础，选择个性化课程，参与相关社会实践，掌握主流研究方法，探索学术和实践前沿，为将来的高质量就业和高质量成长奠定坚实基础。

由于核心内容更精炼、知识体系更广泛，这就对低年级本科生的教学工作形成了一定的挑战。下面结合我们长期磨合的经验，谨与各位同行分享两个探索性教法，以供参考。

（一）课上与课下相结合，学习与科研大交融

在课堂授课过程中，任课教师可以就其中的重点、难点予以讲解，而相对容易理解、趣味性强的部分，完全可以布置学生自学（如心理学中的一些著名研究）。同时也可以给同学们布置一些需要课后加强的内容，帮助学生逐渐形成研究性学习的良好习惯。下面以笔者基于罗杰斯的自我论（Rogers' Self Theory）、系统科学中的混沌系统论、

构建主义学习理论，以及行动学习、元学习和智慧学习等成熟教育理论设计的两个趣味性教学环节为例加以说明。

1. 田野调查——工作分析中的观察法应用实例

针对工作分析中的观察法，在确保安全（包括但不限于事前安全教育、男女生多人组合、确保手机畅通、不人员聚集、不妨碍他人、避免与调查对象发生争执等）的前提下，鼓励学生以调查小组的形式去商场、超市、大学食堂等公共场所，观察服务人员的工作行为（即田野调查）。再结合课堂所学理论知识，归纳总结目标岗位人员的主要职责和任职资格要求等职位说明书中的主体内容，然后开展研讨（无领导小组讨论）。在交流碰撞、取长补短、融会贯通、整理润色的基础上，最终形成自己的研究成果（如研究报告、公文写作）。

2. 为三年后的自己写一份求职简历——巧妙融入自主学涯规划应用实例

针对员工招聘中的简历筛选，一方面让学生自己查阅相关资料（文献研究法），归纳、总结、撰写（归纳法、演绎法）用人单位在进行简历筛选时的主要关注点。进而针对这些用人单位在简历筛选中的关注点，要求同学们为三年后的自己（毕业前）撰写一份求职简历。为了提高研究的针对性，教师在布置作业时可提示学生：根据自己将来的求职意向，有意识、有目的地选择心仪的工作单位作为主要研究对象，比如政府机关、事业单位、行业协会（学会）、社工团体、国有企业、民营企业、外资企业（欧美、日韩、东南亚等）……不同类型的用人单位对求职者的要求和关注点有较大差别，教师在学生进行课堂展示时，可以画龙点睛地讲解一些跨文化管理的知识。

此类课外练习，一方面可以督促同学们课后学习，掌握人文社科类专业常用的研究方法；另一方面可以促使学生独立思考，主动规划自己未来的发展，并对照目标，有意识、有目的、有计划地弥补自己的短板，在大学期间训练和积累自己的全方位能力和素质。

（二）团队授课，各显神通，共同打造学习盛宴

有条件的高校可以组成精英团队，由人力资源管理、心理学、社会保障学、劳动关系学、管理学等领域的精干教师共同授课。每人只负责自己最拿手的部分，以每个人的“长板”拼成一个更高、更强、更精深、更博大的学习场域（我们形象地称之为盛满精神食粮的“大饭桶”）。以团队的形式，为学生带来一场知识、思想的盛宴，真正把大学变成一个学习知识、启迪心灵、掌握方法、探索前沿、成就人生、开创未来，最终助力中华民族伟大复兴的精神殿堂。

三、这一版主要做了哪些修订？

（一）篇章划分

根据我们课程改革的设计，重新将全书系统划分为三篇：第一篇，快速切入；第二篇，重要拓展；第三篇，展望和规划。明确的篇章划分和简练的篇章引导，可以帮

助学生更快理解全书的设计逻辑，把握各个篇章需要学习的重点知识、需要磨炼和积累的能力素养，从而抱着明确的目标去学习。

（二）重要增补

本次修订增补了一些重要的研究方法、配套图表、名家名言和支撑数据，对部分不够严谨的表述进行了更正，对部分案例进行了替换，部分枯燥晦涩的表述变得更加通俗易懂。

同时，我们也适时将党的二十大精神有机融入本书的知识体系中。在实现中国式现代化思想的指引下，我们的授课情境更加本土化，授课内容更加符合我国经济社会发展要求，有助于把学生带入一个基于中国特色社会主义国情，富有生命力、鲜活的全息教育场景。

四、致谢

本次修订要感谢广州、重庆、天津、西安、郑州、哈尔滨、桂林、南宁、太原、百色等地同行的积极联系、深入交流、普遍肯定和大力支持，同时也感谢国内70余所高校同学们的网上留言互动。此次修订中，北京百事可乐饮料有限公司的周赫然对第三章进行了修订，首都经济贸易大学劳动经济学院的范毓洋老师对第四章进行了修改，周施恩老师进行了全书统稿。

五、资源分享

我们专门拍摄的全套视频课程（合计近500学时），以及课堂练习、课后思考、单元测验、配套案例、授课PPT、期末考试题库等，现在已经全部上线，请大家登录以下网址免费获取相关资料：

智慧树：可观看全套课程视频，下载单元测试、期末考试题库。

https：//coursehome. zhihuishu. com/courseHome/1000072800#teachTeam

“超星/学习通”优质课程示范教学包：可下载授课PPT、配套案例、章节题库。

https：//cv - p. chaoxing. com/teaching/materialInfo？ courseId = 205112185&wfid = 113595&mappId = 0

学无止境，教亦无止境。欢迎大家多多指教。好的意见和建议，我们将在下次修订中予以采纳并标注贡献者。

周施恩

于北京通州三品斋

电子邮箱：1044919121@qq. com

2023年3月

目 录

第三篇 展望和规划

第一篇　快速切入

本篇是同学们专业入门的第一个台阶，其重要意义不言而喻。

本篇的教学目标：通过对人力资源管理重要理论与企业实践的精炼梳理，对人力资源管理重要价值（对个体、对组织、对整个社会）与核心工作的高度概括，使读者能够迅速形成对人力资源管理专业的理性和感性认知。

进而，通过对典型案例的研讨，将学生置于“现实情境”之中，为学生呈现基于中国国情的“全息教育场景”，使其对人力资源管理专业的工作性质和工作方式等有一个较为客观的“职业预视”。

慎思而笃行，卓越之始乎？

让我们共同开启一段紧张而刺激的学习之旅。

第一章　绪　　论

学习目标

√ 掌握人力资源的相关概念
√ 理解用好人力资源的基本目标和基本公式
√ 熟练掌握人力资源管理的定义及职能

21世纪以前，国内企业的人力资源部门主要作为一种办事机构而存在。由于人力资源管理者掌握公司的人事信息，与领导接触的机会较多，职责相对固定，技术含量低，因此很多员工普遍对其“敬而远之”。但2000年以后，这种情况在不知不觉中发生了很大变化。

随着企业规模越来越大，市场竞争越来越激烈，“人事工作”也变得越来越复杂，不确定性因素增多，人力资源管理的真实价值逐渐得以显现。但是，对于人力资源管理是什么、做什么、有什么用，当前所面临的困境、未来的发展趋势，以及怎样才能成为一名优秀的人力资源管理人员等问题，人们仍存在一些误区。

本章将对这些基本问题予以澄清，对如何学习人力资源管理专业进行一个简单引导。

第一节　为什么要学人力资源管理

很多人认为，人力资源（HR）管理仅仅是人事部门的事，而与其他部门的管理者无关。这是一种错误的看法。无论是人力资源管理（HRM）人员还是其他直线或职能经理，都需要在这一领域下一番功夫。中国进入新时代，企业竞争越来越激烈、内部管理越来越规范，非人力资源经理也要肩负越来越多人力资源管理方面的职能。反过来说，作为一位部门经理，如果自己的兵不自己选、自己带、自己施以科学的激励，领导力就会弱化。

一、德鲁克的观点

现代管理学之父彼得·德鲁克（Peter F. Drucker）认为，企业雇佣的是员工整个的人，不应仅是他的任何一个部分（比如手、脚）。这说明了“为何改善员工工作成效是提升企业经营绩效的最佳方法”，以及“人力资源是所有资源中最有生产力、最多才多艺，也最丰富的资源”。德鲁克进而提出，当我们谈到管理员工和工作时，我们谈的其实是一个非常复杂的课题。仅仅带着“手和脚”来工作的员工，一定不是好员工；仅仅让员工用“手和脚”来工作的经理，也一定不是好经理。

（一）你必须要了解资源的特性

如果视员工为人力资源，我们就必须要了解这种资源的特性。如果你对其特性了解不够，肯定做不好管理工作。当我们把重点分别放在资源和人上时，如何做好管理工作的答案是截然不同的。

比如：如果你把员工视为资源，就像钢铁或木材一样，那管理的重点就是尽量利用他们的使用价值，而不必考虑其感受；而如果你把员工当作人来看待，你就必须要注重人性化，设法让工作的设计与安排符合人的特色化需求。

（二）你必须要了解双方的需求

作为以营利为目的组织，企业必须要完成任务。为了完成任务、实现目标，企业对员工应该有什么样的要求？而作为一个人、一个独立的个体，员工为了自己的生存与发展，为了幸福的生活，对企业又会有什么样的要求？

了解双方的需求，并设法找到其中的契合点，甚至想方设法增加双方的契合点，是现代企业搞好管理之本。

（三）你必须要处理好成本与收入的关系

客观地讲，企业既是财富的创造者，也是多数员工生活、生计的主要来源地。工资，对于企业来说是成本，对于员工来说则是收入，双方存在显而易见的冲突。作为管理者，你必须要学会如何加以调和①。

实际上，德鲁克当初并不是为了说明“学习人力资源管理的必要性”（事实上，当时还没有人力资源管理这门课程）而提及上述观点的，但正是这种无心插柳式的言论，却更加确切地说出了学习人力资源管理的必要性。

二、当今社会的挑战

（一）员工需求的变化

人是一种非常复杂的社会性动物。在解决了温饱和安全问题之后，人就会产生多重复杂的需求，而这些需求又是随着社会的发展而不断变化的。

举个简单的例子：计划经济时期的职工看重公平（主要是分配上的“平等”），改革开放之初（1978—1995 年左右）的人们追求机会，国企脱困实施下岗分流时期（1996 年之后），人们又开始关注职位的稳定性；“70 后”员工拥有梦想，“80 后”员工强调自我，“90 后”员工张扬个性，“00 后”员工注重个人感受（虽然不完全准确，但有一定代表性）。如今，就连当初普遍推崇的奉献精神，也不得不让位于“工作与生活的平衡”。

人们这些内在需求的持续变化，无疑给企业的人力资源管理提出了新要求、新挑战。

（二）社会环境的变迁

关于社会环境的变迁，我们可以 PESTL 分析框架（political，economical，social -

① 彼得·德鲁克．管理的实践［M］．齐若兰，译．北京：机械工业出版社，2006：218 - 219.

cultural，technological，legal）为蓝本进行探讨。

1. 政治环境（political environment）

如今，“富强、民主、文明、和谐、自由、平等、公正、法治”等价值观念逐渐深入人心，并最终转化为人们工作与生活中的重要主张，转化为人们在工作场所中的诉求。如果仍然利用传统的强调服从、忠诚的观念和方法来管理企业、管理员工，肯定是行不通的。

2. 经济环境（economical environment）

改革开放至今，我国的经济环境可以说发生了翻天覆地的变化。最根本的一个变化，就是由原来的国营企业一枝独秀，逐渐演变为今天的国企、民企、外企三足鼎立。这一经济结构的变化，不仅意味着我国的经济实体越来越多元和丰富，同时也给了人们更多的选择机会。“良禽择木而栖”，如果你的管理理念不够先进，管理方法不够科学，领导方式不够高明，那些真正的英才迟早会离你而去。

3. 社会文化环境（social - cultural environment）

当今的社会文化，可以说正朝着多元化、丰富化、个性化、娱乐化大步前进。在这一时代背景下，企业对员工单方面的管理，不得不向企业和员工共同管理转变。

就是说，你要管理员工，得先知道他自己希望被怎样管理。如今，“上午报到，下午辞职”的事件屡见不鲜，因此你不能跟员工对着干，而只能多以“引领、疏导、激励”的方式，少用“命令、禁止、惩罚”的方式来改变员工的行为。

4. 科技环境（technological environment）

诺基亚（Nokia）公司曾于20世纪90年代提出“科技，以人为本”的口号，而这句话在今天代表着什么含义呢？

“科技，以人为本”的原意是指，“越是高深的科技就越需要从人性出发，替人着想，为人设计。而不是将技术和产品推出后，让用户去学，去适应这个技术和产品”①。今天，几乎无处不在的网络和无所不能的智能手机把人们带入了自媒体时代。人们随时随地可以把自己所思所想、所见所闻上传到网络。在这样的环境下，只有学好人力资源管理才可能去管理好那些酷爱展示又能随时展示自己的员工。

5. 法制环境（legal environment）

随着社会政治、经济、文化等环境的不断进步，我国的法制环境也越来越完善，用于规范企业与员工双方雇佣关系的法律法规（如《劳动法》《劳动合同法》等）越来越全面、深入和具体。如果不加强对相关问题的研究，不着力提高人力资源管理的水平，一不小心就有可能触犯法律。而一旦触犯法律，违法者不仅要受到相应制裁和处罚，甚至还有可能被当作反面教材，被一代又一代的学生研讨、分析、批驳。这种代价，恐怕谁都承担不起。

---

① 周施恩．企业文化建设中的七大经典败笔［J］．企业管理，2014（4）：42－44.

第二节　什么是人力资源

研究人力资源管理，我们需要首先搞清一个基本的概念——人力资源。

一、宏观视角下的人力资源

（一）人口资源

人口资源（population resources）是指一个国家或地区所拥有的人口总量，主要表现为人口的数量。比如，截至 2019 年，印度共和国的人口数量为 13.24 亿人，并且在连年递增，贫富分化严重，人均受教育水平不高；日本人口数量为 1.25 亿人，并且在连年递减，人口老龄化严重，社会购买力不足。

人多不一定富有，也不一定强大，但深入分析人口结构及其演变趋势，我们可以从中找到影响一个国家、民族未来发展的一些重要线索。根据国家统计局公布的数据，截至 2022 年末，我国人口为 141 175 万人，比 2021 年减少 85 万。劳动年龄人口数量减少，老龄化程度进一步加深，且存在人口规模逐渐递减的趋势①。这意味着我国“人口红利”时代已经结束，管理创新和科技进步将会成为未来竞争的决胜力量。因此可以说，“高效精益”必将会成为我国经济社会发展的时代主题！

（二）人力资源

人力资源（human resources）是指一个社会中具有智力劳动能力和体力劳动能力的人的总和，包括数量和质量两个方面。

截至 2019 年，非洲拥有 12.56 亿人，且人口增长率世界领先，全球每年有超过一半的新增人口来自非洲。根据非洲开发银行预测，非洲人口在 2030 年将超过 17 亿人，2050 年超过 25 亿人。但是，由于经济基础薄弱，就业稳定性差，培训教育缺失，很多非洲国家形成了较为严重的青年失业问题和“在业穷人”现象，从而进一步加剧了社会稳定和治安问题。同时，由于人均受教育水平普遍较低，因此非洲人力资源的整体素质并不高。

“人口规模巨大的现代化”和“全体人民共同富裕的现代化”是中国式现代化的两个重要特征。当前，有计划、有步骤地加大人力资本投资，在保持规模巨大的同时持续提高我国人力资源的质量，是需要我国社会各界广泛参与的重大课题。

（三）人才资源

人才资源（talent resources）是指一个国家或地区中具有较多科学知识、较强劳动技能，在价值创造过程中能够发挥重要作用的那部分人②。人才资源是人力资源的一部分，即优质的人力资源。在 2021 年 9 月召开的中央人才工作会议上，习近平总书记强

---

① 王萍萍：人口总量略有下降 城镇化水平继续提高．国家统计局，http：//wap. stats. gov. cn/jd/202301/t20230118_1892194. html. 2023 – 01 – 18.

② 董克用，叶向峰．人力资源管理概论［M］．北京：中国人民大学出版社，2003：4 – 9.

调“全方位培养、引进、用好人才，加快建设世界重要人才中心和创新高地，为2035年基本实现社会主义现代化提供人才支撑，为2050年全面建成社会主义现代化强国打好人才基础”。总书记讲话，为我国下一阶段的人才工作提供了重要遵循，也为我国官产学研及社会各界做好人力资源管理工作指明了方向。

（四）关键人才

所谓关键人才（key talents）是指在一个国家或地区的综合发展中能起到关键的引领、推动和支撑作用的中高端人才。很显然，这是一个国家或地区社会发展的支柱，是强国富民最为重要的价值源泉。如果一个国家、民族的关键人才储备不足，其社会经济发展受制于人几乎是一个不可避免的结局。反过来说，尽管一个国家、民族当前比较贫困，但如果其大力发展教育，建立一整套切实可行的人才选、用、育、留体系，并善于从市场和行政两个角度来打造有利于人才脱颖而出的长效机制，那它的发展前景将是无可限量的。

上述四类人群间的关系如图1－1所示。

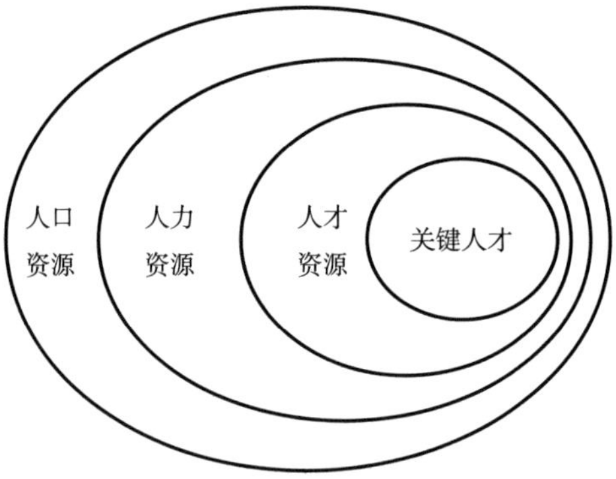

图1－1　宏观视角下的人力资源

二、企业视角下的人力资源

参照宏观层面的概念，如果将企业视角下的人力资源定义为“本公司雇佣的拥有智力和体力劳动能力的人”，就显得过于狭隘。根据系统论的观点，现代企业应该是一个开放的系统，需要持续从外部获得资源的输入，然后将这些资源转化为有价值的产品或服务输向社会。同时，企业也需要不断地吐故纳新，即不断吸收拥有新思想、新知识和新技能的人员进来，并适度排除那些不适应企业需要的人，否则就无法维持组织的健康运转。

根据这一理论，我们将企业视角下的人力资源定义为：企业目前所雇佣的以及现在或将来有可能雇佣的拥有一定智力和体力劳动能力的人。

三、人力资源的特性

与企业生产经营所需的其他资源相比，人力资源具有如下特性：

（一）人力资源最根本的属性是人

正如彼得·德鲁克所说，如果你把员工视为资源，就像钢铁或木材一样，那管理的重点就是尽量利用他们的使用价值；而如果把员工当作人来看待，你就必须要注重人性化，设法让工作的设计与安排符合人的特质、要求。这一点与其他所有资源的使用都是不同的。

举例来说，当一台机器超过额定寿命时，你可以按照规定将其报废，但对于员工就不能这样。无论是从法律角度还是从人性角度，你都需要对员工给予更多的关怀和照顾，比如是否能够通过转岗或者培训来解决问题。

（二）人力资源最原始的特点是动物性

人类虽然是地球上拥有智慧的高级物种，但也仍然没有摆脱动物的基本属性：有七情六欲，有生理上和心理上的高潮与低谷，当然也会有生老病死。如果不考虑这一点，一厢情愿地要求员工几十年如一日地保持高昂的士气和超强的战斗力，这是不科学的。

人都有贪图享乐的一面。作为管理者，你可以把它视为挑战，也可以把它作为激励员工努力工作的重要途径——给员工制订相应的规划或短期计划，现在开动脑筋、鼓足干劲、实现目标，将来会得到更高水平的享乐。也可以通过提高本企业的福利水平，给员工提供舒适的办公空间、“好玩”的休息或娱乐场所，以满足员工享乐需求的方式留住员工——事实上，谷歌、微软、苹果等优秀的公司一直致力于这方面的持续改善。

（三）人力资源最有价值的特点是主观能动性

与其他动物不同的是，人类可以有意识、有目的、有计划地反作用于外部世界。他们可以斗志昂扬，也随时有可能偷懒耍滑。问题的关键不在于你想让他成为什么样的人，而在于你为他提供了怎样的制度和文化环境。

在好的环境里，人们都可以变得积极而高尚；而在坏的环境里，清廉的人也有可能变得贪婪。因此，成熟的管理者不会无谓地感叹世风日下，而是想办法贴近现实、改进管理，用硬的制度和软的文化激励员工努力工作、成就未来。

（四）人力资源最广泛的特点是社会性

除了有主观能动性以外，人还是一种社会性动物。他们的思维方式、工作态度和人际关系处理都会受所在群体的影响，进而表现出与其他群体不同的特性。

举例来说，从群体的角度看，美国人崇尚自由，日本人强调团队合作，德国人做事严谨，法国人天性浪漫。在我国，江苏人精打细算，浙江人务实肯干，深圳人现实努力，北京人大气爱面子。这些都是人的社会属性的一种表现（虽然不完全准确）。具体到人力资源管理实践，在用人理念、管理制度和具体措施上，要能认真体会、合理把握和努力适应这些社会方面的文化差异，而不是简单地一刀切。从这个角度来看，即便是一家国内的公司，也存在潜在的跨文化管理（通常的跨文化管理主要针对的是来自不同国家的人）。

（五）人力资源最潜在的特点是复杂性

“人是有差异的。”这被称为心理学第一定律。更为关键的是，这种差异不仅表现在外表上，不同人的价值观念、角色定位、自我形象、特质、动机等深层次潜在因素也有很大不同。人们通常所说的“不能以貌取人”，也是这个道理。

此外，即便是同一个人，随着年龄的增长、财富的增加以及社会阅历的积累，其外在与内在的因素也是会发生变化的（尽管有些因素转变得比较慢）。这就使了解一个人、认识一个人、深度把握一个人变得非常难。

总之，人力资源有其非常显著的特点。这对搞好人力资源管理提出了严峻挑战的同时，又使“做好人力资源工作”这一简单的要求变得意义非凡。只有“能别人之所不能”，才能够使你站得更高去迎接未来。

四、人力资源的目标和公式

由于人力资源具有上述五大特性，把人“用好、用活”就成了一项非常复杂的专业技术。

（一）基本目标

把人“用好、用活”的基本目标，在人力资源管理的专业中的表述就是：把人放在最适合发挥其个人才能的岗位上，并采取相应的培养和激励机制，使其快乐而高效地工作。

这句话不难理解，主要是用好单个员工，但已体现出人力资源管理的本质。

（二）基本公式

首先把单个员工用好，这是人力资源管理基本的着眼点。以下基本公式可以参考：

用好单个员工 = 人的有效技能最大化发挥 = MAX（人的劳动技能 × 适用率 × 发挥率 × 有效率）。

1. 适用率

适用率考虑的是“是否用其所长”。计算公式为，“适用的技能 ÷ 拥有的技能”。具体含义为，每个员工都拥有多项技能，你要使用哪一项？这回答的是人员配置和工作安排的问题。

2. 发挥率

发挥率考虑的是“员工的干劲如何”。计算公式为，“所使用的技能 ÷ 适用的技能”。具体含义为，你使用了他最擅长的技能，但他认真干了吗？这回答的是人员激励和领导艺术的问题。

3. 有效率

有效率考虑的是“使用效果如何”。计算公式为，“有效使用的技能 ÷ 所使用的技能”。具体含义为，在他所使用的技能中，哪些技能用对了？这里的“对”，主要指在正确的方向下使用该技能。比如，某位员工是研发天才，你也让他去搞研发，但他研发的方向是正确的吗？这回答的是战略目标和努力方向的问题。

第三节　什么是人力资源管理

一、人力资源管理的定义

人力资源管理（human resource management，HRM）是指遵循某种理念（或称管理哲学），综合运用多种技术和方法开展人力资源相关活动，以求达成企业目标的过程。

（一）某种理念

当今社会纷繁复杂，不同的企业所遵循的理念可以说千差万别。比如，日本松下公司（Panasonic）的人才理念是“以人为本，尊重个性”；美国通用电气公司（GE）的人才理念是“人才的选拔与培养重于一切”；美国微软公司（Microsoft）的人才理念是“宁缺毋滥，人尽其才”①。如果将公司的理念简单地定义为“以人为本”，显然是不够的。究其本质，空洞、笼统地谈“以人为本”，缺乏深刻的理解，仅表面正确。

（二）企业目标

企业做任何事情都应该是有目标的。没有目标的行动会导致员工无所适从，目标错误的行动甚至会使企业加速死亡。领导者决策是选择一条正确的跑道，各级员工执行决策就是要想方设法在既定的跑道上跑得最好（不一定是最快）。从愿景开始，企业无论做任何事情，都要始终把目标记在心里、放在眼前、挂在嘴边，让员工聚焦在企业的战略目标和年度目标上。所有的行动、工作，都要始终围绕目标来进行。这样的企业终将成功。

二、人力资源管理的六大职能

根据诺贝尔经济学奖获得者、决策论大师赫伯特·西蒙（Herbert A. Simon）教授的观点，如果将实现企业目标作为人力资源管理的最终目的，那在实现企业目标的过程中，人力资源管理工作必须要实现一些中间目标，或称“履行一些必要的职能（functions）”。

（一）规划

根据战略管理大师迈克尔·波特（Michael E. Porter）的观点，“有效地贯彻任何一种基本战略，通常都需要全力以赴，并辅以一个组织安排”②。

具体到人力资源管理上，“组织安排”既包括企业的组织结构设计，也包括对人力资源的整体规划。没有规划的工作，最终会使员工陷入手忙脚乱之中。

（二）获取

人员的获取是人力资源管理的基本职能，毕竟再美好的目标也是需要人来实现的。但如果招聘到不合适的员工，将会给企业带来很多不必要的麻烦。

---

① 周施恩．企业文化理论与实务［M］.2 版．北京：首都经济贸易大学出版社，2007：130.

② 迈克尔·波特．竞争战略［M］．陈小悦，译．北京：华夏出版社，1997：48.

"人才的选拔与培养重于一切"（美国通用电气公司的人才理念），大型跨国公司在人员获取上都采取审慎、严谨的态度，这一点非常值得我国企业学习和借鉴。

（三）整合

赫伯特·西蒙说："管理型组织是合作行为系统。"① 将人招聘进来以后，下一步就是要将他们配置在合适的位置上，并将一个个独立的人有机整合在一起，以富有效率的方式去完成工作任务，实现经营目标。"组织的目的，就是要让平凡的人做出不平凡的事。"德鲁克的这一著名论断，道出了组织整合的精髓。

（四）培养

这里所说的培养，既包括上岗前的培训，也包括后续的在职培训以及对人才的综合开发。把不胜任的人培养成可以胜任的人，把有潜力的员工培养成中高级人才，对企业、对员工都是极为有利的，也可以说是企业长远的重要投资。

（五）激励

人的主观能动性是可以被调节的，而调节的主要手段就是激励。在企业人力资源管理中，最直接的激励措施就是薪酬与绩效联动的有机系统。

虽然还有其他一些有效的激励措施，比如愿景感召、文化熏陶、领导感化等，但它们更多的是软性的东西，需要与具体的人力资源管理措施有机结合，才能持久地发挥作用。

（六）保留与辞退

人具有复杂性，有各种各样的需求。"人往高处走，水往低处流"，可以说是一种常态。为了留住宝贵的人才，企业需要动一番脑筋，下一番功夫。同理，一些人的价值理念与企业不合拍，或者无法适应企业的需要，也需要将他们排除出企业。

本章小结

首先，对学习人力资源管理的必要性进行了分析。从彼得·德鲁克的观点到当今社会发展所提出的挑战，全面分析了学习人力资源管理的必要性。

其次，对人口资源、人力资源、人才资源、关键人才等基本概念及其相互关系进行了探讨。目的是使读者初步掌握人力资源的基本概念和特征，理解、用好人力资源基本公式、基本目标。

最后，对人力资源管理的概念、职能等内容进行了介绍。目的是使读者初步了解人力资源管理是什么、有什么用、主要做什么等。

本章内容主要是引导和概述，目的有两个：一是使读者迅速形成对人力资源管理的认识；二是对将学习的内容有一个初步的了解。

---

① 赫伯特·A. 西蒙. 管理行为（原书第四版）[M]. 詹正茂，译. 北京：机械工业出版社，2004：75.

关键术语

人力资源管理（human resource management） PESTL 分析（PESTL analysis）
人口资源（population resources） 人力资源（human resource） 人才资源（talent resources）
关键人才（key talents） 职能（functions）

复习思考题

1. 简述人口资源、人力资源、人才资源、关键人才的定义及相互关系。
2. 与其他资源相比，人力资源有哪些主要特点？
3. 从总体上看，人力资源管理需要履行哪些必要的职能？

案例分析

方正科技的新员工融入计划①

目前，国内企业普遍重视员工招聘，但对新员工的入职管理却往往流于形式。这在无形中错过了对新员工实施入职培训的最佳时机，同时又拉长了新员工工作上手的时间，对企业、对员工个人都是极为不利的。

方正科技集团股份有限公司的新员工融入计划，也许能够给国内企业一些有益的参考。

一、实施背景

一次，一名方正科技新员工在入职当天没能及时拿到电脑，而这名员工所在部门的经理与公司人力资源总经理很熟，在一次日常沟通中无意中说起这件事，“新员工入职当天拿不到电脑，既耽误工作，又影响不好”。虽然这只是一个简单的抱怨，但人力资源总经理对此很是重视，他马上要求人力资源部对新员工入职流程进行梳理，以防止再发生类似的事情。

于是，以这件事为契机，公司人力资源部将新员工入职流程逐项拆开，再重新优化组合，并加入了很多“很细节”的东西，从而使原来简单的入职流程升级为一个系统、温馨的“新员工融入计划”。

二、具体的操作流程

新员工融入计划在新员工入职前就开始启动，并且贯穿整个试用期。

（一）入职前的准备

根据确认好的新员工入职时间，人力资源部会提前三天至一周开始入职准备工作。

① 周施恩，刘烨．方正科技的新员工融入计划［J］．企业管理，2011（7）：48－50.

具体内容包括：

☞ 通知行政、信息及用人部门准备入职所需的各项物品；

☞ 开通必要的权限；

☞ 提前告知“指导人”如何进行指导工作；

☞ 做好人力资源部自身的准备。

（二）制作精美的欢迎卡

在入职当天，每位新员工都会收到一张漂亮的“欢迎卡”。欢迎卡使用加厚的红色铜版纸制作。

1. 封面

欢迎卡的封面上醒目地印着“欢迎您加入方正科技”的美术字。

2. 内页

翻开内页，首先是一小段欢迎词。欢迎词下面分别是新员工的一线和二线老板的名字，以及服务于他（她）的 HR Partner（来自人力资源部的“事业伙伴”）的名字和联系方式（如图 1－2、图 1－3 所示）。看到这些，新员工就知道自己要向谁汇报，以及在遇到问题时可以找谁咨询，从而避免了刚入职时的迷茫。

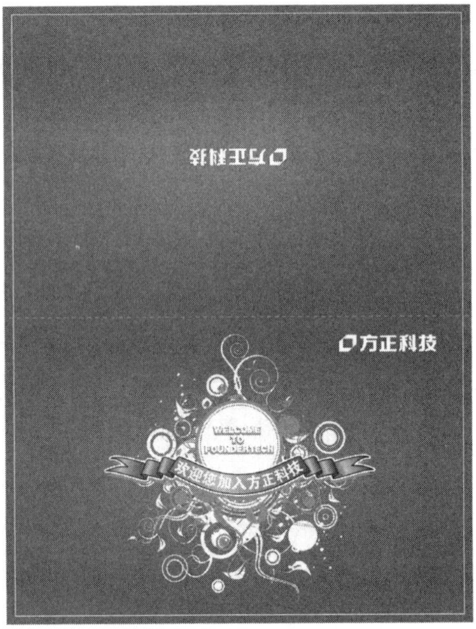

图 1－2 欢迎卡封面与封底

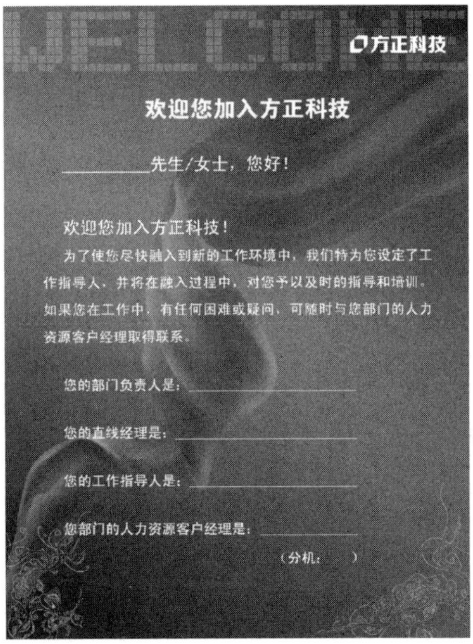

图 1－3 欢迎卡内页

由于欢迎卡制作非常精美，而且又是员工在职场打拼中一个非常重要的起点，因此很多人都将它当作纪念品，小心翼翼地珍藏起来。

（三）公司内网的欢迎界面

在公司 IT 部门的支持下，人力资源部在公司内网上专门开辟了一个栏目，主题就是欢迎新员工。

栏目的标题为醒目的“欢迎加入方正科技大家庭!”的欢迎词，该栏目位于公司内网首页的左边，以适应大家从左到右的浏览习惯。每逢周二、周四，也就是在新员工入职的当天，页面上就会滚动播出新员工的姓名。

老员工在每天上班打卡时就会看到欢迎界面，从而在第一时间就了解新员工入职的信息。他们可以直接点击该员工的姓名并写下欢迎词。这些欢迎词，可自动通过网络转到新员工的邮箱中。而新员工一打开电脑，就会发现自己的名字在屏幕上闪烁，并能即时收到来自老同事的问候。这让人充满温馨的感觉。

（四）相关手续办理及入职培训

除了上面的安排之外，新员工在入职当天会有专职人员帮其办手续，签合同。同时，员工也会收到一个“入职包”，里面包含了所有需要的办公用品及实用的相关信息，员工不必在报到后再逐一申请。然后是3小时左右的入职培训，培训内容包括公司介绍和工作指南两大项。

1. 公司介绍

首先会播放一段振奋人心的企业发展短片，让员工有一种被冲击的感觉。之后由HR进行培训，内容包括：

☞ 企业发展历程；

☞ 公司业务介绍；

☞ 产品信息介绍；

☞ 公司各个部门的组织架构和相互之间的关系等。

除了培训员工具体的文化条款，人力资源部还会通过组织其他形式的后续学习，以让员工进一步理解并认同企业文化。而且这一套入职培训会通过视频系统延伸到各个分公司，使分公司的新员工也能及时接受同样的入职培训。

2. 工作指南

工作指南的内容十分丰富、实用，主要包括：

☞ 工作要求；

☞ 有关制度或规定；

☞ HR的相关政策；

☞ 如何使用公司内网；

☞ 上下班如何打卡；

☞ 平时的着装要求等。

新员工培训大约持续3小时左右。培训结束后，Partner（事业伙伴）就会将新员工领回其所在部门，并引荐给老板及部门全体同事。随后，各部门一般会自行组织简朴而热闹的欢迎午餐。

（五）融入系列培训

除了入职当天的基础性培训外，HR还设计了参观、体验等形式多样的培训形式，进一步丰富培训内容，形成了正式的“融入系列培训”。内容包括：

☞ 参观王选院士纪念室；

☞ 到“方正－微软体验中心”体验公司产品；

☞ 产品知识培训；

☞ 对优秀实习生的特殊培训。

（六）指导人计划

入职当天简单而温馨的欢迎仪式结束后，新员工融入计划还远没有结束，而是进入到更深的层面。

从入职的当天下午开始，新员工就进入职业辅导流程。其所在部门会安排专门的人员做他们的“指导人”，以指导他们顺利度过入职后的前6个月，从而帮助其完成由优秀毕业生向优秀员工的转变。指导人计划的具体内容如下：

1. 指导人的选择和分派

指导人可以是经理，也可以是品行端正、业务能力强、表现优秀的骨干员工。一般来说，公司所安排的指导人都是与该新员工在同一部门或者有业务关系的人。同时，考虑到指导人的精力有限，所以规定一个指导人不能同时指导多人。

2. 指导人的职责

新员工上岗后，指导人首先要让员工了解其岗位职责和角色定位，这主要通过口述并结合职位说明书来实现。接下来是让员工了解部门的既定工作，如定期填报表，或者定期拜访客户等。此外，指导人还要带新员工在办公区进行走访，特别是要重点拜访那些在业务上有密切联系的部门和同事，使其清楚工位布局、工作关系，以方便日后开展工作。

然后，指导人要给新员工制订试用期的学习计划和预定目标。而且，指导人还要定期抽出一定时间与新员工进行面谈，以及时了解新员工的学习情况与工作动态，指出并帮助其改进不足之处。

3. 指导人手册

为了使指导人计划落到实处，人力资源部还专门编写并下发了指导人手册。手册分为几大模块，包括准备、报到、融入和考察四个阶段，涵盖了从新员工入职前、入职当天、入职一周之内、一月之内和半年之内指导人需要做到的一系列事情。指导人手册上面的规定，甚至细化到了“教会新员工如何填写常用表单”“如何使用复印机”等非常细节的内容。

由于新员工会被配置到公司的各个部门，而不同部门具体业务的差别又非常大，所以指导人手册所规定的一般都是通用的指导模块，而对于具体业务上的指导要求则无法一一罗列。为了避免指导人简单地“照方抓药”，手册在一开始就明确指出“指导工作包含但不限于以下内容”，以提醒指导人不要满足于应付差事，还要根据具体情况进行开拓性的指导。

（七）入职一周后的调查与反馈

新员工入职一周后，人力资源部会请新员工针对入职工作进行满意度评价。

1. 评价的方式

这主要以电子问卷的方式进行，以邮件形式回收。

2. 评价的内容

其包括入职手续办理、报到工作及入职培训、设备物品的配备，以及其他方面的个人感受和建议。

3. 问题分析与工作改进

对于调查中所反映的问题，人力资源部都会认真分析，在找到问题的根源后提出改进措施，或与相关部门人员一起沟通解决方案，并加强相互间的配合协作，以避免问题的再次发生。

而新员工也会对公司的细心安排、主动倾听、认真征求意见并积极完善工作而倍感温馨，大幅度提高其对人力资源工作以及对整个公司管理的认可程度。

（八）入职一个月后的调查与反馈

新员工入职一个月后，人力资源部会对新员工以邮件形式发放调查问卷，让他们对指导人是否按职责要求的内容开展指导工作，以及指导活动的效果等进行评价。随后，人力资源部会分析问卷中所反映出的问题并提出改进措施。

（九）入职半年后的调查与反馈

在试用期内，HR 会不定期地主动了解新员工的融入情况和部门对员工的评价，以及时跟进入职管理并做出相应动作。除了常规的持续关注外，在即将结束试用期之前，人力资源部还会对新员工进行一次正式的调查与反馈。

1. 调查目的

了解员工的各方面情况，以便对招聘、培训、配置以及新员工的个人能力和发展意愿做出综合评估。

2. 调查形式

问卷与面谈综合使用。

3. 调查内容

调查内容包括：

☞ 新员工的学习情况；

☞ 新员工的绩效情况；

☞ 新员工对所在岗位工作的认可程度——是否与个人预期或个人的职业规划相一致；

☞ 新员工对团队氛围、部门领导及周围同事的评价；

☞ 新员工对企业文化的适应程度；

☞ 新员工关于个人发展的其他想法或发展意向等。

4. 综合分析

对招聘效果的评估：从招聘是否成功的角度，分析新员工在人与岗位、人与团队、人与企业的匹配程度如何，从而判断该员工是否适岗，或是否能够达到公司要求。

对新员工的重新认识：从个人方面，了解该员工的能力、素质与胜任力情况，以及关于工作的想法等。

对人力资源配置效果的评估：分析公司是否将合适的员工安排在了合适的岗位上，以及该员工的稳定性如何，是否需要提前进行人员储备等。

5. 结果应用

与业务部门就新员工的想法、意见与岗位匹配情况等进行沟通，并采取相应对策。对于潜力尚未完全发挥的员工，建议其所在部门适度扩大其职责范围，以满足员工发展的需求；对于稳定性较差的员工，建议其所在部门提前做好人员储备；对于匹配性较差的员工，考虑为其更换更合适的岗位。

从上面的介绍可以看出，招聘的最后一个环节不是“员工报到入职”，而是试用期结束时的考查与总结。通过从员工入职到试用期结束全过程的密切关注与反馈控制，才能帮助员工尽快融入公司并最终留住难得的人才。

三、实施效果

这套新员工融入计划，在第一时间就给员工以温馨的关怀和强烈的冲击，使其既及时接受了教育，又尽快熟悉了工作，同时也促进了相关各部门工作的改进，有效降低了风险，并通过采取相应措施留住了那些才华出众的员工。在这些积极措施的帮助下，公司成功地将新员工的主动离职率控制在了IT业界平均水平的一半左右，该计划的“发明人”柳烨女士也因此而得到了集团公司的年度嘉奖。

【案例讨论】

1. 方正科技为什么要实施“新员工融入计划”？
2. 方正科技的新员工融入计划对员工和企业分别有什么好处？
3. 方正科技的做法，给你带来什么感触和启发？

参考文献

[1] 彼得·德鲁克. 管理的实践［M］. 齐若兰，译. 北京：机械工业出版社，2006.

[2] 周施恩. 企业文化建设中的七大经典败笔［J］. 企业管理，2014（4）.

[3] 董克用，叶向峰. 人力资源管理概论［M］. 北京：中国人民大学出版社，2003.

[4] 周施恩. 企业文化理论与实务［M］. 2版. 北京：首都经济贸易大学出版社，2007.

[5] 迈克尔·波特. 竞争战略［M］. 陈小悦，译. 北京：华夏出版社，1997.

[6] 周施恩，刘烨. 方正科技的新员工融入计划［J］. 企业管理，2011（7）.

[7] 周施恩. 人力资源管理高级教程［M］. 2版. 北京：清华大学出版社，2022.

第二章　人力资源管理的核心工作与重要价值

学习目标

√ 了解我国企业当前所面临的人力资源管理困境

√ 掌握人力资源管理的六大模块

√ 理解人力资源管理对员工、企业、社会的重要价值

企业的生产、销售、研发等不同部门都可以从不同角度促进企业成长，但只有人力资源管理可以从全局的高度有效配置人力资源，并持续激发多数员工的活力与斗志。人力资源管理对企业发展的作用是系统性、全局性和持久性的。好的人力资源管理系统，既可以促进员工成长，助其实现人生梦想，同时也可以从微观的角度为整个社会的健康发展做出重要贡献。

本章从论述我国企业需要直面的发展困境入手，进而精要地介绍现代人力资源管理的核心工作，最后阐述人力资源管理的重要价值，使读者能够进一步明确学习目标、坚定学习信心。

第一节　我国企业需要直面的发展困境

2008 年，中国超越日本成为世界第二大经济体，发展目标也由追求高速度转变为强调高质量。2018 年，全国人均国民总收入超过中等收入国家平均水平，338 个地级及以上城市 PM_{10}的平均浓度相比 2013 年下降 22.7%，森林覆盖率自 1980 年的 12% 提高到 22.96%。2019 年 6 月，我国率先进入 5G 时代。2020 年，中国历史性地消除了绝对贫困，如期实现了全面建成小康社会的第一个百年奋斗目标。2021 年，中国人均 GDP 达 12 551 美元，离世界银行当年公布的人均 12 695 美元的高收入国家门槛仅一步之遥。据北京大学教授林毅夫测算，中国最晚于 2025 年就可跻身高收入国家行列①。

从经济发展、环境改善、科技进步角度看，我国的发展迈上了新台阶，同时，企业竞争环境也发生了极为深刻的变化。当前，我国企业除了要面对政治、经济、文化、法律、科技等社会环境变迁方面的挑战之外，还要面对一些直接的发展困境。

---

① 林毅夫：中国距离高收入国家门槛仅“一步之遥”. 中国新闻网，https：//baijiahao. baidu. com/s? id = 1726279319459102927&wfr = spider&for = pc. 2022 - 03 - 03.

一、用工成本持续提高

以北京市为例，北京市的最低工资标准从 1994 年的 210 元/月，一路上涨到 2019 年的 2 200 元/月，如果不考虑物价等其他因素，北京市的最低工资标准在 25 年间上涨了 947.62%。根据国家统计局公布的数据：1978 年，全国城镇在岗职工（不含私营企业）平均工资为 615 元/年；2019 年，全国城镇非私营单位就业人员平均工资为 90 501 元/年，41 年间增长了近 150 倍。

员工工资水平的提高，直接导致企业用工成本增加，从而对企业的成本控制形成较大压力。部分劳动密集型企业纷纷将生产基地转移到劳动力成本更加低廉的越南、老挝、菲律宾等东南亚国家。

二、人口结构的巨大变化

人口是人力资源的基础，而我国人口年龄结构的转型正在加速。联合国数据表明，1990—2020 年世界老龄人口年平均增速为 2.5%，而我国老龄人口的增速为 3.3%，超过世界平均水平 0.8 个百分点。中国发展基金会发布的《中国发展报告 2020：中国人口老龄化的发展趋势和政策》披露：自 2000 年迈入老龄化社会之后，我国人口老龄化的程度在持续加深。到 2022 年左右，中国 65 岁以上人口将占到总人口的 14%，完成向老龄社会的转变。另据权威报告预测，中国将在 21 世纪 40 年代达到老龄化高峰。届时，中国 65 岁以上的老人将占全部人口的 22%。我国劳动年龄人口的增长速度已经开始减缓，中国的人口红利期已经结束，这是我们不得不面对的现实①。

除此之外，我国年轻人的心理追求（或称心理结构）也在发生深刻变化。根据中国汉语言研究中心历年发布的年度网络热词观察，从“打酱油”（2008）、“不差钱”（2009）、“羡慕嫉妒恨”（2010）、“伤不起”（2011）、“屌丝”（2012）、“土豪”（2013）、“有钱任性”（2014）、“然并卵”（2015）、“葛优躺”（2016）、“贫穷限制了我的想象力”（2017）直到“佛系”（2018）、“柠檬精（2019）”、“后浪（2020）”、“内卷”（2021）、“拿捏”（2022），始终隐含着草根文化发展的两条主线：对各种名利的渴望，以及对现实生活的无奈。

究其实质，“佛系”现象是游离于主流文化之外的亚文化现象。复旦大学教授、教育部长江学者邹诗鹏（2018）认为，“在社会转变过程中快速形成的亚文化，乃是主流话语在强化自身的过程中所伴随的一定人群失范和剩余的结果”。而“佛系”所反映的，正是这一快速发展的时代里一部分人的失落和无奈，是社会心理对现代性物化现象及其机制的拒斥与消极应对。40 年的快速发展，同时也孕育了进步强制和功利主义。与此相对应，部分国人在精神心态上也陷入困顿、迷失乃至虚无，因此需要一定的“迂缓与调整”②。

---

① 董克用．我国人力资源管理面临的新环境与新挑战［J］．中国人力资源开发，2007（12）：6－10.

② 周施恩，梁兰芳．“佛系”现象深层结构［J］．企业研究，2019（3）：44－47.

三、企业竞争的模式升级

40 年沧海桑田。企业间的竞争，已经从改革开放之初的“游击战”转变为现在的“正规战”。原来靠抓住机遇就能发财的经营模式，已经让位于战略清晰、理念先进、机制健全、持续优化的集团化竞争。在当今的信息化时代，机遇对于所有的企业来说都是均等的（航天、军工、电网等未完全开放的行业除外），决定胜负的关键是自身的力量是否强大。

某财经作家在《大败局Ⅰ》和《大败局Ⅱ》中所介绍的数十家“倒下去”的行业巨头，大多存在野心膨胀、战略迷失、管理混乱等原因，而西门子（SIEMENS）、宝洁（P&G）、梅赛德斯－奔驰（Mercedes－Benz）等世界知名企业，大都战略坚定、目标清晰、机制先进、锐意创新而持续保持竞争。当然，百年老店也有倒下去的，成败的关键不在于历史长短，也不在于规模大小，而在于理念是否先进、战略是否可行、机制是否健全、人才是否充足。

四、心理契约的重心转移

改革开放早期，中国的综合国力是相当贫弱的（1978 年中国的人均 GDP 为 226 美元），经济上欠发达、人力资源过剩而产业资本缺乏的现象非常严重。在此背景下，企业与员工在潜意识里所“缔结”的一个无形的心理契约是：资本雇佣劳动，即所有的生产经营活动都要以企业为中心，员工要无条件服从企业的安排。

而在今天，资本过剩（2022 年中国的人均 GDP 为 12 741 美元，有人甚至提出了“流动性泛滥”的说法）而高水平的人才奇缺。在此背景下，过去以企业为中心的“资本雇佣劳动”的心理契约，正在悄然转变为人才与企业的共赢。员工无条件服从组织安排的时代已经一去不复返了，有专家甚至断言，“人才雇佣资本”的时代已经来临。

五、高端人才的全球流动

2001 年，我国加入世界贸易组织（WTO）前后，国人普遍惊呼“狼来了!”意指大批外资企业和外国产品将进入中国市场，纷纷表示要“与狼共舞”。但多年以后，传说中的“狼”并没有来。

实际上，真正对我国企业构成威胁的“狼”，并非一家企业或一种产品，真正能够打败我们的是人才和技术。具有里程碑意义的重大创新，无不来源于平等竞争的环境，以及一批又一批顶尖人才的长期努力。如果你的环境不够好，他们就会走，去寻找适宜自己的地方，进而从你的员工变成了你的竞争对手。为了吸引人才、造就人才、留住人才和用好人才，我国一直强调人才工作的重要性，世界优秀企业的做法同样如此。但我国人才工作的理念革新和制度创新仍然任重道远。

我国社会经济的长期健康发展，给国内人力资源管理发展提供了机会，而内外环境的巨变又给人力资源管理从业者提出了严峻的挑战。如何为公司和员工提供有价值、创造性的服务，进而使企业变得更加强大，正是当今人力资源管理工作者的挑战所在。

第二节　人力资源管理的六大模块

为了更好履行人力资源管理的六大职能，人力资源管理需要完成六大模块的工作。需要注意的是，这六大模块与上述六大职能并非一一对应关系，工作模块与工作职能也有各自的拆分组合方式。

这六大模块主要指人力资源管理的常规事务，即所有具有一定规模的企业都需要开展的工作。那些管理水平较高的世界优秀企业所开展的人力资源管理相关工作远不止这些。

一、人力资源规划

核心目标：确保企业现在和未来若干年人员的供需平衡。只有各级各类人才始终处于大体平衡状态，企业发展才会拥有源源不断的动力。

主要内容：

（1）人员需求预测，即未来若干年企业中各级各类人才的大体需求量。

（2）人员供给预测，即未来若干年企业所需要的各级各类人才将会从哪里获取。

（3）人员平衡计划，在确定了人才的需求量和供给量之后，通过何种途径、何种方式来实现人才的供需平衡。

（4）人力资源管理预算的编制与执行等。

二、招聘与配置

核心目标：找到合适的人，并把他们放在合适的位置上。

主要内容：

（1）招聘计划的制订与实施。

（2）人员甄别与选拔。

（3）新员工入职管理。

（4）人员配置与优化，即将人员配置在相应的群体中、相应的岗位上，并在随后的时间里定期对人员的配置状况进行检视，在人才与岗位、个体与群体之间实现动态寻优。

三、培训与开发

核心目标：把不胜任的员工（比如经验不足、技能有所欠缺的新员工）培养成可以胜任的员工，把有潜力的人员（比如勤奋、上进、富有韧性的青年才俊）培养成优秀人才或领军人才。

主要内容：

（1）培训需求分析，即明确是否需要培训、需要培训什么，以及员工在这方面处于什么状况、在心理上是否做好受训准备的过程。

(2) 培训课程设计，即明确培训对象、培训内容、培训时长，以及有针对性地选择培训方法的过程。

(3) 培训计划制订与实施。

(4) 培训项目评估，即培训结束后对该培训的整个过程进行回顾、评价与总结提升的过程。

(5) 人才测评与选拔。

(6) 人才开发计划的制订与实施。

(7) 人才梯队建设。

四、薪资福利管理

核心目标：一是在合理控制预算的基础上，使员工感觉到公平合理、物有所值；二是使员工愿意通过创造更好的业绩来获得更高的报酬（需要与绩效管理相结合）。

主要内容：

(1) 薪酬策略制定，即明确薪酬水平策略（如市场领先、市场跟随、成本导向）、薪酬增长策略、薪酬结构策略、薪酬倾斜策略（即向哪些部门和人员倾斜）等方面重要策略的过程。

(2) 岗位价值评估，即指采用一定的方法，对企业中各种岗位的相对价值（确定哪些岗位的价值更高，哪些岗位的价值较低）作出评估的过程。

(3) 薪酬分岗定级。

(4) 薪酬结构设计，即在月度基本工资、月度绩效工资、年度绩效工资、长期激励计划（如股票期权）等方面进行合理的比例划分。

(5) 福利管理等。

五、绩效管理

核心目标：给员工的价值创造活动一个相对客观、全面和准确的评价，进而为其他人力资源管理决策（如价值分配、培训开发、岗位流动等）提供依据。

主要内容：

(1) 绩效计划制订。

(2) 绩效计划实施与监控。

(3) 绩效沟通与辅导。

(4) 绩效评估。

六、员工关系管理

核心目标：规避法律风险，预防和化解雇佣方和被雇佣方之间的矛盾，营造和谐劳动关系，为企业与员工的长期共赢打好基础。

主要内容：

（1）劳动合同签署。

（2）劳资谈判与和解。

（3）员工冲突管理。

（4）员工退休、离职与解聘管理。

（5）劳动纠纷处理等。

员工关系管理涉及法律法规、工会社团等非常广泛的内容，有专门的课程，因此本书不做深入探讨，但是会在管理理念和具体操作上，充分体现“中国式现代化”和“构建和谐劳动关系”对当今人力资源管理的方向性要求。

第三节 人力资源管理的重要价值

对于人力资源管理的重要价值，当今学界主要聚焦在员工和组织两个方面，如“满足组织当前及未来发展的需要，保证组织目标实现与成员发展的最大化”。但上述观点存在很大的局限性。

任何事物的发展都是具有阶段性的，并且带有时代的烙印。世界上第一个股份公司出现在公元 10 世纪的英国，基本目的是在承担“有限责任”的条件下去挣更多的钱①。但是到了 2009 年，公司这种组织机构为全球 81% 的人口提供了工作机会，创造了全球生产总值的 94%。在全球 100 大经济体中，有 51 家是公司，49 个是国家。世界上有 161 个国家的财政收入比不上沃尔玛（Walmart）公司的收入。全球最大的 10 家公司的销售总额，超过了世界上最小的 100 个国家国内生产总值的总和②。在 21 世纪的今天，公司的价值已不仅是“在有限责任的条件下去挣更多的钱”。

一、对员工个体的价值

（一）把合适的人放在合适的位置上，才有所用

大多数资源在使用的过程中会持续产生价值损耗，比如机械产品的磨损，矿物能源（如石油）和有机材料（如木材、食品）的消耗。唯有人力资源，会在“使用”过程中产生价值，比如技能增长、经验积累等。相反，如果一个人长期被闲置，其原有知识会随着时间的推移而变得陈旧，固有技能也会不断衰减。好的人力资源管理，是把人放在适合发挥才能的位置上，使其才有所用、梦想成真，使其能够过上体面而富足的生活。

（二）对人员进行合理的培训与开发，保值增值

前期培训可使员工掌握必备的工作技能；后续培训可使员工不断拓宽视野、持续更新知识、获取更多技能；人才测评可发现员工的潜在优势，通过系列开发把有潜力的员工培养成领军人才。一系列的培训和开发工作，可以使员工摆脱原有工作岗位的

---

① 郎咸平．郎咸平说公司的秘密［M］．北京：东方出版社，2008：1－5.

② 《公司的力量》节目组．公司的力量［M］．太原：山西教育出版社，2010：4.

局限性，实现个人能力素质的增长，从而有效避免因知识技能陈旧而失业。

从这个角度看，在当今这个充满竞争的社会里，能力素质的保值增值可以说是企业“支付”给员工具长远价值的隐性报酬。

（三）对人员进行恰当的激励与鼓励，干劲十足

人力资源是一种颇具魅力的资源。其价值大多不会因有效使用而消耗（特殊职业、以体力消耗为主的工作除外），其能力因工作而增长，其视野因提高而扩展，其胸襟因挫折而拓宽，其才华因奋斗而升华。对员工实施恰当的激励和鼓励，使员工干劲十足，对员工和企业来说是一种双赢的巧妙安排。

（四）对人员进行恰当的关注与爱护，情感归属

有时候，“我想静静了，谁也别理我，也不要问我‘静静’是谁。”而在有的时候，人们内心则希望归属某个群体，比如家庭、朋友或者某个正式的组织，并且因为这种归属感而在潜意识中产生安全感和满足感，甚至是自豪感。

从本质上讲，人们所希望的独处，一定是拥有安全感基础上的独处。而持久安全感的来源，就是能够从内心归属一个能够赖以为生且有人情味的组织（如企业）。因此说，能够给员工带来归属感的企业，一定是懂得对人员进行恰当“关注与爱护”的企业；能够给员工带来归属感的企业，也一定是能够更好避免人才流失的企业。

（五）根据实情设计合理的退休计划，老有所养

20 世纪初的很多公司，利润是经理的唯一目标，劳动力是一种商品，可以在市场上自由买进。当企业面临经济危机或需要调整业务时，会毫不犹豫地辞退那些不能给企业创造利润的员工。当然，如果员工能找到更好的机会，他（或她）也会毫不犹豫地远走高飞。一切看起来是那么“美好”，但这却经不起推敲。

1948 年，惠普（HP）公司已经是一家年收入达 220 万美元并且在市场上崭露头角的大公司了。在当年举办的全美各行业企业的 CEO 和高级经理人大会上，作为惠普公司创始人之一的戴维・帕卡德（Dave Packard）高瞻远瞩地倡议：作为企业，“我们对我们的员工、我们的客户、我们的供应商，以及整个社会福利，都负有重大责任!”帕卡德后来又补充到，企业的这一责任不仅局限于一点点利润上的“损失”，而是意味着更具进步意义的“企业公民责任”①。

虽然惠普公司的这一倡议未得到与会者的普遍认同，但“企业公民责任”这一概念后来却逐渐为全球各大公司所认可并身体力行，学术界对它的研究热情也一直有增无减。为员工购买补充医疗保险、补充养老保险，乃至设计颇为诱人的退休计划，使员工能够老有所依、老有所养，正在被越来越多的企业所践行。

二、对组织的重要价值

（一）设计合理的组织架构，结构精简，强健有力

组织机构是企业的基础架构，根据系统科学“结构决定功能”的论断（同样由碳

---

① 迈克尔・马龙．两个人的帝国［M］．张艳云，译．北京：中信出版社，2008：79－80.

原子构成，结构的不同决定了物质到底是炭、石墨还是金刚石），企业的运行方式、管理模式、组织氛围等要素，在深层意义上往往是由其组织机构决定的。简单来说，好的组织架构，能够使在完成相同任务、实现相同目标的条件下，企业的用人更少、用时更短。

此外，合理的安排能够有效减少人员冗余产生的浪费，在一定程度上减少人浮于事、相互扯皮和办公室政治，确保企业经营有旺盛的活力。

（二）招到合适的工作人员，相互匹配，工作高效

招聘合适的人，并把他们放在合适的位置上，这对员工是好事，对企业来说也是好事。人－岗匹配，才能员工斗志昂扬，企业高产高效。

（三）组织合理的培训开发，确保企业的长期竞争力

一般来讲，好的培训可以实现多重目的，如补充或更新员工所掌握的知识与技能，持续改变员工的行为和态度，提高或改善员工的工作产出，实现人才梯队的不断优化，促进企业绩效的持续提升等。

从长远来看，好的培训可以全方位提升企业的能力和素质，并确保企业在核心人才、核心技术、核心竞争力等方面不断取得新成就，进而使企业拥有决胜市场的长期竞争能力。

（四）设计合理的薪酬体系，控制成本，加强激励

薪酬管理对任何企业来说都是一个比较棘手的问题。这是因为在市场环境越来越成熟和市场竞争越来越激烈的情况下，对企业薪酬管理水平的要求越来越高，如来自政府法律法规的约束，来自竞争对手的人才竞争，来自企业自身承受能力的限制，以及在不同时期对经营战略、用人理念的变革与调整等。可以说，薪酬管理牵动着企业所有者、管理者、劳动者的敏感神经，甚至还会引起一些外部人员和机构的不断窥探①。

而好的薪酬管理，一方面可以在合理控制预算的基础上，使员工感觉到公平合理、物有所值；另一方面，也可以使员工愿意通过创造更好的业绩来获得更高的报酬（需要与绩效管理相结合），从而形成对员工很好的激励。

（五）实施合理的绩效管理，完成任务，达成目标

绩效管理对企业的成功是至关重要的，一个好的绩效管理系统可以引导员工做出有利于企业发展的积极行为，而坏的绩效管理系统则可能会对员工士气形成致命打击。同时，绩效管理也是企业人力资源管理工作中最具挑战性的工作之一。因为它既涉及企业目标的分解，又涉及对员工工作的评价，甚至还会影响员工的薪资调整和职位晋升，可谓牵一发而动全身。

好的绩效管理系统，通过绩效计划制订、实施与监控，绩效沟通与辅导等环节，进行目标分解，可以帮助和督促员工完成任务、达成目标。当然，绩效管理系统也可以给员工的价值创造活动一个相对客观、全面和准确的评价，进而为其

---

① 周施恩．人力资源管理高级教程［M］．北京：清华大学出版社，2017：133.

他人力资源管理决策（如价值分配、培训开发、岗位流动等）提供依据。

（六）做好相应的人力资源规划，实现组织的长期健康发展

当今环境复杂多变，基于现状、瞄准将来，认真做好人力资源规划尤为重要。它可以确保企业现在和未来若干年内的人员供需平衡，进而为企业的长期健康发展提供源源不断的动力。

三、对社会的重要价值

孔子生活在动荡不止、变乱纷呈的春秋末期。他一生周游列国，希望能够推行自己的治国之道，然而却四处碰壁，颠沛流离。于是他渴望“大道之行也，天下为公，选贤与能，讲信修睦。故人不独亲其亲，不独子其子，使老有所终，壮有所用，幼有所长，矜、寡、孤、独、废疾者皆有所养，男有分，女有归。货恶其弃于地也，不必藏于己；力恶其不出于身也，不必为己。是故谋闭而不兴，盗窃乱贼而不作，故外户而不闭，是谓大同”。

西汉礼学家戴圣将此辑录在《礼记·礼运》之中，它以生动、优美而又有力的笔触描述了孔子心目中“天下大同”的理想社会。而人力资源管理的很多功能，在一定程度上充分体现了这一美好追求。比如，“选贤与能”（把品德高尚的人、能干的人选拔出来）、“讲信修睦”（培养和谐、信任、和睦的社会氛围）、“老有所终”（使老年人能终其天年）、“壮有所用”（壮年人能为社会效力）、“幼有所长”（让年幼的孩子有可以健康成长的地方）、“矜、寡、孤、独、废疾者皆有所养”（让老而无妻的人、老而无夫的人、幼而无父的人、老而无子的人、残疾人都能得到社会的供养）、“男有分，女有归”（男子有工作，女子有归宿）、“力恶其不出于身也，不必为己”（人们都愿意为公众之事竭尽全力，而不一定为自己牟私利）。“惊不惊喜，意不意外？”①

（一）促进组织（企业）成长，带动更多人员就业

我国是世界上人口和劳动力最多的发展中国家，解决就业问题具有长期性、艰巨性和复杂性。根据国家统计局披露的数据，截至 2019 年末，全国第一产业就业人数 19 445.2 万人，第二产业就业人数 21 304.5 万人，第三产业就业人数 36 721.3 万人，第一、二、三产业合计容纳就业约 7.75 亿人。在各类企业就业，是我国乃至世界各国人民实现就业最主要的途径。

党的十九大报告提出，“就业”是最大的民生。就业波动将影响老百姓的生活，最终可能影响社会稳定。2019 年 9 月 4 日，时任国务院总理李克强主持召开国务院常务会议，部署精准施策加大力度做好“六稳”（稳就业、稳金融、稳外贸、稳外资、稳投资、稳预期）工作。2020 年 4 月 17 日召开的中共中央政治局会议强调，要统筹推进疫情防控和经济社会发展，在疫情防控常态化前提下，做好“保居民就业、保基本民生、保市场主体、保粮食能源安全、保产业链供应链稳定、保基层运转”的“六保”工作。

---

① 2017 年 12 月 18 日，“惊不惊喜，意不意外”入选国家语言资源监测与研究中心发布的“2017 年度十大网络用语”。

无论是“六稳”还是“六保”，党中央、国务院始终把“就业”放在首位，其重要意义不言而喻。

“稳就业”和“保就业”，归根到底要靠经济发展，而经济发展的直接动力就来自企业的健康成长。人力资源管理是企业成长的重要动力，一个不断壮大的企业离不开高水平人力资源管理的支撑。

（二）适当的人力资源机制和措施，可为营造和谐社会做出贡献

当今世界，劳动者与企业之间不再是一种简单的雇佣与被雇佣的关系。由于企业间的竞争越来越激烈，企业对员工的要求不仅仅停留在按照职位说明书和目标责任书完成工作这么简单，员工须开动脑筋、力争上游、为企业开创一片新天地。相应地，员工希望从企业得到的也不仅仅是一份工作，只求完成任务、领回工资。

一个人假设从22岁开始工作一直到60岁退休，在其最具创新活力的岁月里，大约有1/3的时间是在企业中度过的。他的收入来源、价值实现乃至幸福美满依靠的主要就是企业。

因此，企业与员工同舟共济、和谐发展、实现双赢，是在法律规定的权利和义务之上的更高层次的追求，也是更具社会进步意义的劳-资关系导向。而如果所有参与工作的人都能够劳有所得、心平气和，那整个社会的和谐发展就拥有坚实而持久的微观基础。

（三）通过组织（企业）的健康成长，增进社会福利

企业是社会财富的主要创造者，也是国防、交通、环保、养老、治安等社会福利的主要来源。成功的企业既可以为其产权所有人提供利润，也可以通过依法纳税、吸纳就业、刺激经济增长等方式为社会创造福利，进而为实现古人所向往的大同社会奠定基础，为实现全体人民在物质和精神上的共同富裕做出贡献。

本章小结

首先，用工成本的持续提高、人口结构的巨大变化、企业竞争的模式升级、心理契约的重心转移、高端人才的全球流动，对我国企业搞好人力资源管理提出了严峻挑战。但这些挑战又给人力资源管理的创新、飞跃提供了机遇。

其次，人力资源规划、招聘与配置、培训与开发、薪资福利管理、绩效管理是企业日常人力资源管理中的重要方面。需要说明的是：企业要开展的人力资源工作远不止这些，内容五花八门、形式丰富多样，困境与挑战无处不在。企业的人力资源管理实践，往往在战略目标的指引下系统进行，通盘考虑、系统提高，统筹安排、动态完善。

最后，从员工、组织（企业）、社会三个角度，对人力资源管理的重要价值进行了论述。随着企业竞争的日趋激烈，人力资源管理在研发、生产、销售、财务、法务等日常管理中的重要价值日益凸显，将成为除战略管理外最重要的战略性职能工作。

关键术语

人力资源规划（HR plan）　招聘与配置（recruitment and allocation）　培训与开发（training and development）　薪资福利（compensation & benefit）　绩效管理（performance management）　劳动关系管理（labor relations management）　人口老龄化（ageing of population）　退休计划（retirement plan）　长期竞争力（long term competitiveness）　就业（obtain employment）　和谐社会（harmonious society）　社会福利（social welfare）

复习思考题

1. 好的人力资源管理对员工有什么好处?
2. 好的人力资源管理对企业有什么好处?
3. 好的人力资源管理对社会有什么好处?
4. 为什么说人力资源管理在企业管理中的作用和地位越来越重要?

案例分析

IBM 公司的用人六要诀①

于 IBM 工作满 25 年之际，作为公司大中华区人力资源总监的郭希文女士向《IT 时代周刊》总结了 IBM 的用人之道，并将其概括为六个字：争、选、育、用、留、舍。

一、争

在知识经济时代，各类组织对于人才的竞争是非常激烈的，被誉为时代“领头羊”的高科技公司更是如此，甚至连微软、谷歌等世界级公司均纷纷加入“抢人”大军。很多公司的人力资源部门都抱怨找不到人才，更招不到符合要求的人才。

郭希文在 IBM 做了多年的人力资源工作，她深切地感受到来自市场的压力。她常思索这样的问题：IBM 的竞争力在哪里？IBM 靠什么来吸引人才?

相对来说，大的外资公司普遍都能提供良好的工作环境、培训、高薪、福利和发展机会等。与之相比，IBM 则是把“人是 IBM 最宝贵的财富”作为企业文化来吸引人才。这一文化源自 IBM 从一开始就推崇的“尊重个人”的管理信念，它是 IBM 能够吸引人才的无形的，也是最有效的秘密武器。

此外，在每次重要的招聘活动开展之前，IBM 都会与一些专业的人力资源咨询公

① 周施恩. 人力资源管理高级教程［M］. 北京：清华大学出版社，2017：86－89.

司合作，对目标市场进行详尽的调查。调查内容包括人才分布情况、薪酬待遇状况，以及竞争对手的策略等。正所谓“知己知彼，百战不殆”。IBM 根据这些调查数据才能制定出有效的招聘策略，并迅速展开人力资源工作，做到有的放矢。

二、选

在人才招聘会、猎头公司、内部推荐、媒体广告等众多的招聘渠道中，IBM 最喜欢的还是校园招聘。其“蓝色之路”校园招聘计划，就颇受在校大学生的青睐。IBM 为什么偏爱“一张白纸”式的在校生呢？这要归功于 IBM 内部非常完备的培训体系，它可以让年轻人快速成长起来并承担重要职责。

郭希文说：“IBM 蓝色实践计划，其中一个最主要的目标就是让大学生进入企业，将他们在校园所学的理论和企业实践相结合，提前让他们调整自己，一面学习做事，一面学习做人。”

由于公司名气很大，IBM 每年接受的简历数量都非常巨大。在如此庞大的简历堆里，我们如何挑选候选人呢？关键是看应聘者的态度！比如，很多人以公式化的东西做简历，而有的人却是用心在制作简历，这说明他非常在乎这份工作，希望通过努力来争取这份工作。

IBM 的笔试，主要是测试应聘者的基本素质、英语水平和逻辑思维。这关通过之后，至少还有两轮面试。第一轮面试是人力资源部门组织的，主要是通过交谈来大体了解应聘者的语言能力和个性特点、沟通能力、团队精神等。第二轮面试是用人部门组织的，重点考察应聘者的专业素质和具体的职业需求。多数应聘者在第二轮面试之后就被录用了，但根据目标岗位的不同，有的应聘者还需要接受部门经理的上级面试，即还有第三轮面试。

三、育

IBM 有非常详细的培训计划，这些培训计划可以说完全覆盖了员工职业生涯的每个阶段。公司每年的培训费用高达年度总营业额的 2%，比我国规定的职工工资总额 1.5% 的最低标准高。

培训从新员工进入公司的第一天开始，除行政管理类人员只有 2 周的培训外，销售、市场和服务部的员工都要接受 3 个月的培训。培训内容大致有两个层次：一是人力资源部组织的关于公司文化、工作技能、沟通技巧等方面的培训；二是用人部门组织的专业知识与专业技能方面的培训。

入职培训结束以后，公司会给每个员工安排一个师傅和一个培训经理。师傅指导新员工了解 IBM 的工作方式、产品和服务等，而培训经理是 IBM 为照顾新员工专门设置的一个岗位，目的是帮助他们尽快进入角色、提高工作效率。

四、用

郭希文女士用一个“I”和三个“C”概括 IBM 的用人标准。

I 代表诚信的品德（integrity）。对 IBM 来说，品德是最关键的，因为它是一个人最根本的东西，而技能、沟通能力等，则是可以通过后天习得的。

三个 C 分别代表沟通（communication）、协作（collaboration）和工作投入

（concentration）。对于这三项的考核，IBM 会贯穿始终。IBM 非常重视员工的自我评估，通过自我评估，可以帮助员工发现自己身上所存在的不足，进而不断修正自己，塑造符合公司要求的行为，最终成长为具有领导才能的管理者。

每年年初，每位员工都要写出自己的工作目标，然后努力在工作中去实现它。年中，员工们“小结”一下自己的成果，回顾有什么地方做得好，哪些地方还需要改进。年末，员工们要做全年总结，直接主管也会参与进来，指出优点和不足，最后会有个评估结果。随后，员工会根据实际情况制定自己下一年的工作目标。

IBM 对员工的衡量有三个标准：一是独立性。即员工是否具备独立工作的能力，他在做一件事情的时候需要几个人帮助。二是洞察力。即在一项工作刚开始的模糊状态下，员工能否很快找到一个清晰的方向，并按这个方向奋力前行，达成目标。三是前瞻性。即员工能否预见未来，并提前采取相应措施。

五、留

郭希文用“舍不得”来描述员工与公司的关系。她之所以 25 年来一直舍不得离开，主要原因是“IBM 是家好公司”。那“好公司”的标准又是什么呢？她用以下四个标准来解释：

第一个标准，看这个公司是否有前瞻性，是否走在最前沿，是否能引领社会发展的潮流。

第二个标准，看公司的经营模式，是制度化的还是无序的。

第三个标准，公司是否为员工提供适合其成长的发展空间。

第四个标准，公司是否有人性化的制度来满足员工的需要。

除了上述好公司的标准，员工是否能在公司里找到适合自己的工作，在工作中如何与其他人合作，工作是否具有挑战性，是否能够获得成就感等，也都是员工决定是否要留下来的考虑因素。

在 IBM 公司，员工有很多机会发展自己，这是因为，IBM 的业务包括软件、硬件和服务等。员工可以根据自己的优势和偏好选择适合自己的职位。人力资源部也会在不同阶段进行调研，并根据员工的兴趣、爱好、特点等，给员工提供关于适合什么样工作的建议。把兴趣和工作结合起来，对员工和公司来说是双赢的，它既满足了员工的成就需求，又保证了公司利益的最大化。

六、舍

任何事都不是绝对的，在 IBM 公司也是这样。经过一段时间的工作之后，有些员工并不能达到预期的目标，其可能的原因有两个：一是技能问题，二是态度问题。

如果是技能问题，公司就会想办法提供相应的培训，或根据员工的特长和兴趣调整岗位。而如果是态度问题，在说服教育没有效果的情况下，IBM 只能劝其寻找更好的发展机会。

【案例讨论】

1. 在人才竞争日趋激烈的高科技行业，IBM 是如何争夺人才的？

2. IBM 为什么喜欢招聘在校大学生？这需要怎样的配套工作？

3. IBM 的笔试和面试各自的侧重点在哪里？

4. 关于怎样留住现有人才，IBM 的做法给你以什么启示？

5. 在不得已的情况下，IBM 也会“舍去”一些人。它主要舍去哪类人？为什么？

参考文献

[1] 董克用. 我国人力资源管理面临的新环境与新挑战 [J]. 中国人力资源开发，2007 (12).

[2] 周施恩，梁兰芳. “佛系”现象深层结构 [J]. 企业研究，2019 (3).

[3] 郎咸平. 郎咸平说公司的秘密 [M]. 北京：东方出版社，2008.

[4]《公司的力量》节目组. 公司的力量 [M]. 太原：山西教育出版社，2010.

[5] 迈克尔·马龙. 两个人的帝国 [M]. 张艳云，译. 北京：中信出版社，2008.

[6] 周施恩. 人力资源管理高级教程 [M]. 2 版. 北京：清华大学出版社，2022.

[7] 邹诗鹏. 作为亚文化以及社会情绪的“佛系”现象 [J]. 探索与争鸣，2018 (4).

第三章　案例体验与人力资源管理尝试

学习目标

√ 了解工作分析的目标、意义与成果应用
√ 了解招聘的目的、原则与核心甄别技术
√ 了解员工培训的思路、目标与基本流程
√ 理解薪酬的概念、薪酬管理的功能与重要作用
√ 理解绩效管理及其与薪酬管理的协同

我国当代大学生对新事物的接受能力普遍较强，但缺乏工作经验，对课堂上所讲授的知识的理解通常不够深入，有时还存在似是而非的错误认识。

本章精选了5个真实案例。通过案例，首先使学生置身于活的管理实践，亲自感受情境中所隐含的现实问题，进而掌握运用所学知识去解决现实问题的思路、方法和技巧。最后，进行体悟、反思和理论升华。

第一节　工作分析的目标、意义与成果应用

【引导案例】

怎样才算做好自己的事情?

阿春是Q摄影公司的摄影助手，他的主要任务是协助摄影师完成一些基础性的工作。由于公司这几年成长很快，因此一直在高薪引进各类人才，其中就包括水平很高的摄影师阿成。阿成进来后，阿春就被调来做他的助手。

刚开始两人的配合还算默契，但问题慢慢就出现了。阿成是一个比较自我的人，平常很少跟大家交流，下了班就回家，一个人过着自己的生活。阿春觉得跟着他比较压抑。此外，阿成习惯指挥别人，喜欢跟客户吹牛，而且总是拍完东西就直接走人，留下残局让阿春一个人收拾，这些都让阿春觉得不太舒服。平时，阿成总是让阿春做一些搬器材、摆道具之类的琐事，却不教他如何拍照、调灯光，这让阿春觉得跟着他累死累活，却学不到东西。

一天，拍完一个客户后，阿成因家里有事就跟老板请了假提前走了，也没跟阿春打招呼。阿春收拾完灯具和器材，看见电脑没关，相机还支在那儿，心里挺不舒服的，但想了想还是把电脑和相机收好了。第二天客户过来拿件，发现所有的图片都还没冲，而且也没有删选和整理，一趟白跑了，于是直接投诉到了老板那里。

在周末的总结会上，摄影总监在说完一些重要的事情后就开始批评阿春："阿成走后，你应该把照片筛选整理好，把片冲了，如果下次再出现这样的事就罚你款。"阿春立马反驳说："我觉得这个责任不在我，我不知道阿成把照片都存在哪里了，他又没跟我说，万一弄混了，我找谁说理去？而且，收电脑和相机不是我的任务，我们助手向来都只负责灯具和器材。我帮他把电脑关了，相机收了，我觉得已经很不错了，凭什么处罚我？"总监反问道："难道你一点错都没有？作为助手，你的主要职责就是辅助阿成做好工作，现在工作上出了问题，你就没有责任？再说了，阿成不在，作为同事，你是否应该帮他把东西收好？"

阿春也不示弱："如果你这样讲，我就很难说了，反正我只做好自己的事就行了。我自己的任务没完成，是我的责任，我认了，但别人的任务没完成你也怪我，我真觉得没什么好说的。"

总监觉得再说下去会无法收场，于是换了个别的话题。会后，他主动找到阿春，悄声跟阿春说："昨天的事的确不是你的责任，但你是他的助手，你学摄影，还得靠他教你，你就勤快点，先忍着点，等你把技术学好了，怎么不行啊？"随后，他又跟阿成私下里说："阿春还是个孩子，不懂事，你就多教教他，平时多跟他聊聊。他那个人心直口快，但实际上还是比较好说话的！"

于是，两人似乎不可调和的矛盾就这么化解了。

【案例讨论】

1. 在此案例中，到底谁是有错的？
2. 如果你是该公司的人力资源经理，你会如何改进？

在企业成长过程中，往往会面临职责粗放、岗位增多、人员扩充等现象。很多人员由于相互之间不熟悉，工作配合上的默契尚未形成，因权限不清、责任不明而引起的摩擦甚至纠纷会接连不断。长此以往，将引起公司内斗、士气低落，甚至是人才大量流失的不利局面。而做好工作分析，最基本的职能就是要解决职责不清以及由此引发的诸多难题。

一、工作分析及其主要成果

工作分析（job analysis）是指采用一定的方法和技术来搜集和整理与工作有关的详细信息的过程，其主要成果是形成职位说明书和工作规范。这些"与工作相关的信息"主要包括：岗位名称，上下级隶属关系，与之联系密切的协作部门或岗位，本岗位的职责、权限、工作标准以及任职条件要求等。

职位说明书（job description）就是对某一特定职位的工作职责、工作活动、工作标准、工作条件，以及工作对人身安全的危害程度等工作特性方面的信息所进行的书面描述。而工作规范（job specification）则是全面反映工作对任职人员所需的知识、技能、工作背景，以及身体条件、性格特点、工作态度等方面要求的书面文件。

职位说明书和工作规范可分成两份文件来分别陈述，也可以将其合并在一起并统称为职位说明书。职位说明书示例见表 3－1。

表 3－1　DF 公司出纳岗职位说明书

<table>
<tr><td colspan="4">一、基本信息</td></tr>
<tr><td colspan="2">职位编号：DF－CW－04
职位名称：出纳岗
职位等级：D</td><td colspan="2">部门名称：财务资产部
上级职位：财务资产部部长</td></tr>
<tr><td colspan="4">二、岗位概要</td></tr>
<tr><td colspan="4">在部门领导带领下，负责货币资金、有价证券、财务印鉴的保管及使用，负责发票管理和税控系统管理，负责工资薪金发放、费用报销、原始单据审核、税金缴纳、社保缴费、年金缴费等工作；负责办理公司多种经营系统各单位住房公积金业务</td></tr>
<tr><td colspan="4">三、主要职责</td></tr>
<tr><td>序号</td><td>主要责任</td><td>责任程度</td><td>备注</td></tr>
<tr><td>1</td><td>贯彻执行国家财税法规、DF 公司各项财务规章制度和财经纪律</td><td>负责</td><td></td></tr>
<tr><td>2</td><td>参与公司财务内控体系的建立与完善</td><td>协助</td><td></td></tr>
<tr><td>3</td><td>现金提取、送存与保管；支票的领购与保管；有价证券、定期存单等金融资产的保管；定期与会计岗核对现金。如发现短款或长款，要及时查明原因，上报部门领导。代管公司工会货币资金</td><td>负责</td><td></td></tr>
<tr><td>4</td><td>根据经审批的支票领用单签发支票或提交支付结算申请</td><td>负责</td><td></td></tr>
<tr><td>5</td><td>填写支出凭单并审核原始单据的真实性、合法性与规范性</td><td>负责</td><td></td></tr>
<tr><td>6</td><td>根据经审批的支出凭单报销支付现金，或确认银行存款支付</td><td>负责</td><td></td></tr>
<tr><td>7</td><td>财务印鉴、证照的保管与使用</td><td>负责</td><td></td></tr>
<tr><td>8</td><td>职工薪酬的发放；负责税款、社保、住房公积金、年金等各类应交款项的缴纳</td><td>负责</td><td></td></tr>
<tr><td>9</td><td>发票、收据的领购与开具；增值税发票的认证；发票税控软件的管理、维护与更新；税控系统的远程申报与数据上传、更新</td><td>负责</td><td></td></tr>
<tr><td>10</td><td>单位及职工个人各类住房公积金业务（开户、转移、封存、销户、提取、约定提取、个人信息变更等）的办理</td><td>负责</td><td></td></tr>
<tr><td>11</td><td>公司机关会计基础工作自查及增值服务子企业会计基础工作检查</td><td>参与</td><td></td></tr>
<tr><td>12</td><td>完成上级交办的其他任务</td><td>负责</td><td></td></tr>
<tr><td colspan="4">四、基本要求</td></tr>
<tr><td>教育背景
及资格证书</td><td colspan="3">1. 具有大学本科及以上学历
2. 具备会计人员从业资格证书者优先考虑</td></tr>
<tr><td>工作经历</td><td colspan="3">具有一年以上出纳工作经验或相关工作经历</td></tr>
</table>

续表

能力素质要求	熟练掌握税收管理制度及发票管理制度； 熟练掌握现金管理规定及银行结算管理规定； 工作细致、认真、谨慎，具有高度的责任心； 能熟练使用文字、数据处理软件和财务软件	
申报部门：财务资产部 日　　期：20××年11月		发布部门：企业发展部 日　　期：20××年11月

资料来源：周施恩．人力资源管理高级教程［M］．2版．北京：清华大学出版社，2022.

二、工作分析的主要内容

为便于理解和记忆，工作分析的内容可以用6W1H来概括。

WHAT——做什么，是指岗位的工作内容和岗位职责，包括需要完成的工作任务、工作的结果或产出，以及须达到的标准等。

WHO——谁来做，是指能够胜任该岗位工作的人应具备怎样的条件，即对任职者最基本的条件要求（达标即可），如知识水平、能力素质、工作经验、身体条件等。

WHOM——为谁做，是指在工作中与其他岗位的关系及相互影响，主要包括：工作的请示、汇报对象，工作的信息提供对象（或工作结果的提交对象），以及工作的监控与指挥对象等。

WHEN——何时做，主要指工作完成的时间期限或频次，通常表现为“××时点前完成××工作”或“每天（周/月/季度/年）做××工作××次”。

WHY——为什么要做，即工作的目的是什么，主要指完成某项工作的意义何在，价值有多大。比如：是涉及全公司，还是仅涉及某些部门，或者仅涉及本部门内部若干人员；是直接影响、间接影响，还是仅起轻微的辅助作用，等等。

WHERE——在哪里做，主要指工作的位置及环境条件，包括：工作地点（主要指场所、是否有影响身体健康的因素等），自然环境（如气候环境、地理环境等），社会环境（如政治、经济、治安），以及是否需要经常加班、出差、在外奔波等。

HOW——如何做，主要指通过什么样的方法或措施，才能够使工作达到预期结果，包括：工作活动的流程，工作活动所需的人、财、物及其他资源，工作活动涉及的文件记录，以及工作中的关键控制点等。

三、工作分析的重要意义

（一）传递战略意图

通过工作分析，可以明确岗位的设置目的，分析各个岗位如何为企业创造价值，如何支撑企业的战略目标和部门目标，进而从一个层面向员工传递公司的战略意图。

（二）明确岗位边界

通过工作分析，可以明确界定各个岗位的职责和权限，消除岗位之间在职责上的重叠，同时也可以防止出现职责空白，以避免出现“责任人人推卸”“利益人人争抢”的混乱局面。

（三）提高运转效率

通过工作分析，可以理顺各个岗位与其上下游环节之间的关系，明确岗位在流程中的角色、责任和权限，从而有利于避免流程不畅、效率低下等问题。

（四）实现权责对等

通过工作分析，可以进一步明确各个岗位的职责，为相关权力分配、薪酬分配提供基础依据，从而在岗位层面（也是一种静态层面）实现权责一致。

（五）促进规范管理

通过工作分析，在明确各个岗位的职责、权限、任职资格等的基础上，可以形成对各个岗位工作的规范化要求。一方面，可以清楚地表达企业对员工行为和绩效的期望；另一方面，也可以将员工的工作行为规范在预定的轨道之中，从而对员工形成标准化的牵引和约束机制。

四、工作分析的主要方法

（一）观察法

所谓观察法（observational survey），是指工作分析人员亲临工作现场，对特定对象的正常工作状态进行观察、记录、整理和总结归纳的工作分析方法。

1. 适用范围

由于观察法只能考查被观察者的一些表象信息，如工作地点、工作流程、主要活动、持续时间等，而不能对其内心活动进行直观探察，因此观察法比较适用于那些以肢体操作为主，周期短、重复性高又便于观察的职位。

2. 应用的局限性

一般来说，观察法不适于以脑力劳动为主、工作周期长、工作不规律或不便于观察（如具有危险性）的职位。

3. 应用技巧

（1）将观察法与访谈法结合使用，可以对观察法无法收集的信息进行补充（如任职者当时的心理感受），也可以对两种方法采集到的信息进行相互验证。

（2）如果目标岗位面临的突发情况较多，或不便于观察（如高温、高压、具放射性污染等），则可以将重要活动抽取出来，以工作表演法（如模拟救火）的方式予以仿真呈现，同时由观察者进行观察、记录、分析。

（3）对有电子监控的岗位，可以通过调阅视频录像的方式观察，这样就可以相对直观的方式对工作周期长、具有危险性或平时难得一见的突发事件进行详细观察。

（二）访谈法

访谈法（interview survey），又称面谈法，是指工作分析人员通过与目标岗位的任职者及相关人员（如上下游客户、上级）进行面对面的直接交谈而进行工作分析的方法。

1. 适用范围

访谈法不受工作周期长、工作不规律或不便于观察等因素的影响。此外，通过有效使用访谈法，也可以探测观察法无法获取的脑力思考及心理活动，因此在工作分析中被广泛采纳。

2. 应用的局限性

（1）需要访谈主持者对目标岗位的工作有基本了解，否则会影响双方交流的深度和广度。

（2）需要访谈者有高超的访谈技巧，能够迅速破冰，打开局面，顺利引导访谈的走向。

3. 应用技巧

（1）对不熟悉的岗位，可先用观察法进行现场观察，以形成对岗位工作的感性认识，做到对工作环境、工作状况、主要内容及任职者等有一个大体上的了解。

（2）事先拟好提纲，采取结构化访谈，可以提高访谈的效率。

（3）在开场白中，以简明扼要的方式说明访谈目的，拉近双方心理距离，化解被访谈者可能存在的疑虑。

（三）问卷调查法

问卷调查法（questionnaire survey），是一种运用统一设计的问卷向目标对象了解情况或征询意见的调查方法。采用问卷调查法进行工作分析，就是将所需搜集的信息编制成问卷，以网上调查或线下调查的方式采集与工作相关的信息。

1. 优点

（1）突破时空限制，可以在较为广阔的范围内对众多调查对象同时进行调查。特别是网上调查，被调查者在规定时间段内可随时随地填写。

（2）封闭式问卷调查内容相对集中，便于对调查结果进行定量研究。

2. 缺点

（1）缺乏弹性，很难作深入的定性调查。

（2）开放式问卷内容相对凌乱，如果全面统计，会纳入大量无关紧要的内容，从而产生大量无效劳动；如果有所取舍，又可能将非常重要的信息遗漏。

3. 适用范围

问卷调查法比较适用于岗位任职者素质较高，数量较大，任务分配相对精细的企业。

4. 应用技巧

（1）对管理混乱、职责不清或任职者素质较低的企业，一般不使用该方法。

（2）即便是在比较适用问卷调查法的情况下，一般也不贸然使用，而是先通过观察法或访谈法搜集主要信息，再根据这些信息来编制针对更强、问题更集中、精确度更高的问卷开展调查。

（3）也可以先期通过观察法或访谈法编制职位说明书和工作规范，用问卷调查法大范围地征求意见。

（四）其他方法

工作分析可以采用的其他方法包括：座谈法、工作日志法、工作实践法、关键事件法（Critical Incident Method，CIM）、职能工作分析法（Functional Job Analysis，FJA）、任务清单分析法（Task Inventory Analysis，TIA）等。大家可以阅读相关资料了解其优缺点及适用范围。

五、工作分析的成果应用

工作分析的成果可以为很多方面的工作提供重要支撑，如组织机构设计、业务流程再造、人员选拔与配置、绩效管理、薪酬管理、培训与开发等（见图3－1）。

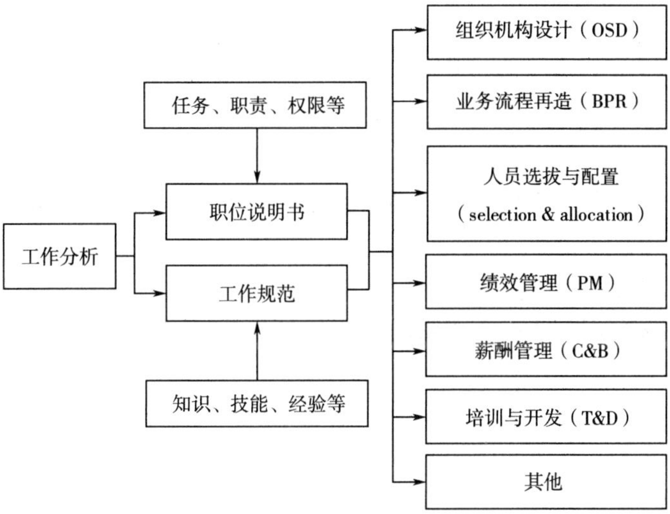

图3－1　工作分析的主要成果及其应用

资料来源：周施恩．人力资源管理高级教程［M］．2版．北京：清华大学出版社，2022：34.

可以说，进行工作分析的公司不一定成功，但不进行工作分析的大中型企业，极有可能因内部管理混乱而走向失败。

第二节　招聘的目的、原则与甄别技术

【引导案例】

小颖辞职谁的错？

小颖是一家纺织企业的业务跟单，在公司负责业务员订单的跟踪协调工作。由于小颖所在的是一家民营私企，小颖觉得学到的东西比较有限，而她本来是学会计的，从事的却不是会计方面的工作，于是她利用闲暇时间上培训班学习并报考了会计从业

资格证。

某个周末，小颖准备参加会计从业资格证的考试，于是向陈总请假，却没有获批，小颖很是郁闷，陈总的回复是，最近公司太忙，一时找不到人，所以假期批不了。

实际上，陈总有另一层考虑：员工刚来，通过几个月的培训和学习，基本能够上手了。你考会计从业资格证，公司又没有合适的职位，不是明摆着要走吗？所以没准小颖的假。

那个周末，小颖没上班，去参加了考试。第二天，小颖就向陈总提出了辞职。当陈总问及原因时，小颖说："在这个公司我觉得看不到前途，也学不到东西，而且管理不人性化，我需要一些自己的生活空间。"

小颖的回答让陈总思考了很久。

【案例讨论】

1. 在此案例中，到底谁是有错的？
2. 如果你是该公司的人力资源经理，你会如何改进？

从表面上看，企业员工招聘工作似乎不难，其实则不然。招聘比大多数人想象得更为复杂。

为什么一个挺能干的员工到了企业什么也干不了？为什么一个老实本分的员工入职后就变得自由散漫？为什么所招聘的人，能干的都跑了，不能干的也挑三拣四、拈轻怕重地混日子？

上述种种，根源通常都是招聘人员的水平不够。员工招聘，绝对不简单。它有一整套的流程、一系列的技术，需要招聘人员有深厚的知识储备和丰富的实践经验。

一、招聘管理系统

招聘管理（recruitment management）是指企业根据人力资源规划而开展的制订招聘计划、开展招募活动、实施人员甄选、员工入职管理和进行招聘评估等一系列管理活动。

（一）制订招聘计划

人力资源规划一般是指战略性总体规划，而招聘计划则是根据人力资源规划所制定的原则、目标、步调等而制订的详细计划（周期一般在一年以内）。年度招聘计划一般包括：招聘人员的岗位、数量与质量要求，招聘信息发布的途径、范围，拟招聘人员到岗的时间节点、具体部门，招聘计划的执行人、责任人，以及年度招聘活动总的预算等。

有人将招聘计划制订归在了招募环节当中，但从人力资源管理实践来看，应将其单列出来。具体的招募活动只是按招聘计划而开展的人员募集活动，而招聘计划制订决定的是全年招聘工作的方案。

（二）开展招募活动

招募（recruitment）是根据招聘计划设计招聘信息、发布招聘广告、接受人员申请以及建立人员信息库（简历库）的过程。

（三）实施人员甄选

人员甄选（test & selection）包括两部分，一是甄别，二是选择。甄别（test）就是审查鉴别（优劣），考核鉴定（能力、品质）；选择（selection）就是根据甄别结果，从中选择目标人员。人员甄选一般包括资格审查、初选、测试（笔试、面试、心理测试及其他测试）、体检、背景调查等内容。

（四）员工入职管理

员工入职管理是指从发出录用通知开始一直到试用期结束，对新招聘员工持续进行沟通引导、培训辅导、跟踪记录以及全面评估的过程。通俗地说，就是对已录用的人员，要教给他必要的知识和技能，对其在试用期间的表现进行全面、客观的评估。

员工入职管理本不应列入招聘管理之中。但现代管理强调有始有终的闭环思维，如果缺少员工入职管理这一环节，就无法确定所招聘人员是否符合岗位要求，也就无法客观判断招聘活动的成败。

（五）进行招聘评估

招聘评估（recruitment appraisal）主要指对招聘管理活动的效率与效果进行系统评估的过程。评估的主要内容包括：招聘计划是否科学、合理，招募广告是否美观、实用，招募渠道是否足够、合适，甄别活动是否科学、有效，人员选择理念是否符合企业文化和岗位特点的要求，入职管理是否严谨、流畅，以及招聘费用控制是否合理、招聘效果是否满意等。

上述内容的有机组合，就形成了一个完整的招聘管理系统，如图 3－2 所示。

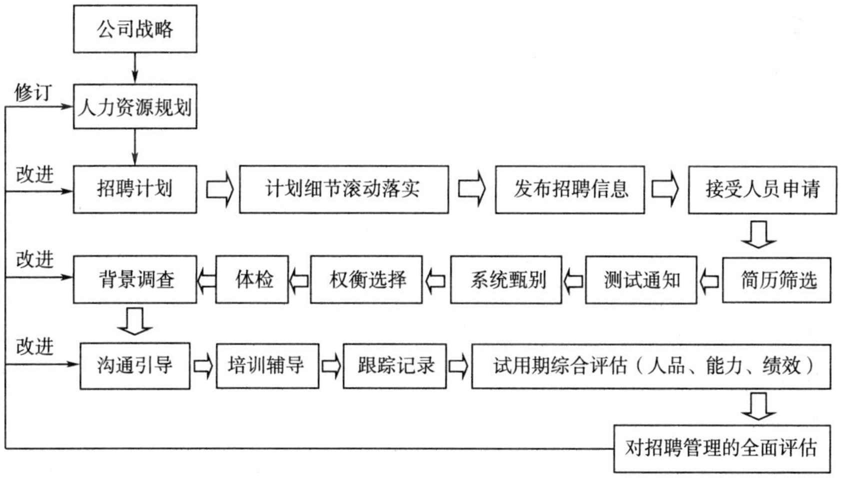

图 3－2　招聘管理系统示意图

资料来源：周施恩．人力资源管理高级教程［M］.2 版．北京：清华大学出版社，2022：56.

需要说明的是，图 3－2 是一个相对完整的流程。有的公司并没有人力资源规划，也没有年度招聘计划，只是在有招聘需求时才临时行动。有时公司面临很大的人员缺口，做出招聘选择后就直接通知应聘人员上岗，体检和背景调查在人员上岗以后同时进行，甚至对一般性岗位基本不做背景调查。对于广大中小企业来说，只要操作人员经验丰富、工作周密严谨，上述做法也无可非议。

图3-2之所以使用“系统甄别”而非“全面甄别”，是因为笔试、面试、心理测试等综合测试，应该是相辅相成、有机整合的关系，而非简单罗列、走走过场。同时，全面甄别费时费力，对一般岗位人员没有必要，在甄别时只要把控住重要的关键点即可。

二、招聘的目的分析

很多文献将招聘的目的定义为“填补职位空缺”，这是不够全面的。招聘的目的可以说是丰富多彩的。

（一）招聘的根本目的

招聘的根本目的有两个：一是填补职位空缺，二是战略或战术性地储备人才。

战略储备（strategic reserve）是指为了实现企业的长远发展目标而提前储备人才。比如，在尚未走出国门之前，某个追求全球化经营的公司就开始有意识地招聘和储备国际化人才。

战术储备（tactic reserve）是指目前企业还没有出现职位空缺，但根据年度内正常的人才离职率（包括主动离职、自然离职以及被动离职），而提前招募和培养相关人才。

（二）招聘的其他目的

一次好的招聘活动不仅是招聘到相应人员，还可以同时实现很多其他目的。

1. 调节人才结构

企业中的人才结构包括年龄结构、性别结构、专业结构等，如果人才结构不合理，就会引发一系列问题。比如，一个部门里的员工年龄普遍偏大，就有可能冲劲不足；一个部门里的女性偏多，需要出差（特别是到条件艰苦的地方）、突击加班等，就不容易找到合适的人。

2. 宣传企业及其产品

1989年，也就是宝洁进入中国的第二年，广州宝洁公司就开始在国内一些名牌大学进行校园招聘，宝洁也因此成为第一家在中国内地举办校园招聘的跨国公司，多年来源源不断地为公司输送了一批又一批高素质人才。事实证明，宝洁公司每年10月份前后“开锣”的校园招聘，在促进公司业务发展的同时，又有效地宣传了公司独特的人才理念和品牌形象，真正算得上是一举多得①。

3. 汲取先进经验

在招聘时，可有意识地选择那些拥有行业优秀企业工作背景的人，或者拥有本企业所欠缺经验的人，从而短、平、快地增强本企业实力。

4. 形成“鲶鱼效应”

如果企业员工的离职率较低，人员普遍懈怠、工作拖沓，此时就可以有意识地招

---

① 周施恩．宝洁“八最”及其启示［J］．企业管理，2010（12）：40-41．

聘一些能力强、有活力的人，以形成对老员工的心理冲击。如果再配套采取各方面的改革措施，如薪酬及绩效管理，就有可能使企业的士气为之一振。

三、有效招聘的“三原则”

（一）合法性原则

当今社会，合法性原则是一个常识性、必须要坚持的原则，随着国家法治化进程的加快，合法性原则的内涵也在持续丰富。比如，不能有种族歧视、地域歧视、性别歧视问题，不能存在岗位要求之外的不合理限制性条款等。

（二）匹配性原则

合法性原则是做好招聘工作的基础，体现的是招聘管理者的政策水平。而遵循匹配性原则是做好招聘工作的核心。对人力资源人员来说，匹配性原则体现的是其专业水准。

1. 个人－工作的匹配

对此主要考察两个方面：一是应聘者的岗位胜任性，如是否具备所需的知识、能力、经验等，避免招聘到不胜任的人。二是应聘者是否留得住。此时要权衡的是目标岗位的价值和发展前途，及其与应聘者能力素质、志向抱负之间的相容性。如果岗位的价值不大（如门卫），而应聘者能力出众，那贸然录用可能的结果只能有两个：要么此人不来报到，要么到岗时间不长就离职。

2. 个人－团队的匹配

对此主要考察应聘者与既有团队成员的匹配性，如性格是否相容，知识、能力、经验等是否互补，工作节奏是否融洽，等等。为了确保个人－团队的匹配性，人力资源人员初步筛选，再由用人部门最终决定录用对象。

3. 个人－组织的匹配

对此主要考察应聘者个人与组织文化、发展方向和发展目标等方面的匹配性。举个例子，如果某人能力出众，偏爱责权分明，喜欢独立负责，但不喜欢事事请示汇报，那传统大型国企的招聘人员在做出录用决策前，就应该反复推敲这样一个问题——他能融入本公司中来吗？

4. 个人－职业的匹配

对此主要考察应聘者个人的性格、动机与所求职职业的匹配性。谈到个人－职业的匹配性，就不得不提及职业锚（career anchors）理论。美国麻省理工学院斯隆商学院的企业文化专家、职业指导专家埃德加·施恩（Edgar H. Schein）领导的研究小组，在对44名MBA志愿者进行了长达12年的职业生涯研究之后，最终提出了职业锚理论。

锚是使船只停泊定位的重要工具，而职业锚则是人们在选择职业时所围绕的中心，是指一个人很难放弃的职业中的那种至关重要的东西或价值观。研究表明，职业锚来自个人能力、动机和价值观三方面的相互作用与整合，并非与生俱来，更多的是“自我意向的一个习得部分”，即从后天经验和学习中获得。

职业锚强是个人同工作环境相互作用的产物，即“性格选择职业，职业加深性格”。举个例子，一位生性喜欢冒险、追求成就、喜欢与不同人接触的员工张三，也许文字功底不错，办公软件熟练，非常胜任办公室文员的工作（人－岗匹配）。但他的职业锚在于销售，让其做办公室文员，迟早有一天会离开，去寻找自己心中的“锚”（职业定位）。

当然，尽管职业锚具有很强的稳定性，但它还是会随着情境的变化而发生改变。还以张三为例，年轻的时候喜欢刺激、冒险、做销售，等他慢慢变老的时候，就有可能追求稳定、体面、离家近。此时他也许会愿意接受一个远离销售一线的市场部经理的职位。

（三）适度弹性原则

适度弹性（appropriate flexibility）原则是指在员工数量和实际需求之间要留有一定余地，即实际用人数量要略大于岗位需求，而不能“一个萝卜三个坑”。这是因为，如果实际用人的数量严重小于岗位数量，大家就会超负荷运转，工作压力和心理压力都非常大。长此以往，不利于员工的身心健康，不利于工作成果的质量。一旦出现紧急情况，如一些员工突然生病或离职，企业的境况就面临雪上加霜。

除了上述“三原则”外，还有公开性原则、公平性原则、经济性原则等，这在大多数企业中已成惯例，在此不再赘述。

四、人员甄别的核心依据

在现代企业招聘中，无论简单的面试还是复杂的多重测试组合，其人员甄选的核心依据都是胜任力理论及其衍生出的素质模型。

（一）基准性胜任特征

基准性胜任特征（threshold competencies）是指能够区分胜任还是不胜任某项工作的一些外显性素质或能力（explicit competencies），诸如阅读能力、外语水平、软件使用等。基准性胜任特征仅能区分能干或不能干某项工作，但不能区分优秀与普通。举例来说，如果不具备专科及以上学历，基本上不能胜任办公室文员岗位，因为有大量的文件起草、修改与报批工作；但拥有相应文化水平的人，却不一定能成为优秀的文员。

以英国为代表的国家就是以基准性胜任特征为基础而进行实际应用研究的，而我国人力资源和社会保障部所推行的“上岗资格认证制度”，其实也是一种对基准性胜任特征的认可①，即持证往往代表最低要求，但有证的人并不能保证干得优秀。

（二）鉴别性胜任特征

鉴别性胜任特征（differentiating competencies）是指能够将某一岗位上绩效的优秀者与普通者区分开来的胜任特征，诸如工作动机、结果导向、客户中心、团队精神等。这些因素大都与“怎样做工作”有关，所以也称为行为类胜任特征（behavioral competencies）。

美国与英国关于胜任特征的研究存在非常大的差别：英国人主要研究什么人才能上

---

① 王拥军．关于胜任特征概念、内涵和外延的研究［J］．中国人力资源开发，2007（11）：100－103.

岗——基准性胜任特征，美国人研究什么人才有可能是最优秀的——鉴别性胜任特征。

研究发现，在不同职位、不同行业、不同文化环境中的胜任特征模型是不同的。比如，杰克·韦尔奇（Jack Welch）是著名企业家，他能力出众但性格强硬，因此只适合做一把手而做不好副职。

（三）胜任力的冰山模型

根据麦克莱兰的观点，一个人的素质主要包括以下六个方面的因素：

（1）知识（knowledge）：指个人在某一特定领域拥有的事实型信息（知道某种事实）与经验型信息（拥有某种经验）。

（2）技能（skill）：综合运用所获取的知识去完成某项具体工作的能力。

（3）角色定位（social roles）：指一个人基于态度和价值观的行为方式与风格。

（4）自我认知（self - concept）：指一个人的态度、价值观和自我印象。

（5）特质（traits）：是指在组成人格的因素中，能引发人们行为和主动引导人的行为，并使个人面对不同种类的刺激都能做出相同反应的心理结构。比如，“卡特尔 16 种人格因素测验”（16PE）所提出的 16 种相互独立的根源特质就包括乐群性、聪慧性、情绪稳定性、恃强性、兴奋性、有恒性、敢为性、敏感性、怀疑性、幻想性、世故性、忧虑性、激进性、独立性、自律性、紧张性。

（6）动机（motives）：指在一个特定领域的自然（即由潜意识产生，而非主动控制）而持续的想法和偏好，如追求成就，追求融洽的人际关系，或渴望影响别人等。它们将引导、决定和持续驱动一个人的外在行动。

上述六项因素并非平行或并列关系，而是有一定的内在逻辑，通过对这种逻辑关系的直观表达，就形成了著名的胜任力冰山模型（iceberg model），如图 3 – 3 所示。

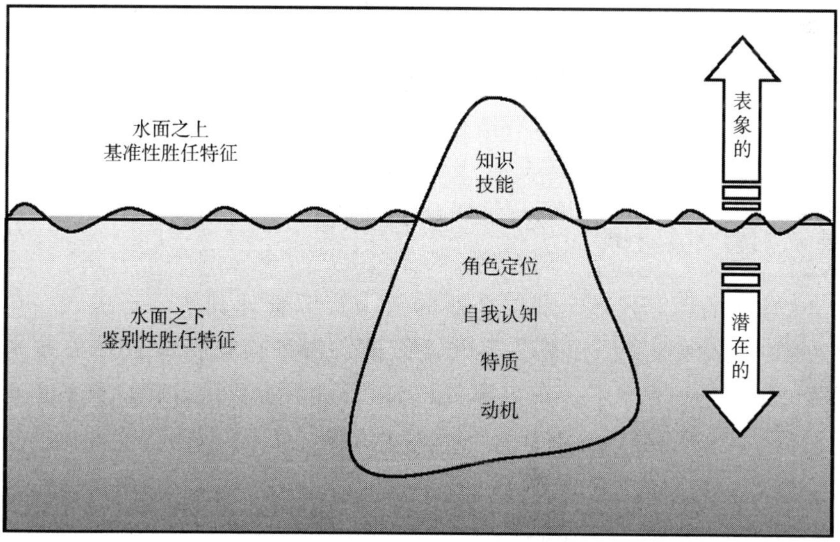

图 3 – 3 胜任力冰山模型

资料来源：周施恩．人力资源管理高级教程［M］．2 版．北京：清华大学出版社，2022：66.

1. 冰山模型的逻辑关系

如图3－3所示，从动机到知识，往上是外显因素；从知识到动机，往下是内隐因素。

从下往上，是一个层层驱动的关系。例如，一位绘画大师，他的主要动机基本可以被确定为成就导向——画出震撼世界、流芳百世的作品来。这一动机及画家的工作特点，一定程度上促进其形成了敏感、兴奋、特立独行、执着的人格特质。这样的人格特质加上画家的工作性质，又进一步形成了其“舍我其谁”的自我认知和角色定位。这样的自我认知和角色定位，又进一步促进其学贯古今，去汲取相关知识和经验，并将这些知识、经验及其引发的灵感转化到自己的绘画技能当中。最后，他的某些作品可能真的震撼世界、流芳百世。

从上往下，是一个层层探寻根源的过程。还以这位绘画大师为例，他画出了震撼世界、流芳百世的作品，人们很惊奇：原来他掌握了一般人所未掌握的知识、经验和技能。他为什么掌握这么多呢？原来他自认为在绘画界“舍我其谁”，所以必须要比别人多学东西、多掌握东西。他为什么形成了这样的角色定位和自我认知呢？因为他内在的动机及其产生的特质驱动。什么动机呢？画出震撼世界、流芳百世的作品来！

2. 冰山模型在招聘工作中的应用指南

在胜任力冰山模型中，第一项（知识）和第二项（技能）中有相当大的部分与工作要求直接相关，一般可以通过笔试、面谈以及工作模拟等方式在较短时间内予以客观测量，因此称为表象的素质或能力。由于这两项因素涉及更多的是准入问题，即能不能胜任某项工作，所以又称为基准性胜任特征。

第三、四、五、六项是内隐的，从表象上无法探测，因此需要通过特殊的测量手段（如心理测试）来探测，或者通过对其在不同场合下都相对一致的行为表现、言谈举止等因素的计量与分析，来做出对其角色定位、自我认知、人格特质和动机的逻辑推理。同时，由于这些因素才是区分绩效卓越者和表现平平者的内在原因，所以又称为鉴别性胜任特征。

五、人员甄别的主要方式

经过30多年的蓬勃发展，我国企业的人力资源管理其实已经进入一个新的阶段。在人员甄别方面，简历筛选、笔试、面试、情景模拟、评价中心技术以及笔迹分析等方式已经广泛运用，有兴趣的读者可以参考相关文献，本书不再赘述。

第三节　员工培训的思路与流程

【引导案例】

这样的培训，还要不要？[①]

C公司是一家专业灯具灯饰设计公司，多年来业绩一直稳步增长。设计部总共有60余位员工，是公司业务发展的核心。S是公司设计部的负责人，最近她听到很多员工反映：我们每天都在重复同样的工作，进步很慢，希望公司能提供一些培训，为员工的个人发展做一些规划。于是，S多次向老板反映情况，希望老板能够满足员工的培训要求。几经考虑，老板最终同意为设计部举办一个系列培训课程：总共培训4次，每次一天，但安排在周末。为此，大家都很反感，但考虑到公司已经做了让步，也就没有说什么。

第一次培训。公司请了一名培训学校教平面设计软件的老师，教大家Photoshop制图软件的使用。结果是大家很不满意，都觉得老师讲的太基础了，理论性太强，根本就没有什么实际作用——甚至老师做出来的东西还没有我们自己做的好，太没水平了！

第二次培训。公司吸取了上次的教训，花费重金请了一名美院的教授，讲了一些与色彩搭配相关的课程，员工觉得还是有些收获，但是针对性也不强！培训花费不菲，老板也觉得这一方式不能持续。

第三次培训。老板托人请来一名很有名气的设计师授课，这次大家很有收获。但是，很多员工除了向设计师了解工作方面的事，还打听别家公司的工资和福利等，然后拿来做比较，甚至讨论跳槽，或者借此向公司提出各种要求。

结果，三次培训效果老板都不满意，于是要求取消培训计划。老板对S说，“与外界接触太频繁，让他们没有心思好好上班。公司花了那么多钱，也没有为公司带来多少效益，我看就先搁置吧！”S没办法，只好无奈地答应了，但心想，估计员工又该发牢骚了！

【案例讨论】

你认为这三次培训效果怎么样？老板的思路如何？应怎么改进？

当今企业已普遍认识到培训的重要性，有的按比例提取年度培训经费，有的甚至还建立起培训体系。但对于培训经理应具备怎样的素质和能力，很多人认为是较高的亲和力、喜欢与人交往、善于沟通和表达、强大的应变能力、诙谐幽默等，错将培训经理当成培训讲师。这说明大家对培训的理解还不到位。

---

① 周施恩．如果是你，怎样组织培训？[J]．企业管理，2018（4）：67－69.

一、了解培训

（一）培训的定义

培训（training）是指公司有目的、有计划地实施旨在帮助雇员学习与工作相关的能力素养、规章制度、理念思维等方面内容的活动。

（二）培训的一般目的

一般来讲，好的培训可以实现多重目的，如补充或更新员工所掌握的知识与技能，持续改变员工的行为和态度，提高或改善员工的工作产出，实现人才梯队的不断优化，促进企业绩效的持续提升等。但是，这些目的并非并列关系，而是有内在的逻辑，如图3－4所示。只有真正理解了其中的因和果，才能从根本上搞好培训工作。

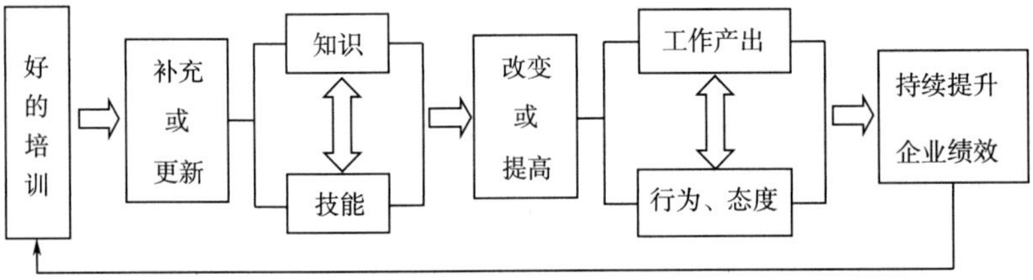

图3－4　培训的目的及其因果关系

（三）培训的内容

员工培训一般包括以下内容：

（1）知识，如背景知识、专业基础知识、专业知识等。

（2）技能，如工作能力、工作方法、操作技巧等。

（3）规章制度，如工作流程、操作规程、奖罚标准等。

（4）理念及思维，如团队精神、责任意识、服务意识、创新思维等。

聪明的管理者组织培训往往是综合考量的，比如以图3－4为指导，将知识、技能、规章制度、理念及思维等内容有机结合，以搭配、有序的方式呈现出来，使培训对象既适时接受相关教育（企业需要的、员工欠缺的），同时又不会令人觉得枯燥、乏味或单薄。

如果仅仅将培训目标锁定为提升企业绩效，而忽略员工的现实需求和切身感受，其结果往往是欲速则不达。这也从一个侧面验证了建立双赢劳动关系、努力实现共同富裕的伟大之处。

二、设计和组织培训

（一）培训需求分析

1. 培训需求分析的定义及内容

培训需求分析（training needs assessment）是指对培训需求进行分析、评估和最终确认的过程。做培训需求分析，要重点回答四个问题：

（1）要不要培训？——判断是否存在培训的必要性。

（2）如果需要培训，应该培训什么？——初步确定培训的内容。

（3）员工在这方面的能力处于什么样的水平？——为课程设计的深度和广度提供支持。

（4）员工在心理和身体上做好接受培训的准备了吗？——营造合适的身心环境。

只有把这四个问题全部都搞清楚了，才能说做好了培训需求分析。对上述任何一个问题判断有误，就有可能使培训效果大打折扣①。

此外，培训设计者在对培训需求分析的认识与组织实施方面需要注意：

（1）重要地位。培训需求分析既是制订培训计划、设定培训目标的前提，也是进行培训效果评估的基础，因此可以说是培训活动的首要环节。

（2）组织实施。培训需求分析工作，一般由人力资源部门牵头，需要各级经理的积极配合，以及骨干员工的充分参与和大力支持。

2. 培训需求分析的经典框架

美国学者雷蒙德·诺伊（Raymond A. Noe）在其《雇员培训与开发》一书中，提出了一个非常经典的“三层面”框架。

（1）组织分析（organizational analysis），即对组织的发展战略、近期计划以及结构类型等综合情况进行分析，以明确培训需求的过程。

（2）任务分析（task analysis），即对具体工作所需的知识、技能和行为方式等情况进行分析，以明确培训需求的过程。

（3）人员分析（person analysis），即对员工的知识、技能、工作态度等情况进行分析，以明确培训需求的过程②。

以组织分析的结论为指针，以任务分析和人员分析中的差距（即任务需要但很多员工还不具备的知识、能力、态度等）为聚焦点，就能找到那些目前较为紧迫（有显著差距）而重要（符合战略方向）的培训需求。上述逻辑关系可以总结为图3－5。

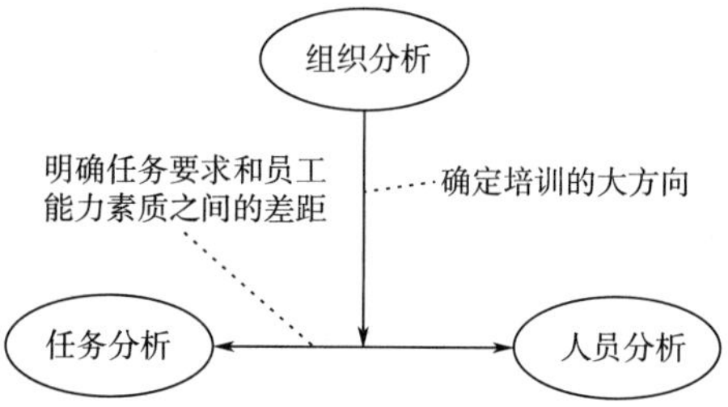

图3－5 组织分析、任务分析、人员分析三者之间的逻辑关系

① 周施恩．如果是你，怎样组织培训？［J］．企业管理，2018（4）：67－69.

② 雷蒙德·A. 诺伊．雇员培训与开发［M］．徐芳，译．北京：中国人民大学出版社，2001：46－58.

（二）培训计划制订与培训方案设计

1. 制订培训计划

培训计划（training plan）是指在培训需求分析的基础上，根据培训需求的轻重缓急、培训对象的任务轻重，以及培训资源（如资金、场地、人员等）的配置情况等，而对一定时期（如年度）内的培训工作所做出的统一安排。

2. 设计培训方案

培训方案设计具体包括培训目标设定、培训内容设计、培训方式选择，以及培训地点、对象、预算、考核验收方式等具体细节的设计开发。

（三）培训环境营造

培训环境包括硬环境和软环境两个方面。

1. 硬环境

硬环境包括：所需场地、课桌座椅，以及白板、彩笔等；投影仪、音响、灯光、电脑、网络等设施；常用的纸笔、道具等一般耗材。

好的硬环境，可以使受训者感到舒适，不受干扰（如噪音），使培训所展示的内容清晰、场景逼真，进而提高培训对象的学习兴趣，确保培训效果。

2. 软环境

这里所说的软环境是指与培训相关的人际环境、文化环境、心理环境、制度环境等。部门间融洽的人际关系、各级经理的重视与支持、崇德尚能的文化氛围、准确的心理预期、员工对培训的兴趣与渴望、与培训相关的奖惩机制等，是确保培训有效的重要前提。

（四）培训的组织与实施

1. 培训前

要做好与各部门经理的沟通协调工作，向参训人员传达培训信息，营造良好的培训氛围；做好场地、设施、设备、材料等硬件方面的准备；做好与培训讲师的沟通工作，确认时间及培训时的注意事项；准备迎接员工报到所需的一切。

2. 培训中

要及时跟踪培训进程与教学内容，关注参训人员的感受与需求；及时与培训讲师进行沟通，肯定成绩，根据学员要求提出改进期望，并提醒注意事项（如必要）；及时检修或更换设施设备等。

3. 培训后

要及时进行考核验收，及时评估培训效果；提醒参训人员所在部门经理注意促进培训成果转化；及时进行最终评估，并更新完善员工培训档案。

（五）培训成果转化

1. 培训成果转化

培训成果转化（transfer of training）是指受训者将在培训中所学到的知识和技能在工作中实际应用的过程。企业投资于培训，最终目的不是传授知识和技能本身，而是希望员工能够在工作中应用这些知识和技能，并最终转化为企业的效益。培训成果转化事关培训的成败，也关系企业的长远发展。

2. 推广能力

推广能力（generalization）是指受训者在遇到与学习环境类似但又不是完全一致的问题和情况时，能够将所学的知识和技能应用于工作上的能力。尽管现代模拟技术高超，但是工作环境和受训环境总是有所不同，需要员工在不同的环境中创造性地应用所学到的知识和技能，所以推广能力对于多数员工来说是必需的。

3. 维持

维持（maintenance）是指员工长时间持续应用所学知识和技能的能力，包括：观念维持，如团结协作、企业文化、不断创新等观念的维持；行为维持，如规范的举止、规范的操作程序等方面的维持；技能维持，如发现问题、解决问题的能力，推理与综合分析的能力等方面的维持。

（六）培训项目评估

培训项目评估是针对某一培训项目，从最初的谋划设计到最终的验收结项等一系列过程的总结与评价。评估内容主要包括以下几个方面：

1. 培训需求分析评估

培训需求分析评估包括：培训需求分析的对象、时间、地点，所采取的方法、手段和所得出的结论等是否科学合理，以及今后的改进对策等。

2. 培训设计与组织实施评估

培训设计与组织实施评估包括：培训在时间、地点、对象、内容、方式、师资、教材、预算执行情况等方面的设计与实施是否科学合理，以及今后的改进对策。

3. 培训效果评估

培训效果（training effectiveness）主要是指公司和受训者从培训当中所获得的收益。这些收益既包括可以用货币衡量的收益，如成本降低与销售提升等，也包括短期内不能用货币衡量的收益，如员工忠诚度提高、团队精神提高、企业形象提升等。而培训效果评估（training evaluation）是指收集培训成果并衡量培训是否有效的过程。

4. 培训项目的总体评估

项目的总体评估，不应该简单地走走过场，而应该是对此次培训项目的一个客观评价，是给上司的一个明确的交代，同时也是给后来的继任者一个有价值的参考。因此，评估报告要求内容高度凝练，全貌脉络清晰，优点总结到位，问题抓得准确，分析鞭辟入里，对策简单实用；既要有理论高度（即能够使人从中获取相应的知识），又要有较强的实操性（即能够使人学到改进工作的技巧）。

三、高阶培训

严格说来，我们前面所介绍过的培训目的——补充或更新员工所掌握的知识与技能，持续改变员工的行为和态度，提高或改善员工的工作产出，实现人才梯队的不断优化，促进企业绩效的持续提升，只是大多数常规性培训的一般目的。当今市场竞争日趋激烈，越来越多的企业开始通过培训来提升企业的竞争能力，一种专门针对企业管理层的高阶培训开始在许多企业推广开来。

（一）培育核心人才

核心人才的高度，决定了企业的高度。杰克·韦尔奇深谙此道，其所倡导的高阶领导力培训更是被业界所推崇。从大的方面来讲，通用电气公司（GE）的经理人员培训一般要经历三个阶段：

第一阶段：进入 GE 头 5 年。此时主要培训专业领域的基础知识与工作技能，培训对象会接受一些具有挑战性的工作任务，以促进所学知识的应用，并增长才干。

第二阶段：进入 GE 5 ~ 15 年。此时的培训项目包括：新经理发展课程、中级培训项目和中级经理课程。其主要目的是把那些有才华、有潜力的员工，逐步培养成出色的经理人。

第三阶段：进入 GE 16 年以上。此时仍留在 GE 的人才，大多已成为优秀的经理人，因此这一阶段的培训重点就是要把他们逐渐培养成能够独当一面，如领导一个业务集团或公司的领导者。主要课程有高级经理开发课程（MDC）、商务管理课程（BMC）、高层管理人员开发课程（EDC）等。

据权威媒体 2001 年的统计，当年的世界 500 强有 173 家公司 CEO 来自 GE。韦尔奇力排众议、花费巨资改造的克罗顿维尔培训基地也因此成为世界大公司 CEO 的摇篮和“企业家的哈佛”。韦尔奇希望它能聚焦领导人才的开发，而不仅仅是职业培训，成为一个可以触摸到公司最优秀员工头脑和心灵的地方，在改革过程中聚合公司力量的精神纽带。杰克·韦尔奇说：“我不希望那些发展潜力不大的人来到这个地方。我要让最好的人才聚集到这里，而不是让那些已经疲惫不堪的人到这里讨取最后一次奖赏。”①

（二）培养核心技术

核心技术通常是指在确定技术路线的情况下，支撑产品实现的技术选择中的关键部分，主要包括技术和工艺两大类。如果缺乏核心技术，企业就很难设计生产出具有独特竞争力的产品，也就难以在市场竞争中赢得主动。从定义中可以看出，核心技术具有稀缺性、关键性、高新性等特点。而人是一切技术和工艺的创造者，因此核心技术的攻关与积累，是与企业长期的人才引进、培育、使用、激励分不开的。围绕核心技术培训而开展的高阶培训，必将成为顶尖企业相互角力的隐形主战场。

（三）培育核心竞争力

1990 年 6 月，普拉哈拉德（C. K. Prahalad）和加里·哈默尔（Gary Hamel）在哈佛商业评论上发表了一篇题为《企业核心竞争力》的文章，并创造性地提出了核心竞争力的概念②。在随后的十几年里，对核心竞争力自身（内涵、特点与获得方式等）及其与其他管理模块协同发展的研究，成为企业竞争与发展理论的研究热点。他们认为，核心竞争力是一个组织中的积累性学识，特别是关于如何协调不同生产技能和有机结合多种技术的学识；它是多项能力与技术的组合，而不是某个独立的能力或技术本身；它有机整合了企业可以利用的资源，并能够为企业与客户创造价值；它贯彻于整个企业，

① 周施恩. 世界顶级公司人力资源管理实操详解［M］. 北京：中国纺织出版社，2010：179 - 196.

② 李正中，韩智勇. 企业核心竞争力：理论的起源及内涵［J］. 经济理论与经济管理，2001（7）：54 - 56.

且难以被他人复制。因此，尽管知名的品牌、特有的技术、庞大的资产与垄断性的资源等都可以为企业带来竞争优势，但单独来看，它们都不是核心竞争力。

与学习型组织、企业再造等同样轰动一时的理论不同的是，核心竞争力理论具有更好的解释与预测功能。人们成功地运用该理论揭示了世界优秀企业成功的奥秘，并达成这样的共识：是否拥有独特的核心竞争力，决定着企业未来的生存与发展。对于核心竞争力，我国经济学家张维迎的概括颇具代表性：核心竞争力是一个企业特有的能力，它“偷不去，买不来，拆不开，带不走，溜不掉”①。

可见，核心竞争力只能自己培育而无法从市场上买来，围绕培育核心竞争力而开展的系列培训，将会是追求卓越的企业绕不过去的“坎儿”。图 3 – 6 为高阶培训与企业竞争力之间的关系。

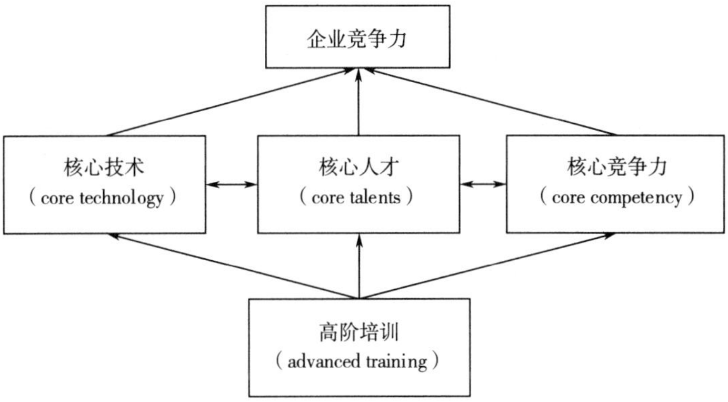

图 3 – 6　高阶培训与企业竞争力之间的关系

第四节　薪酬的概念、功能与重要作用

【引导案例】

如果是你，该如何决策?

韩国 A 海运株式会社成立于 1977 年，目前是排世界前 15 名的海运公司，拥有集装箱船、特种气体灌装船和散装船等 150 艘，10 座设备完善的现代化集装箱码头，在世界 53 个国家设立了 230 余家代表处/代理处，全球服务网络覆盖 6 大洲、75 个港口、6 000 多个城市。其中国公司成立于 1995 年，坐落于上海浦东，为韩国独资企业，注册资本 1 036 万美元，员工 360 多人。它以韩国公司的服务网络为依托，在中国内地各城市开设了 6 家分公司和 20 多家办事处。其主要业务包括：为韩国公司揽货，缮制和签发提单，签订服务合同，收取和汇寄运费。

① 周施恩. 企业文化的“铁三角”：一个关于企业文化根基的探讨［J］. 企业研究，2006（4）：59 – 61.

员工情况：职能部门经理及分公司总经理均为韩国人；总人数360多人，其中35岁以下占85%，35~45岁之间近40人，45岁以上3人；基本为大专以上学历，本科239人，研究生19人；公司没有专门的人力资源部，只在公司管理部下设行政/人事组，有正副经理各一名，公司秘书帮助做一些日常工作；员工招聘简单、随意，刚开始着手建立一些零碎的培训制度；上海本地人很少，基本为来自各地的外乡人。

考核与薪酬情况：韩国人的薪酬由母公司决定；考核简单，只是做一些简单的统计；员工月工资=岗位工资+年功工资+绩效奖；岗位工资主要由岗位级别决定，占总薪酬的近80%；年功工资与服务年限有关，每年递增；绩效考核只考德、能、勤、绩，且基本是相互照顾，走走过场；绩效奖约占总薪酬的15%。

福利：养老、医疗、失业、工伤、公积金；餐贴、补充医疗保险、人身意外伤害险；节假日礼金。

所面临的问题：绩效考核简单，不能给员工一个公平合理的说法；薪酬水平不高，多年来上升缓慢；激励性薪酬偏低，业绩好的人觉得吃亏；薪酬结构单一，不能激励大家提高业绩；晋升通道狭窄，很多人看不到希望。

结果：能干的人把这里当成练手的中转站，平时没积极性，一有机会就跳槽。不能干的人留了下来，牢骚满腹地混饭吃。大家都没有归属感和事业心。

【案例讨论】

1. 毕业后，你愿意到这家公司工作吗？为什么？
2. 如果你是该公司的人力资源经理，你会如何改进？

薪酬管理对任何企业来说都是一个比较棘手的问题。在成熟市场环境下，对企业薪酬管理水平的要求越来越高，而薪酬管理过程也要面临更多的挑战，如来自政府法律法规的约束，来自竞争对手的人才竞争，来自企业自身承受能力的限制，以及不同时期对经营战略、用人理念的变革与调整等。可以说，薪酬管理牵动着企业所有者、管理者、劳动者的敏感神经，一些外部人员和机构也可能不断窥探。

一、全面认识薪酬与福利

说到薪酬，人们很容易想到一个与之紧密相关的词语——福利。关于薪酬与福利，许多人存在一些似是而非的认识，我们首先要对相关概念进行必要的梳理。

（一）基本概念

1. 报酬

报酬（rewards）是指员工出于个人对企业的劳动付出而获得的一切其认为有价值的补偿。金钱是有价值的，免费的工作午餐是有价值的，宽敞舒适的办公室也是有价值的。由此可见，报酬是一个非常宽泛的概念，需要进行进一步的拆分和界定。常见的拆分方式及其概念定义有以下三种：

（1）财务报酬和非财务报酬。财务报酬（financial rewards）又称货币性报酬，是指以一定数量的货币为表现形式的报酬，以及能够以货币来进行客观衡量的报酬。前者如工资、奖金、股票、利润分享等货币性收入，后者如生日蛋糕、鲜花、特色小礼品等实物性报酬。非财务报酬（non－financial rewards）又称非货币性报酬，是指员工从企业或工作本身中获得的不以货币为表现形式的一切有价值的东西，如宽敞舒适的办公环境，良好的学习和锻炼机会，工作成就感，终身雇佣的承诺等。

一般地说，非财务报酬是企业独有的（如良好的学习氛围和难得的锻炼机会），或是员工即使离职也带不走的（如舒适的办公室、优美的工作环境），因此成为很多聪明的企业吸引和保留人才的重要手段。

（2）直接报酬和间接报酬。直接报酬（direct rewards）是指员工得到的与其工作付出紧密联系，且以货币或实物为表现形式的报酬，如工资、奖金、津贴等，或者因工作出色而获得的住房、汽车等实物奖励。间接报酬（indirect rewards），是指与员工的工作付出没有直接关系的报酬，如大病保险、节假日礼金、带薪休假、住房补贴等——不论员工的绩效高低，都可按公司规定享受标准待遇。

（3）内在报酬和外在报酬。内在报酬（intrinsic rewards）是指员工在工作中所获得的心理满足感及其相关收益，如从事自己感兴趣的工作，能力与素质的提升，以及在工作中获得的成就与荣誉等。外在报酬（extrinsic rewards），通常是指人们所获得的货币性收入和实物，以及优越的办公条件、诱人的职位头衔、物有所值甚至是免费的工作餐等。

心理学研究表明，内在报酬是激发人们持久热情的动力源泉，也是人们获得事业成功、人生成就的根本所在。综合起来看：绩效薪酬激励员工，外在报酬留住员工，内在报酬成就员工。从这个角度看，“钱财于我如浮云”虽是一种调侃，但它与心理学的研究结论并不矛盾。

2. 薪酬与福利

从实际应用情况来看，薪酬（compensation）包括广义薪酬和狭义薪酬两个概念。广义的薪酬是指员工从企业中获得的各种直接和间接的经济收入，即直接报酬和间接报酬中的货币性报酬。查阅资料就可以发现，国内外诸多教材大多以此概念来定义薪酬。

在实际工作和生活中，当人们谈论薪酬时经常用到的是狭义薪酬的概念，其含义仅指员工从企业中得到的工资、津贴、奖金、股票等货币性的直接报酬，其日常口语中的说法为薪资；而保险、节假日礼金、带薪休假、住房补贴等间接报酬，则通常被人们在潜意识中定义为福利（benefit）。此处只讨论狭义薪酬。

（二）相关概念之间的逻辑联系

综合上述分析，我们可以将有关概念及其相互之间的关系以图 3－7 的方式予以直观展示。

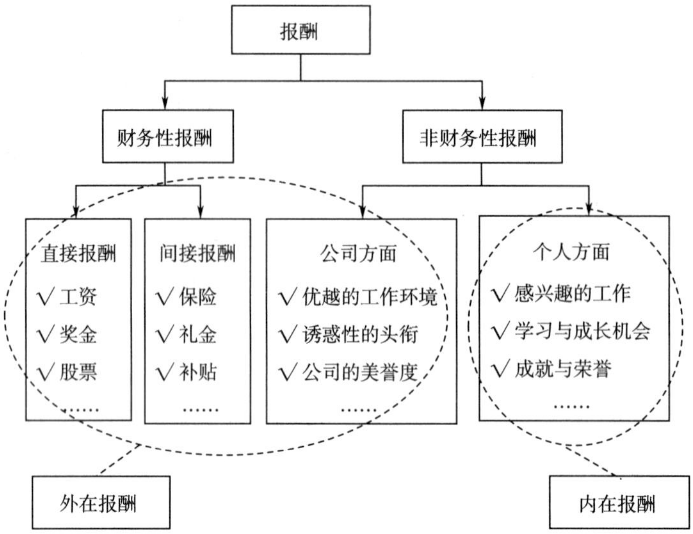

图 3－7　报酬的内涵及其相互关系

资料来源：周施恩．人力资源管理高级教程［M］.2 版．北京：清华大学出版社，2022：132.

（三）薪酬管理

薪酬管理是指企业针对其雇员的薪酬安排进行规划、设计、实施和沟通调整的过程。具体内容包括：明确用人理念和薪酬策略；设计薪酬水平、薪酬结构和计发办法；编制薪酬制度体系；向员工传达薪酬管理背后的基本逻辑和战略意图；根据实施反馈情况对部分环节进行必要的调整等。

二、薪酬管理的功能

企业所有者关注薪酬，主要是因为薪酬总额与所有者权益之间存在一定的此消彼长的关系，他们既考虑即期利益，还要兼顾长远发展；员工之所以关注薪酬，主要是因为薪酬水平、薪酬结构及计发办法，会直接影响自己的现实利益和心理感受，他们既看重收入多少，也在意与别人相比是否公平；而管理者关注薪酬，是因为薪酬设计会影响自己的收入，同时还要利用薪酬管理实现多重目标，即希望薪酬管理能够实现一举多得的复杂功能。

（一）补偿员工的劳动消耗

这是薪酬管理最基本的功能。因为不论员工的职务高低、贡献大小，其在工作岗位上都有一定的体力、脑力和时间的消耗，因此需要对此给予相应补偿。当然，这也是劳动力再生产所需的必备条件。

（二）激励员工努力工作

好的薪酬设计，既能给员工一定的安全感，又能鼓励员工安心于自己感兴趣的工作，并持续释放出个人潜能。举例来说，相对较高的底薪＋具有诱惑力的业绩奖励＋顺畅的职业发展通道，可以使专业技术人员安心于自己感兴趣的研究工作，并通过力争上游、持续创造佳绩来实现自己的人生价值，而不必去违心地去钻营“官位”。其实，这也是国内外人才管理的真谛之所在①。

（三）妥善应对人才竞争

真正称得上人才的员工，既看重收入的多少，也看重自己的收入－付出比与别人相比是否公平，更看重个人能力的提升速度与发展空间的大小。关于薪酬设计，有一种通俗的说法：

固定工资，是让员工吃得饱的；

绩效奖金，是让员工干得好的；

各种福利，是让员工走不了的；

工作体验，是让员工心情好的。

所以，聪明的管理者既不会刻意压低员工的收入水平，也不会盲目加薪以迎合个别员工的特殊要求。恰恰相反，他们会审时度势、通盘考虑，以构思巧妙而又内容丰富的整体薪酬安排来积极应对所谓的人才竞争。好的人力资源管理，拼的是内功而非单纯依靠金钱的力量。

（四）有效配置人力资源

西方经济学认为，在正常情况下人们都是趋利避害的。通俗地说，除非在极特殊的情况下，人们总是倾向于选择对自己有利的事物，而努力回避对自己不利的事物。因此，"好的薪酬管理＋好的绩效管理"可以说是管理者调动员工的指挥棒，你设计的利益指向哪里，多数员工就会朝着你指明的方向前进。举例来说，当管理人员的薪酬、待遇更有诱惑力时，人们就会想尽办法去"当官"；当各个职类的薪酬水平大体公平时，人们就会安心选择自己感兴趣的工作，能够激情工作、快乐生活。

从这个角度看，当人们纷纷涌向某一类工作岗位时，其根本原因可能不在于这类岗位多么有趣，而是其有形和无形的报酬相对丰厚。而国家深化收入分配改革，其本质要求就是逐步消除宏观层面的不公平现象，使各级各类人才都有机会追随自己的兴趣、谋求持久的职业发展，实现真正意义上的安居和乐业，在物质和精神层面实现共同富裕。

（五）激发员工学习的动力

当前，很多公司已经建立了职业资格体系，设计了管理系列、专业技术系列、营销系列等职业发展通道，对各系列中主要岗位的任职资格（知识、技能、经验、责任、贡献等）提出了明确要求，并配套设计了薪酬体系。这样的系统安排，一方面可以告知员工：只要你在自己感兴趣又有相应能力的职系里努力工作，就有机会获得很好的发展；另一方面，它也可以非常明确地提示员工：如果你想晋升到更高级别的职位、拿到更高的收入，那你就要加强学习，提高综合素质，积累工作经验，主动承担更多责任，争取做出更大贡献。

---

① 首都经济贸易大学劳动经济学院在国内第一个开创了人才学专业，与中国人事科学研究院联合培养了中国第一位人才学博士，多年来在人才学领域进行了大量开创性研究。

（六）传达企业的战略意图

在不同的发展阶段、面对不同的竞争态势，企业一般都会相应调整自己的战略方向和阶段性工作重点，甚至还会做出重大的文化变革。对于很多员工来说，讲千百遍战略与文化的重要性，不如在薪酬管理与绩效管理上做出一次实质性的变革来得有效。

比如，创业期的企业推崇速度，成长期的企业打造品牌，成熟期的企业关注行业发展趋势。想让员工深刻理解企业在不同时期的战略与文化，开会传达、培训教育当然有用，但如果想让员工积极参与到重大变革中去，在薪酬管理与绩效管理两个方面做出支持性的举措是不可或缺的。

三、从心理学角度看薪酬

从心理学视角来研究企业薪酬问题，主要是将薪酬作为一种满足员工外在需求的要素和手段，用以激发员工的工作积极性和主动性，从个体层面提高员工的工作绩效。

（一）将目标与强化紧密结合

1. 目标设置理论

目标设置理论（goal－setting theory）最早由美国马里兰大学心理学教授艾德温·洛克（Edwin A. Locke）于1968年提出。洛克和他的同事通过大量研究发现，大多数的激励因素（如奖惩、工作评价和反馈、期望、压力等）都是通过目标来影响工作动机的。因此，尽可能设置合适的工作目标，是激发员工努力工作的重要环节。

洛克等人的研究发现，从激励的效果和工作行为的结果来看，有目标的任务效果要比没有目标的任务好；有具体目标的任务效果，要比目标空泛、抽象的任务好；难度较高但又能被执行者接受的目标效果，要比没有困难或难度太大以至难以实现的目标好。综合起来看，合适的目标，即具体、难度较大而又被员工接受、可以衡量和反馈的目标，可以发挥很好的激励作用。

2. 强化理论

强化理论（reinforcement theory）最初由哈佛大学心理学教授布尔赫斯·斯金纳（B. F. Skinner）于1938年提出，并在随后的时间里不断得到完善与发展，为当代激励理论提供了行为主义的视角。一般来说，强化的方式可分为三种，正强化（如肯定、奖赏）、负强化（如否定、惩罚）和消退强化（即对不良行为不予理睬）。

强化理论认为，人的行为只是对外部环境中的刺激所做的反应，受外部环境刺激的调节和控制，人们通过改变刺激就能改变行为。因此，该理论又被称之为修正理论。其基本观点是：人的行为受到正强化后会趋向于重复发生，受到负强化后会趋向于减少发生；为激励人们按照一定的要求和方式去工作，奖励往往比惩罚更有效，因此要以正强化为主，并应根据对象的不同而采用不同的强化物和强化手段；反馈是强化的一种重要方式，应该让人们通过某种途径以适当的形式及时了解行为的后果；为使某种行为得到加强，奖赏应在行为发生以后尽快提供，延迟奖赏会降低强化的作用。

3. 两者的有机结合

实践证明，目标设置理论和强化理论在组织管理中具有相当明显的效果，已为国内外几乎所有的企事业单位所采纳。而如果将两者有机结合起来，即设置合理的有挑战性的目标，同时将薪酬中的一部分（绩效薪酬）与目标的完成情况相结合——达成目标即拿到全额绩效薪酬，超额完成目标则设置一定奖励，没有完成目标则扣罚一定绩效薪酬，则整体的激励效果将会十分明显。

（二）公平理论

公平理论（equity theory）由美国学者斯泰西·亚当斯（J. Stacy Adams）于20世纪60年代初提出，是在社会比较中探讨个人所做贡献与得到的报酬之间如何平衡的理论，侧重于研究工资报酬的合理性和公平性对个人工作积极性的影响。所以，公平理论又被称作社会比较理论。公平理论认为，每个人会不自觉地把自己付出的劳动与所得到的报酬进行比较，会把自己的劳动报酬比与其他人的劳动报酬比进行比较，也会把自己的劳动报酬比与个人历史上的劳动报酬比进行比较。当这些比值相当时，便会认为是公平的、应该的，因而心情舒畅，劳动的积极性会增加。当这些比值相差悬殊，特别是自己的劳动报酬比低于别人时，就会产生不公平感，内心充满怨气。为了消除怨气，人们一般会采取下列行为：

1. 改变付出

通过消极怠工、出工不出力、降低工作质量和数量等方式，来求得某种形式的公平和满足。

2. 试图改变结果

通过采取种种手段来改变他人的报酬，或通过要求增加工资或得到晋升来提升自己的报酬。

3. 改变心理认知

通过心理调节、自我解释、自我安慰等途径来重新看待有关问题，以实现心理的平衡。比如，知足者常乐、退一步海阔天空等，就是规劝人们改变心理认知的警句。

4. 改变参照对象

常见的做法是通过选择另外的参照对象（通常处于较低的层次）来降低对报酬的要求，形成比上不足、比下有余的自我满足感。

5. 采取极端行为

公开不满、被动忍耐或离职；发牢骚、泄怨气、制造人际矛盾；或暂时隐忍，等感到极度失望时，辞职一走了之；更有甚者，采取故意的破坏性行为，使组织或他人蒙受损失①，以从中得到心理补偿。

这里所说的劳动既包括无形的脑力劳动、责任心、时间与精力等方面的付出，也包括各种有形的劳动。这里所得的报酬也包括两个方面：一是工资、奖金、福利等有形的物质报酬；二是职位、权力、荣誉、发展机会等无形的报酬。而劳动报酬比的均衡是员工获得公平感的关键。

---

① 在学界，此类行为被统称为“反生产行为”。有兴趣的读者可参阅相关文献。

四、从管理学角度看薪酬

从管理学角度看，薪酬设计既是战略分解过程中的一个重要环节，也是确保战略目标最终实现的重要手段，如图3－8所示。

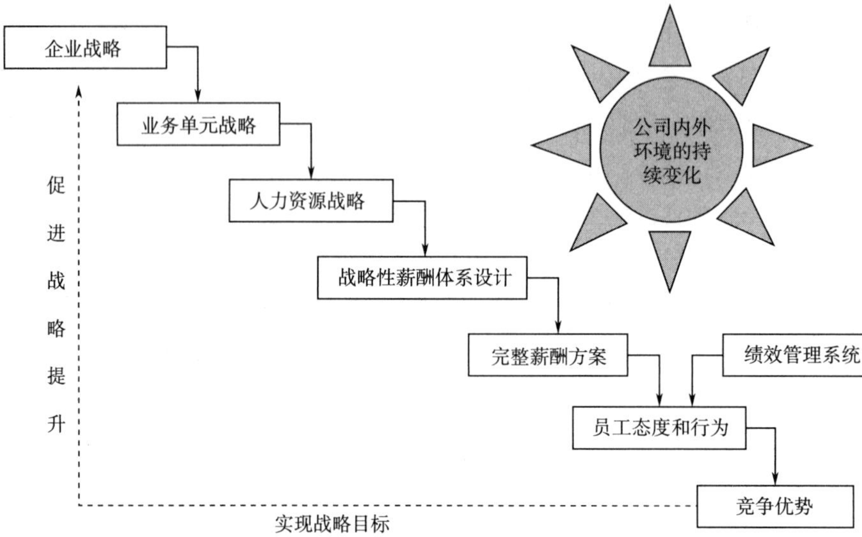

图3－8 从管理学角度看薪酬

资料来源：周施恩．人力资源管理高级教程［M］．北京：清华大学出版社，2017：157.

当前很多企业亟待从“产品抄袭＋营销拉动”战略转变为“创新驱动＋工匠精神＋营销拉动”战略。其中，鼓励研发人员实现产品创新，鼓励管理人员实现制度创新，激励生产人员实现工艺与流程创新，激励营销人员实现营销模式创新等战略模式和价值观念的转变，都需要从薪酬管理和绩效管理系统变革的角度来实现。

用一句话来概括，就是企业重视什么人才，鼓励哪种行为，提倡什么精神，要在薪酬水平与薪酬结构设计等方面体现出来，否则，再雄伟的战略目标，再美好的价值观念，也只能是纸上谈兵。

第五节 绩效管理及其与薪酬管理的协同

绩效管理对企业的成功是至关重要的，一个好的绩效管理系统可以引导员工做出有利于企业发展的积极行为，而坏的绩效管理系统则可能会对员工士气形成致命打击。同时，绩效管理也是企业人力资源管理工作中最具挑战性的工作之一，它既涉及企业目标的分解，又涉及对员工的工作评价，甚至还会影响员工的薪资调整和职位晋升，可谓牵一发而动全身。

一、绩效的特征及其启示

无论是行为性绩效（如微笑服务）还是结果性绩效（如客户消费金额），它们都是与人密切相关的。了解绩效的特征，有助于全面认识、客观分析并积极调控个人、团队和企业绩效，因此具有非常重要的理论和实践价值。

（一）多因性

多因性是指绩效的好坏不是由单一因素决定的，而是受多种主客观因素的综合影响。从员工个体的角度看，绩效的多因性可以用图3－9表示。

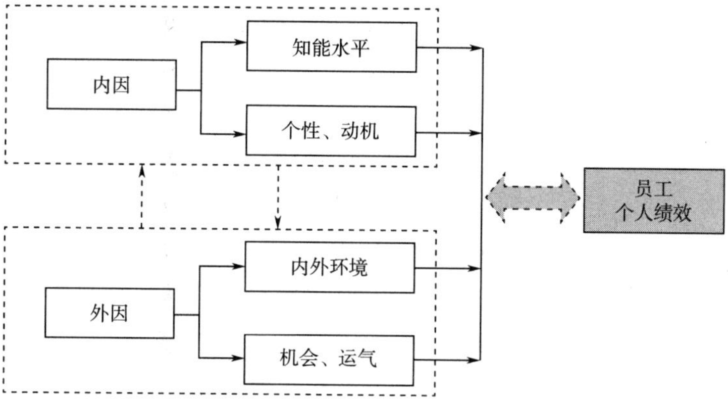

图3－9　员工个人绩效的多因性

资料来源：周施恩．人力资源管理高级教程［M］．北京：清华大学出版社，2017：172.

可见，影响员工个人绩效的因素包括内因和外因两个方面。内因主要包括：员工个人的知识和技能水平（简称“知能水平”），以及员工的个性、动机、价值观念等；外因包括员工所处的公司内外部环境（如公司内部的激励机制，公司外部的社会文化氛围、竞争对手的情况等），以及员工所获得的机会和个人运气的好坏。

内因和外因既影响员工个人绩效，同时又相互影响。比如：好的内外环境有助于提高员工个人的知能水平，积极进取的员工较容易获得好的机会，等等。而绩效水平持续的好与坏，又会影响员工个人的内因及外因。比如：业绩持续向好的员工，既锻炼了个人能力，又容易得到领导认可，从而赢得好的内部环境，可谓“春风得意马蹄疾”；而业绩持续垫底的员工，往往抱怨环境和运气不好，甚至在私下里开始怀疑自己的能力，见风使舵的同事也会不把他放在眼里，可谓“喝口凉水都塞牙”。

从这个角度看，面对绩效好的员工，不应该简单地表扬了之，而是应该分析有什么好的经验和做法可以推广；面对绩效差的员工，也不应该马上批评，而是要进一步分析工作安排是否得当，同事们是否支持配合，公司的激励机制是否科学公正等。只有这样才能对症下药，系统、科学地解决绩效低下的问题。

（二）多维性

多维性是指员工的工作绩效可以体现在多个方面，因此需要从多个角度或维度进行分析和评价。常见的评价维度有以下三个：

（1）工作能力，如战略把控能力、人际关系能力、专业技术方面的能力等。

（2）工作态度，如积极性、主动性、团队协作等。

（3）工作业绩，如工作完成的及时性，工作成果的质量，完成任务所消耗的成本高低等。

理解绩效的多维性，有助于企业科学、公正、系统地评价员工的绩效，既不求全责备，也不以偏概全。

（三）动态性

绩效的动态性是指员工的绩效不是一成不变的，在员工内在主观因素和外在客观因素发生变化的情况下，任何人的绩效都有可能发生较大变化。绩效的动态性给企业实践提出一定的要求：

1. 要及时开展对员工绩效的集中评价

及时评价是指当工作进展到一定阶段要及时予以评价，否则就有可能失去时效性。集中评价是指要对同一类人员在同一时间节点进行评价，以确保评价的公平性。

2. 及时有效的监督与调控有助于提高当期绩效

对工作过程进行必要的监督，发现问题并及时解决，就有可能在看似不可能的情况下实现预期目标。

3. 长期有目标、有计划的调控，有助于提高长期绩效

从长期来看，员工的个性一定程度上是可以改变的，员工的知能水平是可以适度提高的，企业的激励机制是可以逐步完善的。在科学的制度安排下，员工之间可以实现机会均等，进而在高水平的人力资源管理的推动下，企业的综合绩效完全可以持续提高。

二、绩效管理及其重要价值

（一）绩效管理的概念

对绩效的不同理解会对绩效管理（performance management）存在产生不同的认识。正如麦格雷戈（1960）所言，“任何管理都是建立在设想、假设与归纳的基础之上的，也就是说，是以一定的理论为基础的”①。基于对绩效的概念及其特征的理解和认识，本书将绩效管理定义为：为了实现组织的战略或战术目标，创造性地运用人力资源管理理论、工具和方法而系统开展的绩效计划制订、绩效沟通与辅导、绩效评估与绩效反馈等一系列相关活动的过程。有的文献将绩效考核结果的应用纳入绩效管理中来，也有一定道理。

“不积跬步，无以至千里”，放到绩效管理的情境下就是：如果不通过良好的绩效管理系统把战术计划落实好，那美好的愿景和宏伟的战略就无从谈起。但如果公司的发展方向是错误的，或者绩效考核指标的具体指向是错误的，那“跬步”积得

① 王艳艳．绩效管理的理论基础研究：回顾与展望［J］．现代管理科学，2011（6）：95－97.

越多、考核考得越勤，人才跑得就越多，公司死得就越惨。绩效管理的重要性由此可见一斑。

（二）绩效管理的核心理念

虽然好的绩效管理系统可以实现多重管理目标，但其最根本的核心理念只有两个。

（1）各级人员（含管理者与普通员工）的一切行动都应该以既定目标为导向。这里所说的目标，既包含长期战略目标、年度经营目标，也包括以改善某种现象（如效率低下）为目的的管理目标。

（2）目标的实现，是各级管理者认真监督、悉心辅导和正确引导得来的，而不是绩效考核考出来的。绩效考核只是对绩效结果的验收，此时只能接受现状而已无回天之力。要想提高绩效，最需要把控的是目标引导下的绩效管理的全过程。

（三）绩效管理的重要价值

绩效管理是企业人力资源管理中非常重要的一个环节，因为任何企业的经营活动都可以大致分为价值创造、价值评估和价值分配三个基本环节。

好的价值评估可以对企业价值创造活动的优劣做出判断，进而提出下一步的改进计划；同时，好的价值评估还可以对价值创造过程中每个人所做贡献的方式和大小做出比较客观的评价，进而为价值分配活动提供重要依据。

而客观公正的评价和令人心服的价值分配，又可以为下一阶段的价值创造过程提供广泛的激励——干得好的人，因得到了较高的报酬而充满干劲；业绩差的人，即便少拿了钱也不会觉得不公平，反而会争取在下一阶段干好一些，以证明自己的价值、获得更高的回报。

这样一来，企业下一阶段的价值创造过程，就不再是简单的枯燥乏味的重复再生产，而是实现了螺旋上升式的持续优化和提高。整个图形的有机组合，就形成了基于价值评估的“微笑曲线”（见图3－10）。

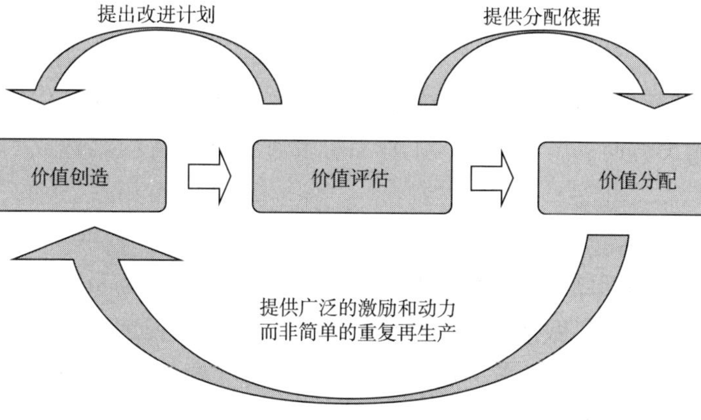

图3－10　基于价值评估的“微笑曲线”

资料来源：周施恩．人力资源管理高级教程［M］．北京：清华大学出版社，2017：174.

三、绩效管理小循环

正如前面讨论的，绩效管理并不等同于人们通常所提到的绩效考核，而是一个相对完整的闭环系统，如图 3－11 所示。由于主要针对的是部门、车间等职能完整又相对独立的工作单元，所以此闭环系统又可称为绩效管理的小循环。

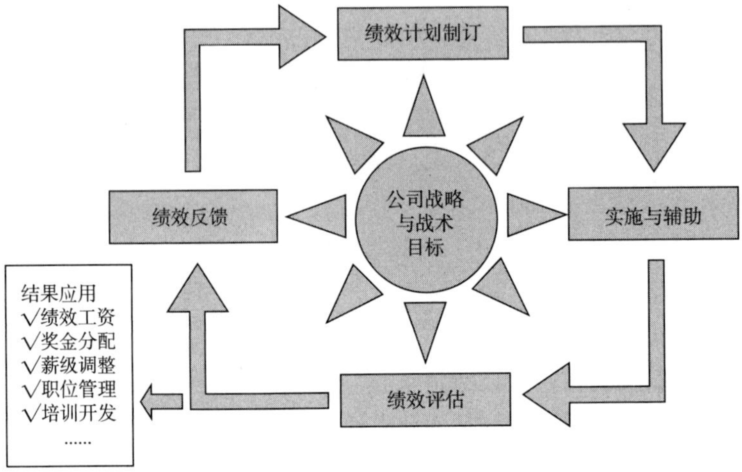

图 3－11　绩效管理“小循环”

资料来源：周施恩．人力资源管理高级教程［M］．北京：清华大学出版社，2017：175.

相应地，这一绩效循环主要由各部门经理来完成，即非人力资源经理的人力资源管理职能。人力资源部门在此循环中只负责流程制定、模板设计、咨询服务和检查督促工作。

（一）绩效计划制订

1. 基本概念

从具体表现形式看，绩效计划（performance planning）是用于指导和约束员工行为的一份计划书，同时也是对员工的绩效进行评估的重要依据。而绩效计划制订是指管理者和员工就努力方向、工作内容、工作目标和评估方法等内容达成一致意见并形成契约的过程。

2. 工作内容

在上一个绩效周期结束、新绩效周期开始之前，管理者和员工可一起讨论：针对员工在新的绩效周期将要做什么，为什么做，需做到什么程度，何时做完，员工权限有多大，以及所需资源与支持等问题进行识别、理解、沟通并达成共识。

（二）绩效计划实施与辅导

1. 绩效监控

所谓绩效监控是指在整个绩效周期内，管理者采取恰当的方式对重点工作和员工状态（如工作进度、心态、士气等）进行必要的跟踪与阶段性检查的过程。

（1）监控的主要目的：即时把握与工作计划执行有关的主要情况，为采取相应的改进措施提供信息与数据支持。

（2）监控的主要内容：工作进度，并与既定计划进行比较；工作成就与主要问题，并分析背后可能存在的有重要价值的信息；员工的身体与心理状态，并采取相应的激励和心理疏导措施等。

2. 绩效辅导

所谓绩效辅导（performance coaching）是指在绩效管理过程中，管理者对员工进行的一种有计划、有目标、有步骤的培训和辅助。

绩效辅导的目的在于发现并分析制约员工绩效提升的障碍因素，进行对症下药的辅导，使员工的知识、技能、工作方法、工作态度以及工作的价值等方面得到系统性的改善和提高，从而发挥出最大的潜力，提高个人和组织的绩效，推动组织和个人不断进步，最终实现组织、经理人和员工的共赢发展。

（三）绩效评估

绩效评估（performance appraisal），在国内又被称为绩效考核或绩效考评，是指对照工作目标或绩效标准，有针对性地采用科学方法评估员工在一定期间内的工作任务完成情况、工作职责履行程度以及其他方面工作表现的过程。

（四）绩效反馈

所谓绩效反馈就是将绩效评估结果反馈给被评估对象，进而就被评估者的考核成绩、优缺点及未来努力方向达成一致的过程。

绩效反馈是绩效管理过程中的一个重要环节，主要通过考核者与被考核者之间的沟通，就被考核者在考核周期内的绩效情况进行面谈，在肯定成绩的同时，找出工作中的不足并加以改进。绩效反馈的目的是让员工了解自己在本绩效周期内的业绩是否达到所定的目标，行为态度是否合格，让管理者和员工双方达成对评估结果一致的看法；双方共同探讨绩效未合格的原因所在并制订绩效改进计划，同时，管理者要向员工传达组织的期望，双方对绩效周期的目标进行探讨，最终形成一个绩效合约。由于绩效反馈在绩效考核结束后实施，而且是考核者和被考核者之间的直接对话，因此有效的绩效反馈对绩效管理起着至关重要的作用。

四、薪酬管理与绩效管理的协同作用

在正常情况下，人们都是趋利避害的。通俗地说，除非在极特殊情况下，人们总是倾向于选择对自己有利的事物，而努力回避对自己不利的事物。因此，“好的薪酬管理＋好的绩效管理”可以说是管理者调动员工思想和行为的指挥棒——你设计的利益指向哪里，多数员工就会朝着你指明的方向前进。

从这个角度看，薪酬管理和绩效管理就像构成脱氧核糖核酸（DNA）的双链，它们的共同作用决定了企业的根本特性，决定了企业的灵魂。比如，一家企业成功地走上了创新驱动的战略路径，那我们一定能够发现：这家企业在绩效管理中加强了对产品创新、技术创新、工艺创新、管理创新等方面的客观计量和公正评价，设计并实施了相应的薪酬奖励计划、荣誉表彰计划和职位升迁计划（都属于报酬范畴）。如果不是在薪酬管理和绩效管理上做出上述安排，而仅通过领导讲话、大会动员、张贴标语等形式来宣传和灌输创新驱动，或者有创新不奖励、不考核乱奖励，都不可能实现真正的创新驱动。

从实践的角度看，我国多年来强调供给侧改革，正是因为此前国内很多企业缺乏创新的动机。究其实质，是宏观和微观层面缺乏鼓励创新的激励机制，理念和机制上出现问题，导致我们的低端产品多年产能世界第一，而高端产品却生产不出来，出现了市场供给与需求的结构性失衡。因此，我们要从全局的高度重视薪酬管理和绩效管理的重要作用。

本章小结

第一，对工作分析的主要内容、主要成果及其后续应用进行了简要介绍，使学生尽快把握工作分析的精髓，理解和掌握人力资源管理的基础工作。

第二，对招聘的目的、原则、流程及人员甄别的核心技术进行了简要介绍，使学生尽快把握招聘管理的精髓，建立学习兴趣。

第三，对培训的目标、流程及课程设计等进行了简要介绍，使学生尽快把握培训管理的精髓，掌握培训设计与实施的基本技巧。此外，对高阶培训进行了简要说明。

第四，对薪酬的概念群组、重要功能及管理学功效进行了简要介绍。薪酬管理是人力资源管理的核心模块之一，对吸引、激励和保留员工有重要作用。

第五，对绩效的特征、绩效管理的重要价值、绩效管理小循环进行了简要介绍。绩效管理同样也是人力资源管理的核心模块之一，既影响员工的评价，也影响后续的绩效改进与价值分配。此外，还对薪酬管理和绩效管理的协同作用进行了介绍，它也是本书的重要创新之一。

关键术语

工作分析（job analysis） 职位说明书（job description） 工作规范（job specification） 招聘管理（recruitment management） 人员甄选（test & selection） 职业锚（career anchors） 胜任力（competency） 基准性胜任特征（threshold competencies） 鉴别性胜任特征（differentiating competencies） 冰山模型（iceberg model） 培训与开发（training and development） 培训需求分析（training needs assessment） 组织分析 （organizational analysis） 任务分析（task analysis） 人员分析（person analysis） 报酬（rewards） 薪酬（compensation） 财务报酬（financial rewards） 非财务报酬 （non－financial rewards） 直接报酬（direct rewards） 间接报酬（indirect rewards） 内在报酬（intrinsic rewards） 外在报酬（extrinsic rewards） 完整报酬（total compensation） 绩效管理（performance management） 绩效计划（performance planning） 绩效评估（performance appraisal）

复习思考题

1. 请用本章所学知识对案例进行分析，并提出对策建议。
2. 工作分析的结果可以用在哪些方面？
3. 招聘中人员甄选的核心依据是什么？
4. 为什么说高阶培训将会成为企业培训的一种主流趋势？
5. 谈一谈你对全面报酬的认识。
6. 员工的绩效是考出来的还是管出来的？为什么？
7. 简要谈一谈好的薪酬体系和好的绩效管理系统协调联动会产生什么效果？为什么？

案例分析

世界著名公司笔试题目精解①

无论是笔试题目还是面试题目，都最好能与公司文化与岗位要求等相吻合。以被誉为世界“四大会计师事务所”之一的D公司为例，该公司曾使用这样一道笔试题目：

五个人来自不同的地方，他们住不同的房子，养不同的动物，吸不同牌子的香烟，喝不同的饮料，喜欢不同的食物。

1. 红房子在蓝房子的右边、白房子的左边（不一定紧邻）；
2. 黄房子的主人来自香港，而且他的房子不在最左边；
3. 爱吃比萨饼的人住在爱喝矿泉水的人的隔壁；
4. 来自北京的人爱喝茅台，住在来自上海的人的隔壁；
5. 吸希尔顿香烟的人住在养马的人右边隔壁；
6. 爱喝啤酒的人也爱吃鸡；
7. 绿房子的人养狗；
8. 爱吃面条的人住在养蛇的人的隔壁；
9. 来自天津的人的邻居（紧邻）一个爱吃牛肉，另一个来自成都；
10. 养鱼的人住在最右边的房子里；
11. 吸万宝路香烟的人住在吸希尔顿香烟的人和吸555香烟的人的中间（紧邻）；
12. 红房子的人爱喝茶；
13. 爱喝葡萄酒的人住在爱吃豆腐的人的右边隔壁；
14. 吸红塔山香烟的人既不住在吸健牌香烟的人的隔壁，也不与来自上海的人

① 周施恩．人力资源管理高级教程［M］．北京：清华大学出版社，2017：74－75.

相邻；

15. 来自上海的人住在左数第二间房子里；
16. 爱喝矿泉水的人住在最中间的房子里；
17. 爱吃面条的人也爱喝葡萄酒；
18. 吸555香烟的人比吸希尔顿香烟的人住的靠右。

【案例讨论】

1. 案例中，到底谁是养猫的人？
2. 为了求解这道题，你采用（设计）了什么工具？
3. 该公司为什么会出这样一道笔试题目呢？

参考文献

[1] 周施恩. 宝洁“八最”及其启示 [J]. 企业管理，2010（12）：40－41.

[2] 王拥军. 关于胜任特征概念、内涵和外延的研究 [J]. 中国人力资源开发，2007（11）：100－103.

[3] 周施恩. 如果是你，怎样组织培训？[J]. 企业管理，2018（4）：67－69.

[4] 雷蒙德·A. 诺伊. 雇员培训与开发 [M]. 徐芳，译. 北京：中国人民大学出版社，2001.

[5] 周施恩. 世界顶级公司人力资源管理实操详解 [M]. 北京：中国纺织出版社，2010.

[6] 周施恩. 企业文化的“铁三角”：一个关于企业文化根基的探讨 [J]. 企业研究，2006（4）：59－61.

[7] 李正中，韩智勇. 企业核心竞争力：理论的起源及内涵 [J]. 经济理论与经济管理，2001（7）：54－56.

[8] 王艳艳. 绩效管理的理论基础研究：回顾与展望 [J]. 现代管理科学，2011（6）：95－97.

[9] 周施恩. 人力资源管理高级教程 [M]. 2版. 北京：清华大学出版社，2022.

第二篇　重要拓展

当今社会的全面发展，对HR从业者的要求早已今非昔比。原来以记考勤、发工资、规范秩序为主的“劳资”管理，必须要让位于高瞻远瞩、运筹帷幄、精心设计、扎实推动的专家型、领导型、多模式动态开放式管理。以“中国式现代化”为指引，博采众长、自成一家，可以说是当今HR精英决胜千里的必由之路。

本篇为从事HR工作的重要知识拓展，是帮助同学们逐渐走向高、深、精、博的一扇大门。学习目标：正确理解人类个体差异，养成以分析差异、尊重差异、科学利用差异为基础的双赢管理思维；学会从专业角度寻求“组织解决方案”和“超组织解决方案”，使员工摆脱生老病死等后顾之忧，从而激情工作、快乐生活；从人力资源管理全流程的角度，充分认识到工作中潜在的法律风险，学会从知法、守法、用法的角度做好工作，坚守法律意识，从微观角度身体力行推动法治社会建设；全面理解HRM在组织中的地位和作用，逐渐形成“既见树木、又见森林”的整体认知。欲穷千里目，再上一层楼。

进而，使同学们能够切实担负起广大员工的贴心人、业务单元的好伙伴、知识管理的创新者、组织变革的推动者、战略管理的参与者等现代HR新角色。

第四章　人力资源管理与人类个体行为

学习目标

√ 了解认识自己和别人的困难性
√ 了解人格与人性差别进而理解个性化管理与人性化管理
√ 掌握人事矛盾产生的前提
√ 了解解决人事矛盾为什么需要人格心理学和心理测量学知识
√ 掌握人事心理学
√ 熟练掌握人事决策过程
√ 理解人事决策模型建立预测源效度研究为什么是关键

组织对人的管理一般追求两个目标——绩效和满意度。绩效管理要求员工的个体行为符合组织要求、达成组织目标；满意度是组织给予员工的工作及回报符合员工的需求和期望的程度。从社会层面来看，对人的管理亦需要达成两个目标：社会达到最大效率，个体潜能得到最佳发掘。

本章讨论的就是人类个体行为的复杂性如何导致我们错误地认知自己和他人；人力资源管理为什么需要心理学的介入，心理学帮助人力资源管理解决什么问题，以及人事心理学对人力资源管理的作用。

第一节　人类行为的迷思

弗洛伊德认为，我们身上多数真实的东西都不是有意识的，而我们意识中的多数东西都不是真实的。

——埃里克·弗洛姆

世界上没有什么东西能像人类行为那样为人们所熟悉，也没有什么东西比人类行为更重要，但是，它却不是我们最理解的东西。

——B. F. 斯金纳

任何一个旁人对我们的理解都胜过我们自己对自己的理解。

——卡尔·荣格

我们无可避免跟自己保持陌生，我们不明白自己，我们搞不清楚自己，我们的永恒判词是：离每个人最远的，就是他自己。对于我们自己，我们不是“知者”……

——尼采

何事最难为？
认识你自己。

——刻在德尔斐的阿波罗神庙的三句箴言之一

我们不禁要问，你了解你自己吗？你了解别人吗？你是你以为的样子吗？人的才能是哪里来的？人的才能可到达多高的程度？……人们不禁要感叹——人类行为真是谜一样的存在！

我们先来看两个心理学实验：漫画实验和吊桥实验，看看人是如何认识自己和别人的。

一、漫画实验和吊桥实验

（一）漫画实验

一位心理学家在一次聚会上做了一个实验，让一位漫画家给每一位来宾画一幅漫画，然后把漫画全部放在一张大桌子上，让来宾在众多的漫画中找到画自己的那张。猜一猜，参加聚会的人是先找到自己还是先找到别人？如果你是其中一员，你觉得你会先找到自己还是先找到别人？为什么？

实验结果是：每个人都很快找到别人，就是找不到自己。

（二）吊桥实验

加拿大卡皮拉诺河上游的峡谷上悬着一座吊桥，高、窄且摇摇欲坠，桥长130米，仅靠2根粗麻绳挂在70米高空。1974年，心理学家达顿和阿伦在此做了一个实验。他们找到一位漂亮女性，由她作为研究助手在一些大学男生中做一个调查。第一组大学生的调查地点是在这座吊桥上。第二组大学生的调查地点则是悬高10英尺桥身宽大并且坚固稳定的木桥。要求大学生根据一张相同的图片编写故事，女助手留下自己的电话，实验结束以后可以随时联系。

研究者想知道，这些大学生会编出什么样的故事，谁会在实验后给漂亮的女助手打电话。结果发现，在惊险的吊桥上参加实验的第一组大学生，给女助手打电话的比例超过了50%，编写的故事也包含更多浪漫的成分。而在平稳木桥上的第二组大学生编写的故事就很平淡，且只有12.5%的人打了电话。而且吊桥上的男性大多认为与其谈话的女性热情、善解人意、有魅力，感觉一见钟情。

这个实验研究的是情绪唤起，又称“情动”实验。为什么会出现这样的情况呢？心理学者给出这样的答案：我们的情绪体验更多取决于对自身生理唤醒做出的解释，而不一定来源于真实的遭遇。也就是说，这是恋爱错觉。当人们处于惊险的吊桥上时，会出现心跳加速、呼吸急促等一系列的反应，究竟是惊险让人产生了恐惧，还是漂亮女助手让自己意乱神迷、怦然心动？大部分人的大脑选择了后者。这在心理学上称为生理唤醒的错误归因，后来被社会心理学家用来解释恋爱心理，所以这个实验又叫“爱在吊桥”。

（三）漫画实验和吊桥实验的意义

我们来看吊桥实验。吊桥上的男性更多地认为女助手热情、善解人意、有魅力，并对女助手一见钟情，而木桥上的男性有此感觉的比例大幅降低：①这个女助手真有“热情、善解人意、有魅力”的特性吗？②为什么吊桥上的男性认为女助手具有的特性是这三个，而不是“有才华”和“有智慧”之类的特性呢？

人们对别人的知觉不一定是客观的真实，而是主观的真实。你觉得很真实，但这种真实感是自己的需要向他人身上的投射。社会心理学的一个基本定律是，真实的知觉就一定产生真实的影响。

我们再来看漫画实验。漫画实验说明认识自己比认识他人更困难！中国人讲：不识庐山真面目，只缘身在此山中。让我们围绕吊桥实验再拓展一下：身处半死不活的“僵尸企业”、朝不保夕的“危机企业”、蒸蒸日上的“明星企业”之中，员工们对领导的看法是否一样呢？当我们处在不同的情景之下，应该以何种方式积极有效地开展高水平人力资源工作呢？

二、认识自己与认识他人哪个更难？

问：“青春痘长在哪儿你不介意？”

答：“长在别人脸上。”

这看似一个段子，实则蕴含着深刻的心理学原理。别人脸上的青春痘，你可能都没注意到，但自己却非常在意。为什么会这样？答案就在于：越是情感热烈的事物，人们越无法客观公正地看待。

《道德经》说：“知人者智，自知者明。”姚淦铭先生对于“自知者明”做了一个极好的比喻。他说：“明”就好比一个人进入一个黑暗的房间时自己给自己点燃了一盏灯，照亮了自己，也照亮了别人，所以了解自己是认识他人的前提。美国心理学家黑尔里格尔在所著的《组织行为学》中认为，领袖有四个品质：①有远大的理想；②有胆识；③有沟通力，能把自己的理想变成大众的理想；④能够很好地理解自我。德国哲学家卡西尔在《人论》中开篇即称：“认识自我乃是哲学探究的最高目标。”公元前42年，普布里乌斯·西鲁斯提议，“要紧的不是你想成为什么，而是你是什么”。阿尔弗雷德·丁尼生说，自重、自爱、自制，此三者可以引致生命的崇高境域。的确，人类认识自身最重要，也最艰难，正所谓：其大无外，其小无内。

三、人性、人格、自我与人类行为

（一）人性、人格、自我

俗话说，龙生龙，凤生凤，老鼠生下来会打洞；但人们又说，龙生九子各有不同。这两句话矛盾吗？这两句话中“同”与“不同”，语境不同，视角不同。前者相对于老鼠来说“龙性”相同，后者对于龙子们来说“龙格”相同。

人性、人格、自我，这三个概念，似乎都在讨论我们是什么？我们是谁？我们将如何行事？我们将采取何种方式对待自己和别人？它们有着显著的内在联系，又存在着某种差别。心理学家和哲学家在讨论这三个概念时通常不作区分，但是这对人力资源管理是不利的，在此我们要对这三个概念简单地加以区分。讨论人性的时候，我们是以自然界为参照点，希望了解人与自然中其他存在的相同与不同；讨论人格时，我们是以人群为参照点，希望了解我们每个人有什么相同与不同；讨论自我意识的时候，我们是以自我的客观为参照点，希望了解自我的主观意识（即自我意识），以及自我意识如何作用于人对客观世界以及主观世界的应答。人性定义的是我们在自然界中会怎样行事，人格定义的是我们在社会（人群）中如何行事，自我定义的是你、我、他（具体的某个人）会如何行事。

也就是说，人格、人性与自我都是关于人的知识，人力资源管理者需要了解这些知识，这些有助于有效地进行人力资源管理。

（二）自我意识的核心维度

前面我们对人性、人格、自我三个概念做了简单的区分，从另一角度讲，自我是人们行为的主体，是行为的发出者，人们通过自我与外部世界发生联系，对外部世界进行应答，可以说自我具有功能性。而人性和人格则是自我中相当稳定的潜在结构，它们使每一个人的自我对外部世界的应答具有稳定性、倾向性、一致性和独特性。譬如，当参加一个面试时，你的自我会对面试官做自我介绍，但你的人格却决定了一般情况下会怎么做自我介绍，当然参加面试是人性的需要。又如，老虎来了，武松的自我决定打虎，你的自我可能是尖叫求助，郭先生的自我可能是不出声装死。在这里，自我发现老虎，自我采取行动，但人格决定自我的倾向性和偏好性。武松的人格勇敢，你的依赖性强，郭先生则谨小慎微。当然，自我意识本身就具有人性的特点，是人类独有的。傅佩荣先生说，“狗知道自己在吃饭，而人知道自己知道自己在吃饭，所以人吃饭时会注重自己吃饭的礼仪”。动物仅有自我，但人有自我意识。

图4－1为盖洛普公司管理技能提升的培训模型，这个模型很好地体现了自我与人格的关系模型中自我意识的核心维度包括四个方面：认知风格、人际关系倾向、对变化的态度、价值观和偏好。

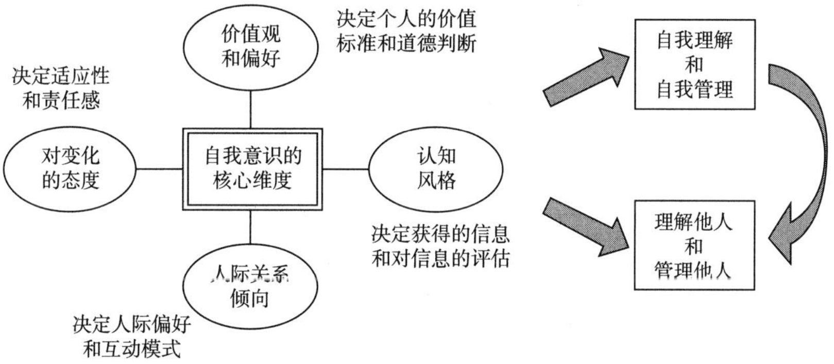

图4－1　自我意识的核心维度

四、人类行为的四个层面

心理学研究表明，每一个人的个体行为都受到四个方面因素的影响：生物生理层面、心理层面、社会层面以及文化与精神层面。这四个因素纵向（在时间轴上）影响着一个人自我的成长和成熟，横向（在空间轴上）决定着一个人的自我如何认知事物并做出何种行为。

（一）生物生理层面

人类作为一个生物有机体，其自我行为发展必然受到生物生理因素的制约。这主要表现在：①人的基本生物性状受遗传信息的控制，这是不以人的意志为转移的；②体质状况构成个人社会发展的基础；③人作为一个生物体，内在的生物钟规定着每个人基本的生活节奏和生命周期，人人都逃不出生老病死的大限。生理发育过程中的某些环节或阶段也常常构成生命历程中的重要转折点或生命事件。

人格中的气质因素是先天的，每个人生下来后都有自己独特的气质，通常说的脾气秉性指的就是气质，所谓“江山易改本性难移”指的也是气质。有关人格中的气质研究，对人力资源管理非常重要。如果我们知道某个人的气质，在管理中就会理解员工的行为，顺势而为，不会强求或责备员工。

托马斯和切斯（A. Thomas & S. Chess，1977）认为，通过观察个体从熟悉的环境进入不熟悉的环境前后发生的情绪和行为变化，可以鉴别其气质类型。托马斯和切斯通过对新生儿的观察，研究孩子们明显存在差异的行为情绪反应，持续观察到 10 岁。孩子从出生到 10 岁保持不变的行为情绪特性被他们确定为气质。气质有两个特性：先天就有，与后天培养无关；从出生到成年，这些特性保持稳定不变。通过研究，他们确定了 9 个维度的气质差异，不同的人气质在活动水平、节律性、主动或退缩、适应性、反应阈限、反应强度、情绪质量、分心程度、注意广度和持久性 9 个维度上存在差异，参见表 4 – 1 和表 4 – 2。

表 4 – 1 托马斯和切斯的气质 9 维度

维度	行为表现
1. 活动水平	在吃、玩、走或爬中表现出的动作能力的一般水平
2. 节律性	对睡眠和饥饿之类的行为的可预见或不可预见性，也可称为规律性
3. 主动或退缩	对新的情境或经验的最初反应，要么急切、主动，要么退到一旁去等待
4. 适应性	对新的或变化了的情境做出反应的能力（在最初的反应之后）
5. 反应阈限	能够引起反应所需的最小刺激量，包括对新的感觉、事物或人的反应
6. 反应强度	行为反应中能量的大小
7. 情绪质量	一般的情绪水平，愉快的、友善的或者不愉快、不友善的
8. 分心程度	面对环境中的分心事物能继续从事原来行为的能力
9. 注意广度和持久性	在一个任务上能集中注意力多久，面对障碍时能在该任务上坚持多久

表 4－2　托马斯等跟踪调查的事例

气质类型判定		1 岁	10 岁
活动水平	高	走路很快，吃饭狼吞虎咽，不管是什么都往上爬	喜欢玩球和进行其他体育活动，写作业时坐不住
	低	喝奶速度很慢，入睡很快，老实地让人剪指甲	很喜好下棋和读书，吃饭很慢
节律性	规则	每日午饭后睡午觉，总是在睡觉前喝奶	不吃零食，每晚睡眠时间固定
	不规则	睡眠不到一个小时就醒，每日排便时间不固定	吃饭量忽多忽少，每晚就寝时间也不固定
主动或退缩	积极	接近生人也不在乎，换地方也睡得很好	特别喜欢野营，对滑雪感兴趣
	消极	一坐上雪橇就发呆，一换床铺就睡不着觉	在野营开始阶段特别想家，不喜欢做没做过的事情

托马斯和切斯对这 9 个气质维度进行研究得出三种气质类型：第一类是易教养型儿童，面对新情境，他们比较主动而不是退缩，适应性强，通常会有积极情绪；第二类是难教养的儿童，自我意志强，不听话，敢作敢为；第三类是慢热的儿童，这些孩子面对新情境退缩而不是主动，适应环境比较慢，并且经常处于紧张和消极状态。大家不妨问自己这样一个问题：对于上述三种不同气质类型的人，人力资源管理者又应该如何去引导、规范和激励呢？

（二）心理层面

人的潜意识、感觉、认知、情绪、需要、态度、意志等心理过程，也是人类行为的重要动力。关于人类行为的心理层面，不同的心理学流派（如精神分析理论、行为主义心理学、认知心理学和人本心理学）从不同的角度进行了深刻分析。吊桥实验揭示了我们心理的投射作用，建构主义心理学则认为我们的世界是自己建构的。文化和基因的交互作用塑造了个体的心理结构，也塑造了民族的心理结构（性格），即国民性（国民性格）。

性格（character）源自希腊语，意为雕的东西、刻的东西。性格是指具有个人特色的基本行动倾向，是在先天气质的基础上后天“雕塑”的，是从幼时起为了适应社会生活需要而接受文化的习俗、规范和价值的过程，也就是说，是文化“雕塑”了我们，这一过程我们称为社会化。而人格是气质与性格的综合。人格与性格两词含义很容易混淆，性格强调的是一个人认知、情感或意志上的行动模式特征，而人格强调的则是个人的统一性及对环境的适应机能等整体性特征。

（三）社会层面

人类行为实际上是一个扮演社会角色的过程。人总是生活在社会系统中，社会系统的时空结构作为一种基本框架从纵向和横向两个维度决定了个体在整个社会系统中的位置，这个位置规定着人类行为的形态和发展。从时间上说，自然时间节奏和社会时间安排叠加在一起，共同对人的行为施加影响。从空间上说，物理空间和社会文化空间共同影响人的行为。马克思认为人是社会关系的总和。

1986 年末，明尼苏达大学的心理学家小组对同一家庭抚养和分开抚养的双生子进行研究，研究其人格特质的产生根源是遗传的作用还是社会培养的作用。研究发现，被考查的11种特质的遗传率①：①遗传率最高的一个特质是传统性和社会能力。传统性指愿意遵从权威的特质，其遗传率为0.60；社会能力遗传率0.61，包括过于自信、有领导动机和喜欢被注意等特征。②有一种高遗传的特质是审美能力（0.55），如听交响音乐会。③社会性亲昵和爱心的特质的遗传率为0.29，恰巧低于布查德划定的遗传显著性标准。④在测验中有五类特质遗传率介于0.50到0.60之间中，如压力反应、攻击性、控制性、保守性和专注性。⑤研究还发现：测出分开抚养的同卵双生子比一起抚养的双生子的一致性稍高。论文没有说明这个现象的原因；没有遗传率为0的特质，大多数特质的遗传率在0.45～0.60。

明尼苏达大学研究结果中较为有趣的一个结论是：社会性亲昵和爱心的特质没有表现出遗传基础（或者说表现出较小的遗传的影响）。这一特质是管理者和管理学家非常关注的，这个特质反映了人与世界的关系。

我们知道每个人都有依赖性——初生的婴儿依赖父母满足其需要，成长中的孩子依赖老师和朋友。研究表明，早期需要得到满足的孩子更具安全感和依赖性，他们更倾向于发展出社会需要。与此相反，早期需要得不到满足的孩子可能早早就产生恐惧与敌意心理，他们会热切希望独立，趋向于产生自我需要，迷恋于权力、奉承、占有等这些可以使其获得独立的机制。社会需要包括依赖需要、隶属需要（人可以满足需要）、被爱需要。自我需要包括：注重自己对他人的态度，而不注意别人对自己的态度，这类需要促使人追求独立、权力（控制他人）、荣誉（控制他人权力的一种形式）、知识（追求独立的另一种方式）等。社会亲昵性的形成见图4－2。

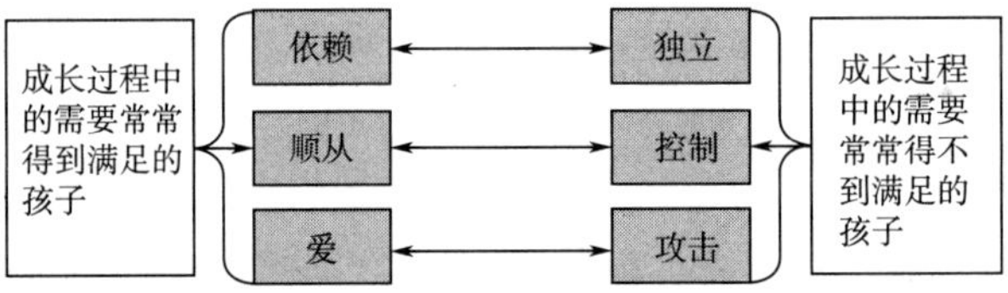

图4－2　社会亲昵性的形成

为了说明社会亲昵性的形成，我们借用管理心理学家利维特关于依赖性形成的一个假想的故事（见本章末案例1），并根据案例分析社会亲昵性的形成，及其对组织培养员工忠诚度的启示。

（四）文化与精神层面

社会心理学的第一条基本公理就是“人们建构了自己的现实世界”。这是指每一个人看待现实世界的观点都是一种建构，而且这种建构是经由认知历程（我们的心理运作方式）以及社会历程（源自他人的影响，不论是实际在场的或是想象的）所共同形塑而成的。吊桥实验说明了这一点，正所谓“情人眼里出西施”。

---

① 明尼苏达大学的研究成果刊于1986年12月2日的《纽约时报》。

当新冠肺炎疫情来临，不同国家、不同民族的反应差异巨大，这些差异源于深层次的精神结构差异。精神层面是超越生物生理层面、心理层面、社会层面之上的第四维度，宗教、哲学、信念都属于这个维度。这一维度与时间一样具有超越性，如齐泽克仆人与死神的故事中讲述的那样。

死神的讲述：

巴格达有一个商人，他让自己的仆人去买些食品。时间不长，那个仆人便跑了回来，脸色苍白，浑身颤抖。他说："主人呀，刚才我去市场，被人群中的一个女人推了一把，我回过头来，你猜怎么着？我看见推我的人竟是死神。她注视着我，还做了一个可怕的动作。我尊敬的主人啊，把你的马借给我吧，我要骑着它远走他乡，去躲过这一劫难。我要去萨迈拉（距巴格达 110 公里），那样死神就找不到我了。"商人把马借给了他，那仆人飞身上马，从马的一侧抽出踢马刺，然后疾驰而去。

不久商人也来到市场，他看见我（死神）站在人群中，就走近我，对我说："你今天早晨看见我仆人时，为什么要对他做一个可怕的动作？"我说："那可不是什么可怕的动作，我只是被吓了一大跳。在巴格达看见他，我感到惊讶，因为我和他今晚在萨迈拉有约。"

这个故事也可说隐喻的是"自我实现的预言"①。我们每个人建构了我们自己的现实世界。可以说，你建构了什么样的世界，就将得到什么样的世界！而我们如何建构我们的现实世界，取决于我们的精神结构。本章末案例 2《葛宪国和李晓洁的故事》可谓死神故事的中国版，大家可以阅读后进行分析。

第二节　人力资源管理的两个基本挑战

这里我们主要讨论四个问题：①人格与人性的问题；②从管理思想的发展来看人性观；③霍桑实验与管理的社会关系学派诞生；④人格差异与个性化管理、本土化管理。

一、人力资源管理的两个基本挑战：人性与人格

人力资源管理的两个基本挑战是什么呢？人格与人性。那么讨论人格和人性对于人力资源管理有什么意义呢？

（一）人格和人性讨论的视角不同

人性讨论的是人的共性，而人格讨论的是人的差别性。

我们讨论人性的视角是，站在人类的立场上，把人和动物加以比较，找出人类区别于动物的、人的共同属性，称之为人的特性，也是驱动我们从事人类生活的动因。只有基于此，才可能做到把人当成人来看，只有深刻地理解人性，才能做到人性化管理。

我们讨论人格的视角是，站在人群的立场上，讨论一个人与另外一个人的差别性，

① 由罗伯特·默顿提出，意为使自己的预期成真的预言。

或者一个群体与另外一个群体的差异性，什么决定了你我的不同、在哪些方面不同。只有了解人的差异性，才能做到把一个人当成独特的人来对待，而不是当成其他人无差别地对待。

（二）讨论人性和人格要解决的命题不同

讨论人性，我们要解决的问题是人性化管理，而讨论人格的目的则是实现个性化管理及本土化管理。

二、从管理思想发展看人性观的挑战与人性化管理

（一）从管理思想发展看人性观的挑战

粗略地讲，管理思想发展至今大致经历了四个阶段：①科学管理阶段，始于19世纪末20世纪初，以泰罗科学管理的诞生作为标志；②工业人文主义阶段，又叫管理的社会关系学派，始于20世纪40年代末50年代初，代表人物为主持霍桑实验的梅约教授；③人力资源管理阶段，始于20世纪70年代，美国的人事部门改称人力资源管理部门，人事管理专业改称人力资源管理专业；④文化管理阶段，始于20世纪80年代，强调组织的社会责任感。

从图4－3可以看出，管理思想的基础是人性观，而人性观是由人最重要、最本质的需求决定的。

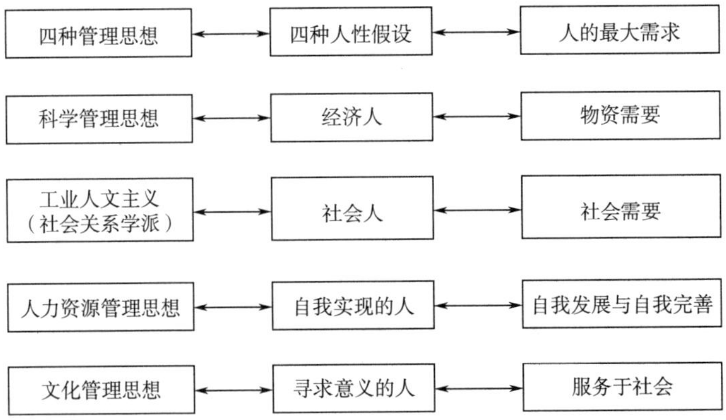

图4－3 管理思想发展（提升）与人性假设的关系

（二）霍桑实验与管理的社会关系学派诞生

霍桑实验最初是一项基于科学管理的研究，实验实施于两次世界大战期间（1924—1932年），由哈佛大学的梅约教授主持，在美国西部电器公司的霍桑工厂进行。实验随机选取一组女工，目的是研究照明与绩效的关系。研究假设为：随着照明的提高，女工绩效提高。但研究结果出现悖论，在照明降低，甚至照明变得昏暗的情况下，女工绩效仍然提高，见图4－4。

实验结果表明，一定有一个未知因素（X）在对女工绩效起作用，且比照明的作用大。经过进一步访谈，研究者们发现，被随机选出来的女工认为自己之所以被选出来

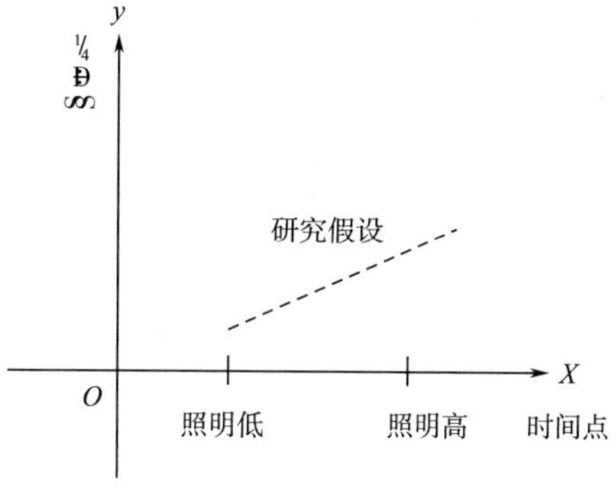

图 4－3　实验假设

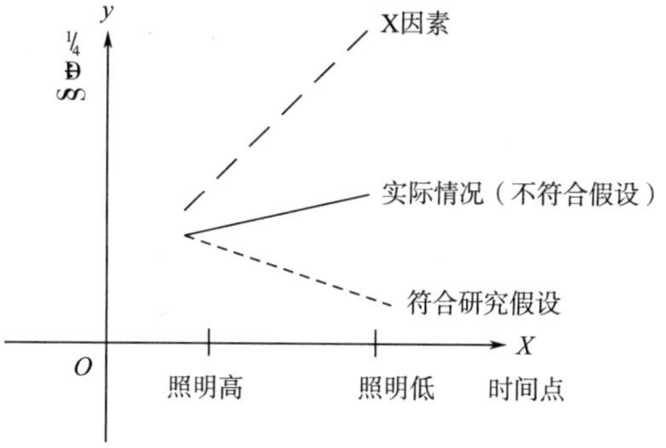

图 4－4　实验结果

参加实验，是因为老板更看中自己，自己比别人更优秀。也就是说，女工感觉自己被接纳、被认可、被尊重对绩效的影响比照明对绩效的影响大，这个 X 因素就是社会因素。经过历时 9 年的进一步研究，1945 年梅约出版了《工业文明中的社会问题》，对实验进行了总结，提出了一系列理论，其中最重要就是：霍桑实验的结果推翻了科学管理的“经济人”人性假设，建立起了“社会人”的人性假设。由此管理的社会关系学派诞生，管理思想由科学管理上升到工业人文主义阶段。

不同的人性观下，管理方法不同，基于科学管理人性观的管理方法是胡萝卜加大棒，基于工业人文主义人性观的管理是怀柔政策，参与式管理。

（三）人力资源管理是一场心理革命

泰罗说：“管理的主要目的应是在确保每一个雇主获得最大限度的财富的同时也确保每一个雇员能获得最大限度的利益。”① 他共同得益的主张强调以双方长期的增长来保证各自的收益。泰罗承认，“效率专家”败坏了科学管理的名声。他告诫说，不应对管理的实质或其基本哲理产生误解。泰罗认为，科学管理的实质为伟大的心理革命。这场心理革命的结果是，在科学管理下，双方把注意力从被视为最重要的分配剩余的

① 泰罗．科学管理原理［M］．纽约：哈珀－罗出版公司，1947：7. 第三点是说明科学管理的普遍性，但并不一定是暗示与亨利·法约尔所说的那种管理的普遍性相同。

问题上移开，而共同把注意力转向增加剩余上，一直到剩余大大增加，以至没有必要就如何分配剩余的问题进行争论为止。当他们双方不再相互敌视，而是肩并肩地向同一方向迈进时，共同努力所创造的剩余额将多得令人目瞪口呆。科学管理在实质上要求工人进行一场心理革命——对待工作、同伴和雇主的全面的心理革命。此外，科学管理也要求管理部门的人员（工长、监工、企业所有人、董事会）同样进行一场心理革命，在对待同事、工人和所有日常问题上的一场全面的心理革命。没有双方的这种全面的心理革命，科学管理就不能存在。

人力资源管理也是一场心理革命。人力资源管理心理革命体现在管理者对下属人性的看法上。

罗杰斯指出：基本的人类需要是为了自尊（self - regard），他在临床案例中发现这比生理需要更有力。詹姆士（William James）也说过："人最本质的需求是让自己变得伟大。"马斯洛（1967）指出："我们倾向于害怕任何将使我们轻视自己或使我们感到较卑微、虚弱、无价值感、不幸和羞耻的认识。我们通过压抑和相似的防御来保护自己和我们的理想形象，这是我们用以回避知觉为不愉快或危险的真相的必要技术。"

由此，新的人事方案，无论是新的薪酬制度还是考核制度，抑或是新的选拔方法或培训方法，都只是人力资源管理的有益辅助手段，绝不是人力资源管理本身。从人事管理到人力资源管理的最本质变化不是发生在人力资源管理方案中，而是出现在管理者的观念中。

（四）只有尊重人，才能了解人、管理人

所谓尊重人是指将人当作人来看待，将人性统一而不是割裂。

我国哲学家何光沪先生在《宗教、道德与爱的维度》中谈到有三种不同的爱：第一个是喜爱；第二个是情爱；第三个是仁爱。

1. 喜爱

喜爱是认识到爱的对象有可喜的性质；这种爱的趋向是欲求占有对象，或享受它的可喜性质；这种爱的关系是以爱者，即自我为中心，以被爱者为客体或物体的关系。比如，男人如果只是喜爱某个女子，是因为认识到她的某种可喜的性质，如漂亮、活泼等，于是要占有她或享受她的美等。这种关系就是以爱者为中心，以被爱者为对象的"我 - 它"的关系。为何是"它"？因为即使对象是人，也把他或她作为物品来享受，把他或她看成物。这种爱是出于人的性本能，在动物那里也能看到，所以它的特点是自然性，同自然界的动物是一致的。这种爱不会使人超越自然从而提升人生。但是人人都有这种性质的爱，人也避免不了这种爱。何先生把这种爱称为爱的第一个维度，就像几何学中的第一象限。

2. 情爱

情爱是人与人的交往、相处，人们相处时间长了就会有感情，很可能会产生情爱。这种爱会自我加强，就是说这种感情越相处就越深厚。它包括朋友间的友爱、恋人之间的爱、父母和儿女间的亲子之爱、兄弟姊妹之间的手足之爱。在这种爱中，爱者把被爱者不是当客体而是当主体，不是当作物而是当作人，是平等的、互相尊重的关系。

爱的对象是活生生的人格的存在物，而不是一种利用或者享受的对象。所以其中的关系，不是“我－他”关系，而是“我－你”关系。哲学家马丁布伯说人有两种关系，我他关系、我你关系。我你关系是把对方作为具有完整人格的、完全同自己一样值得尊重的对象来对待。这样才能建立友谊，建立爱情。

情爱是人所特有，也是人所共有的一种爱。它把爱的对象作为一个主体，而不是利用的对象或客体，可以说，它在爱的领域里开辟了一个新天地，开拓了新的维度。有了情爱，爱展开了另一个方向，使爱从一个单纯的、狭长的线变成了一个面。

3. 仁爱

爱的第三个维度，就是仁爱。仁爱的特点是超越自我中心，又超越自然，即只有人才有，是动物所没有的。仁字的单人旁可以理解为它专属于人，超越自然；旁边的“二”字可以理解为它要超越自我，不是一，而是二。儒家说“仁者爱人”，道家释仁为“爱人利物”，也是爱他人，有利于万物。孔子还说“仁者人也”，还讲“杀身成仁”，表明仁爱既是人的本性，又是人的最高理想和超越的境界，可以追求，但是不一定能达到。

仁爱同前两种爱不一样：

（1）它的起因，不是因为对象、对方、被爱者有什么长处，有什么美质，有什么好的特点，可以为爱者带来什么好处，带来什么利益；也不是由于同对方相处产生了什么情感，产生了相互依赖，产生了正面的感情。而仅仅是因为对象和它的特点、性质存在着，仅仅因为它存在，它存在就是爱的原因。这听起来比较玄奥，其实不难理解。比如“卖火柴的小女孩”，她既不漂亮，穿得又很破旧，也许身上还散发着臭味。但安徒生对她仍怀有那样巨大的爱，那样深厚的爱，就只是因为这个女孩子存在，她的生命存在。

（2）这种爱不是要占有对象，不是要享受对象的可喜性质，也不是要去加深同对象的感情联系，而仅仅是对被爱者、对象的存在及其特性的维持、保护和促进。比如，我们保护华南虎，就是保护它的生命存在，让它的特点存在。对动物园里养的老虎，要培养它的野性，在动物园里久了会丧失老虎的本性，老虎变成猫，那就没意义了。所以，要保护它的特性，要促进它的特性，这也是仁爱的特点。

（3）这种爱是把世间的万物，包括爱的对象，看成一个更高的主体下边的平等的主体。这种爱不是索取而是给予，不是封闭而是开放，不是内吸而是外倾，不是削弱而是增强，不是利用而是贡献，不是服务自我而是牺牲自我，不是毁灭而是创造。所以它具有一种使人超拔于自然之上，又超越出自我中心的功能，所以它具有某种超越的特性。

几何学里面有线和面，但是在现实世界里，只有线和面的东西是不存在的。如果一种爱只有两维，只有情爱，只有喜爱，那它还不是真实的爱，爱应该有第三个维度，才成为真实的爱。很多西方思想家把垂直之维、纵向之维或者深度之维看成是生命的基础，它不仅涉及作为人的本质，而且涉及这本质的根源。

何光沪对爱的维度的阐述很精辟地道出了人力资源管理的心理哲学的人性观。只有在尊重人的基础上才有可能真正了解人。霍尔姆斯（1981）指出：为了了解自己，再多的内省或自我检讨也不嫌多。只有在了解人的基础上才有可能管理人。

（五）人力资源管理人性观的局限与文化管理的人性观

人力资源管理的人性观是建立在人本主义心理学人性观基础上的，即人最高层次的需求乃自我实现需求。马斯洛晚年通过对东方文化的研究，开始反思其自我实现的人性观，因为这个概念很容易被误读，被自私自利、自我中心的人将其行为合理化。在对自我实现者的精神生活与行为方式进一步深入研究之后，马斯洛提出了高于自我实现的人性更高追求——超越的自我实现需求，并且开创了一个新的心理学研究领域——超个人心理学，其代表性的两篇文章为《人性能达到的境界》和《超越的种种含义》。马斯洛晚年一系列关于超个人心理学的研究，是对作为人力资源管理人性观基础的人本主义的否定，是对人本主义人性观的超越。所谓超越是指一个人不仅仅将自我潜能的发挥作为最高需要和目的，而是将自我实现与他人、与社会以至与宇宙和自然联系起来，而非自我中心，他们关心并致力于解决社会问题。

文化管理的人性观强调人的最高需求是寻求生命的意义和价值，强调生命的意义不在自身之中，而在自身之外。简单地讲，文化管理的人性观是在人力资源管理人性观基础上的超越和提升，这些超越者为了更大的目标，可以牺牲自我——自我的利益、自我的兴趣爱好、自我的成功机会。我国“两弹一星”的专家们都是马斯洛所说的超越者，他们放弃了在国外优厚的生活待遇、先进的科研条件、获得诺贝尔奖的机会，隐姓埋名为祖国做出无可替代的卓越贡献。

三、人格差异与个性化管理

精神分析学派曾用这样一句话形容人类个体所处的困境：有高度个体化需求的人类却要在群体中，以群体的方式才能生存下去。在自然界中，有高度个体化需求的猎豹是独往独来的；有高度群体化需求的蜜蜂、蚂蚁只有群体化需求，没有个体化需求，生为兵蜂只守大门，敌人来了就拿蜂刺刺上去，生命即结束，不会有一个兵蜂觉得不值而发问：为什么让我当兵蜂？

德国哲学家卡尔·雅斯贝斯在他所著的《时代的精神状况》一书中认为：“对于工作中的快乐的维持，是技术世界中的根本问题之一”“没有这种快乐，个人最终就是瘫痪的”。而工作快乐来源于“自我的追求和主动的意愿”，和在工作中“获得一点的不可替代的优势地位”。而这种快乐几乎在现代高度结构化的组织中被挤压得只剩下“极小的一点点分量”，而这仅存的一点分量也在继续地被挤压出去。挤压的方法很简单，就是通过分工、考核、程序化和规范化的管理，用“技术成就快乐”取代了“从事职业的人文成就快乐”。因为组织希望“组织功能的执行者可以无差别地替换”，而这些执行者的工作快乐恰恰来源于在工作中“获得一点的不可替代的优势地位”。这“一点点的不可替代性优势”不就是一个人个体化需求的满足吗？我们为什么不喜欢和别人“撞衫”“撞名字”，不喜欢家长、配偶拿自己和别人比，“别人家的孩子”“别人家的老公”“别人家的员工”是每一个人都不喜欢听到的，因为它严重伤害了我们个体化需求的满足。

（一）人格差异的多样性

人的差异包括生理的、心理的、社会的和精神的差异。有些差异是外显的，如性别、年龄、体貌等生理上的差异，以及学历、婚姻状况、职业等社会差异；而有些则是潜在的，如能力、气质、性格、兴趣偏好、价值观等心理和精神上的诸多差异。外显的差异能够直接观察到，即可观测，容易测量；而潜在的差异不能直接观察到，因此不易测量。对于个体而言，这些潜在的差异集中体现在人格上，人格是自我当中影响我们行为相当稳定的因素，使我们成为独特的稳定的自己，在不同时间、地点、不同事件上表现出一致的个性化的行为倾向。

（二）人格内向－外向的差异与管理

人格差异具有多样性，人格心理学家提出的人格理论也是多元化的。作为导论，我们以内外向为例，来看看内外向对个体行为和群体行为产生的影响及其管理对策。

内向外向概念，最早由荣格提出。所谓内向者，常较安静，在人前呈退缩的倾向，除了很亲近的人外，很少主动和他人交往，做事常会事先筹划，而鲜有冲动性的行为；对日常工作都相当认真，喜欢有规律、有秩序的生活，而不太喜欢热闹的场合。他们通常会控制自己的感情，很少表现攻击性的行为，不容易发脾气。他们为人可靠，略有悲观倾向，重视道德标准。至于所谓外向者，则好社交、交游广阔，不喜欢独自研究或阅读，喜欢冒险和富刺激性的活动。他们爱开玩笑，遇事能自作主张、喜欢变化、凡事均采取乐观态度，随遇而安；喜欢不断地工作，具进取心，不能完全控制自己的感情，会发脾气，偶尔会有不太可靠的情形。

荣格在《心理类型》一书中认为，内外向的差异是人和人之间最重要的差异，它代表了一个人对外部世界基本的态度型。

麦克雷和科斯塔（MacCrae & Costa）1991 年的研究表明内向或外向受大脑活动程度的影响。外向的人大脑活动水平低，所以他们要不断地寻求刺激，而内向的人大脑活动水平高，因此他们不喜欢过多的外部刺激。德里亚和马修斯（Deary & Mathews）1993 年的研究认为，内向或外向也与个体处理信息的方式有关系：外向的人能更好地把握住快速流动的信息，而内向的人更善于处理不规律的信息并能更好地解决问题。内向与外向对未知刺激的脑加工回路不同，外向的人把未知刺激知觉为可能的机会，内向的人则知觉成可能的威胁。内向的人恐惧感更强。

四、人格差异与本土化管理

（一）东西方人格差异造成东西方艺术的差异

还以人格内向、外向的差异为例，荣格认为，东方人内向，西方人外向，这造成了东西方艺术的差异。由于西方人外向，外向的人认为外部世界的所有客体都是死的、无生命的，因而外部世界是不可怕的，外向的人与外部世界的关系是移情的，所以其艺术是写实的（比如油画）；而东方人（尤其中国人）内向，内向的人认为外部世界的所有客体都是活的、有生命的，所以外部世界是可怕的，如果外部客体的生命力太强，它的意志就会不受控制，还可能反过来控制你，所以中国古代民俗中有符咒一说，因而内向的人会努力从外部世界抽离，所以其艺术是写意的（如国画）。

（二）海洋文明的嫉妒与农业文明的猜忌

海洋文明的生产方式：①海洋资源无限（相对于土地生产）；②每一网下去，没有一个必然的预期结果存在，可能打得上鱼，也可能打不上鱼，结果没那么重要；③只要可以前行（追逐变化，喜爱变化），就有打上鱼的可能；④只想得，不想舍。在此基础上，海洋民族具有外向的倾向性（有心理学研究认为外向是神经质特性），由此带来的心理结构是嫉妒。嫉妒的心理逻辑结构是：你有的我也要有，我要有得比你多。竞争指向的是别人拥有的东西，所以美国文化下的设立“目标－竞争”的人力资源管理模式可以极大地促进生产。

农业文明的生产方式决定了：①农业文明资源有限，并且有排他性；②有一个可预期的既定结果存在；③结果很重要：不仅仅是口粮，还是种子；④舍与得存在辩证关系，有舍才有得。前三点加起来——从种子播种那刻起，就开始担心“各种可能的变化”对于“未来可能结果”的影响。在此基础上，理性＝恐惧，由此带来的心理结构是猜忌。猜忌的心理逻辑结构是：你有的我也要有，如果我没有，一定是被别人拿走了。那么竞争不是指向别人拥有的东西，而是指向拥有东西的人。

总之，人格研究领域非常广泛，人格研究覆盖了众多的现象和分析水平，从行为特质的基因标志到情绪的神经机制、特质形容词的语义研究、个体生活事件的动机，直到价值观形成的社会文化观，等等。这些不同主题的内在一致性是强调理解人的思想、情感、行为的一致性和这些一致性的机制。

（三）新冠肺炎疫情期间中美抗疫表现的差异

在此我们不讨论中美两国的国情，仅就中美两国国民性格差异看两国的抗疫表现：内向的中国人在家里稳得住，而外向的美国人在家里待不住；疫情给人类带来了很大的压力，内向的人释解压力的方式是独处，外向的人释解压力的方式是和别人在一起；内向的人对疫情会有过分的恐惧，外向的人对疫情缺乏必要的恐惧。仅针对中国民众和美国民众的性格差异，中美两国的抗疫管理措施就不可能相同。

第三节　人力资源管理与人事心理学

本节讨论人力资源管理要借助心理学的原因，心理学帮助人力资源管理解决的问题，如何解决问题，人事心理学科如何产生，产生的动因，等等。

一、解决人－事矛盾要从差异入手——差异分析、差异测量、差异匹配

众所周知，人力资源管理的核心问题在于人－事矛盾。人与工作之间产生矛盾是由于差异的存在，人与人之间存在差异，工作与工作之间也存在差异。我们可以假想：任何一方差异消失，则人事矛盾即刻化解。原因很简单：人事矛盾首先源于选择的困惑，人要选择胜任且喜欢的工作（由于工作有差异），而工作要选择能够胜任的人员

（由于人存在差异），因此，当一方差异消失时，对于另一方来讲就失去了选择的必要性。

矛盾的产生源于差异，那么矛盾的解决无疑要从差异入手，对差异进行研究。研究差异首先需要了解差异，进而测量差异，最后寻求差异的匹配。这一过程可以用图 4 －5 来表示。

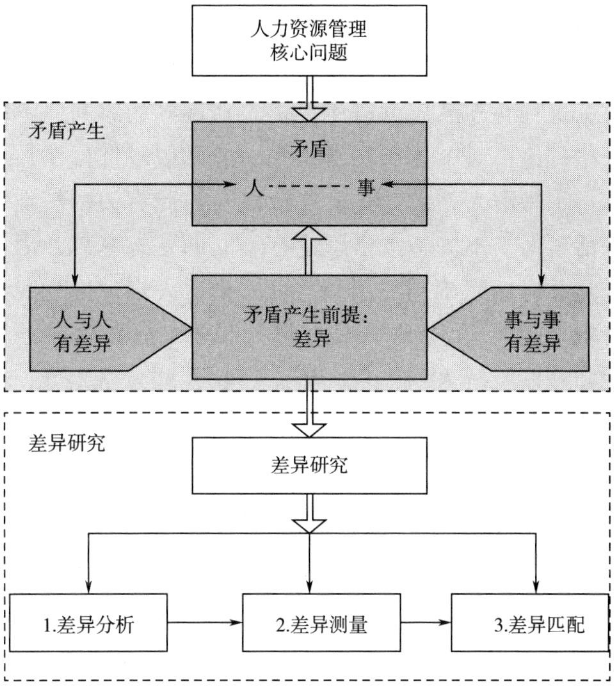

图 4 －5　人力资源管理的核心问题

所谓差异分析，即分析人的哪些差异会影响工作行为和工作绩效；工作的差异可以从何种角度、何种因素上进行分析。仅仅知道这些还不够，还要能够将这些差异加以量化，即测量差异；在测量的基础上还需要建立人－事差异的关系模型，以便进行差异管理和匹配。差异的分析依赖于人格理论，差异测量依赖心理测量理论和心理测验，人与工作关系模型的建立依赖于人事决策理论。

总之，人格理论帮助我们建构理解、洞察这些差异的知识体系，成为我们分析人格差异的有用工具；而心理测量理论和心理测验则帮助我们系统地量化、测量和分析这些差异，进而进行差异匹配。

二、了解差异——人格理论

人的多样性，决定了人格心理学家的多样性、人格理论的多样性。弗洛伊德最初是一位神经学家，莫瑞是一位具有生物化学博士学位的外科医生，卡特尔在统计学方面有很深的功底，罗杰斯转入心理学界之前曾进神学院学习，爱森克最初曾准备学习物理，凯利开始是航空工程师，后来又教授过演讲。即便是奥尔波特也是将心理学和社会伦理学结合在一起进行研究。由于理论家们的出发点、数据来源以及解释现象的不同，他们研究人格的方法也不同：有些研究着重于个体人格的结构，而另一些则关注人格是如何发展的；有些研究对个体做了什么感兴趣，而另外一些研究的是人们对自己的生活如何感受；有些理论试图解释那些有心理问题的个体的人格特点，而另外一些人关注的是健康的个体。

关于人格（personality）的定义众多，但其中有两个基本概念是一致的，即人格反映了一个人的独特性以及行为的特征性模式。我们暂且可以将人格理解为一个人所具有的独特心理品质，这种心理品质可以使一个人在不同的时间、不同的地点显示出相同的行为模式。人格理论是对个体人格结构和功能的假设性说明，它们可以帮助我们达成两个主要目标：①理解人格的结构、起源以及与此有关的特点；②根据对人格的理解预测行为和生活事件。不同的人格理论有不同的建构基础，因而对人在一定条件下如何做出反应或是适应会有不同的预测。可以说，人格理论为我们提供了一个解析人格的框架，这个框架的立足点就是人格变量，或称人格要素、人格维度、人格成分。通过人格变量，我们可以了解人和人之间到底存在哪些人格差异。例如，弗洛伊德把人格分成本我、自我和超我三个成分，大三人格把人格分成内外向、神经质和精神质三个维度。这些人格变量（或称要素等）是所有人的人格中共有的，而每个人在这些变量上水平或程度的差异则构成了个体的独特性。在这样的框架下，个体的人格差异能够与其他人以及与所在群体进行比较。

工作与工作之间存在差异不言而喻，因此如何去描述和评价纷繁复杂的工作就不是一件简单的事。关键的问题是工作差异的分析和测量是否为心理学研究范畴？或者说心理学的理论、方法和技术是否适合于解决工作差异分析和测量？抑或说工作测量是否必须以心理测量理论为基础？要回答这些问题，让我们首先来看工作是否有自在状态。可以肯定地说，没有！我们知道，工作是由人来做的，由人通过工作行为完成的。工作分析考查的是在有限的时间和空间内，一个人可以承担的工作任务和职责，为了完成这些任务和职责，一个人需要具备哪些知识、技能、能力等个体条件。因此，分析工作和测量工作实际上是对操作者完成工作的行为和操作者需要具备的知识、技能、经验和兴趣、态度等一系列心理能力和因素的分析和测量，即对人的行为和心理因素的分析和测量。毋庸置疑，工作分析和测量就是对工作行为的心理分析和心理测量。

三、差异的测量——心理测量与心理测验

尽管人格理论帮助我们在一定程度上解决了人的差异究竟有哪些的问题，但如何测量这些差异却仍然是一个未解的问题。要想解决这个问题，需要进一步发展人格测量的理论和工具，这依赖于心理测量理论和心理测验技术。

人格测量的主要困难有两个方面：测量工具的信度与效度难以保证，测量水平低下。这两个问题都与心理测量的性质是间接测量有关。科学虽发展到今天，但我们仍无法直接测量人的心理，只能测量人的外显行为，也就是说，我们只能通过一个人对

测验题目的反应来推论他的心理特质（或称人格变量）。特质的概念通常只是一个构想概念，而不是一个被直接测量到的有实体的个人特点。由于特质是从行为模式中推论出来的，所以心理测量是间接的。这种间接测量的性质，为心理测验的制作（首先是题目的选取）带来了极大的困难，并且测验的信度、效度验证和估算也变得极为困难，由此不难理解为何许多人对心理测验持怀疑态度。

此外，从测量学角度看，一般心理测量是在顺序量表水平上。对于人的智力、性格、兴趣、态度等来说，绝对零点是难以确定的，相等的单位也难以获得。比如说，一个测验包括 50 个难度不同的题目，每题 1 分，我们能否说得 10 分的人与得 15 分的人的差别与得 45 分与得 50 分的人的差别是相等的？表面看来都是 5 分之差，但仔细考虑一下就会发现 45 分与 50 分的差别要比 10 分与 15 分的差别大。因为顺序量表没有相等的单位，因此顺序量表所能提供的测量信息非常有限。

为了提高心理测量的水平，心理测量一般通过统计技术将顺序量表提高到等距量表水平上，并且其测验分数的解释和差异比较总是在统计基础上做出的。

四、人与工作差异的匹配——人事决策模型建立

人与工作差异的匹配有赖于人事决策模型的建立，人与工作差异的分析、测量目的都是为进一步建立人事决策模型，建立人事决策模型是人力资源管理者最为关心的问题。面对组织各种人员工作变动的情形，需要做出人员甄选的决策（人事决策），如哪些人要被录用、安置、晋升、调动、培训、辞退等。甄选决策就是在差异分析和测量的基础上，依据决策模型，对个体和工作做出具有尽可能正确的大概率决策，决策模型效度越高，决策的正确率就越大。

五、人事心理学的发展历程

（一）人事心理学的产生

人事心理学产生于 19 世纪末 20 世纪初，其产生有两个动因，一是科学管理提出了需要；二是实验心理学①、心理测量学②、心理测验③的产生提供了可能。第一次世界大战是人事心理学发展的一个契机。

科学心理学产生之初，心理学家大都致力于实验室中的理论领域的研究。当时最流行的心理学派是以冯特为代表的构造心理学派，这一学派主张把心理划分成各个部分（如感觉、知觉等），并将各个部分放在实验室中进行实验研究。很快这种研究被用于工业中的实际问题研究，心理学家们发现实验心理学的研究方法和成果可以推广到工业领域中，这可能会开辟出一个独立的研究领域。心理学家布赖恩（W. L. Bryan）

---

① 实验心理学的产生：1879 年，德国心理学家冯特（W. Wundt）在德国莱比锡创建了世界上第一个心理学实验室，标志着心理学从哲学中分离出来，成为一门独立的科学。由此可见，心理学是一门实验科学，它独特的方法体系，才使它成为心理学，而不是哲学或医学或其他什么科学。

② 心理测量学：1884 年英国人高尔顿（达尔文的表弟），创立了心理测量学，他同时也是优生学的创始人。

③ 心理测验：1908 年法国心理学家比奈设计出了世界上第一个儿童心理测验。

关于专业报务员技能形成的研究发表于1887年的一篇关于专业报务员技能的研究论文，这可以认为是心理学在这一研究领域里的第一篇论文。1904年布赖恩就任美国心理学会主席时发表了演说，进一步倡导不仅要在工业生产领域研究心理学问题，还应把这一领域发展成为专门化的心理学研究分支。这标志着应用心理学的开端，心理学家们对生产制造过程的经济学问题和生产效率发生了浓厚兴趣。

作为一位职业工程师，泰罗首先发现重新设计工作能使企业得到很高的效率，同时也能使员工得到较高的报酬，从而激励员工能够更努力地工作。在著名的《科学管理原理》一书中，他提出了下列管理原则：①科学地设计高效率的工作方法；②选择最好的员工并对他们进行新的工作方法的培训；③管理人员和员工之间建立合作关系；④对于工作的设计和完成，管理者和员工共同负责。尽管泰罗的理论之后受到了人事心理学研究的批评，但是他对于人事心理学发展所起的作用是十分重要的。

德国的心理学家闵斯特博格也是人事心理学发展初期的重要代表人物。一开始，他在理论心理学领域进行知觉、注意的实验研究，后来，他的兴趣转向了运用传统心理学方法解决工业生产中的实际问题。1913年，他出版了《心理学与工业效率》(*Psychology and Industrial Efficiency*)，全书共分三个部分：选员、设计工作条件、心理学应用于销售。这里，他首次提出了工业心理学体系。闵斯特博格的一项著名研究是关于电车司机安全方面的研究，他系统地研究了这一职务的各个方面，设计了实验室模拟电车司机操作的情景，对影响司机操作的各种因素及安全的因素都进行了探讨。有些研究者甚至认为闵斯特博格应为工业心理学之父。

第一次世界大战对人事心理学研究产生了巨大的影响。战时士兵的挑选、军工产生的轮班制、工作疲劳和事故分析等，都需要应用心理学的原理。罗伯特·耶克斯(Robert Yerkes)是当时的美国心理学会主席，他致力于研究当时为美国军队选择招募士兵的工作。当时心理学会还研究士兵的动机、士气以及心理健康和军纪问题。耶克斯等心理学家研究建立了一系列应用广泛的军队集体智力测验，包括适于讲英语士兵的α智力测验和讲非英语士兵的β智力测验。据统计，大约有170多万人接受了这种军队团体智力测验。当时影响比较大的是，斯格特对军队进行的人员配备方面的研究，他为500种职务建立了工作规范（责任及所需要能力的规定）。这一时期，由于社会的需求和心理学家的努力，人事心理学研究逐渐发展成为得到社会及权威机构承认的职业，心理学家同其他职业人员一样，能够直接为社会做出贡献。

也是在1917年，在工业心理学领域中，资格最老、最有代表性的杂志《应用心理学期刊》(*Journal of Applied Psychology*)问世了。第一期就刊登了大量的人事心理学方面的研究文章。因此，可以说人事心理学是工业心理学中最早发展起来的研究领域。

第一次世界大战中，社会开始认识到人事心理学能够解决实际问题。因此，战后很快把心理测验选员的研究应用于政府、教育及商业等部门的选员上。

（二）人事心理学的研究内容

每一个组织都有自己特定的目标，为了有效运转，每一个组织都必须把整体任务分解成各种不同的工作，各种工作存在着不同的要求；同样，人们在智力、能力、兴趣及其他各个方面也存在着差异。面对这种工作差异和人员差异，我们必须制订出有效利用人力资源的计划。人事心理学研究的是作为组织成员和组织资源的人，以及人事心理学如何才能有助于明智、合乎人的特性地利用人力资源。为了达成这一目标，我们首先需要了解差异，进而对差异进行测量，最后权衡如何对差异进行有效的匹配。

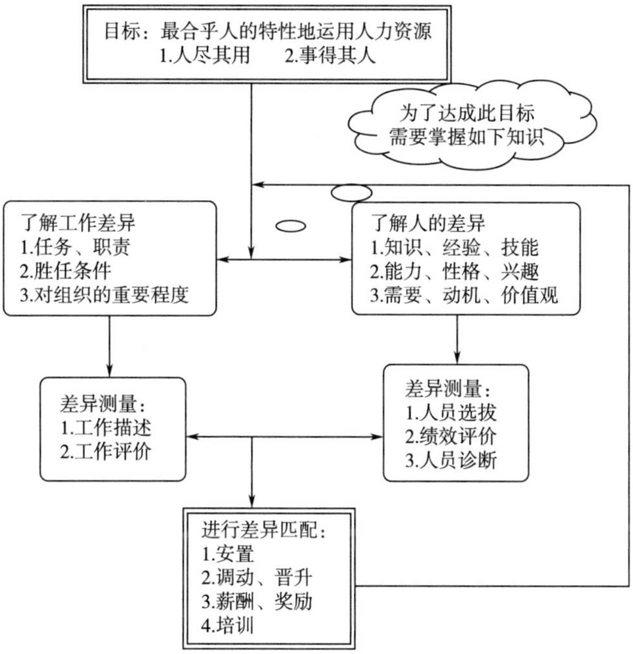

图4-6　人事心理学研究的目的与内容

人事心理学研究的是人与工作两方面的差异以及对这两方面差异的测量与匹配。

（三）人事心理学的目标——人与事的理想配合

我们的理想目标是正确评估并描述每一个人的悟性、能力、个性和兴趣，然后把每一个人安置在完全适合于他们，也完全适合于社会的工作岗位上，每一个人都有可能最大限度地、明智地发挥他们的才干。而社会则在总体上最大限度地利用好宝贵的人力资源。

然而，这种理想与实际相差甚远。在个人能力和组织角色之间存在许多不相适合的情况，现实生活可以看到这种情况——因为本专业工作岗位太少，历史学博士去开出租汽车，或者一些充满热情、很有魄力、十分聪明的年轻人被安排在单调、机械、没有发展前途的工作岗位上。

人事心理学的研究有三个基础：①在一个开放的社会中，每一个人，不分种族、性别、宗教信仰或国籍，对任何其所胜任的工作都有不可让渡的基本权利。②社会能够明智地、合乎人的特性地利用人力资源，而且会做得更好。③人事部门的工作人员和负责人事决策的管理人员必须尽可能提高技术能力，掌握充分的信息，因为他们的决策实质性地影响个人生活和工作历程。

人事心理学对于提高组织中的人事管理质量有很大的帮助，并随着学科研究的深入和知识的增加，对于提高人事管理质量仍有很大的潜力。

第四节　人事决策模型建立

一、人事决策

组织中凡是引起人员工作状态变化的决策都是人事决策，如录用、安置、晋升、调动、培训、辞退等。无论是哪种决策，都是以人员甄选为基础的，因此选员决策是最基本的人事决策，决策模型的建立也是以选员决策为范本。选员决策是组织最重要的人事决策。选员是选择录用合适的候选人在某一职位上的过程。选员意味着有些申请人被组织录用了，有些则被拒绝了。选员是以预测某些申请人比其他人更适合职务为前提的。重要的是，我们需要了解选员的决策是以什么为基础的。可以说，决策也是一种判断，选员决策就是通过判断候选人是否能胜任未来的工作，成为一个好员工，从而决定取舍的过程。这里的问题不在于决策本身，而在于决策的依据。决策的依据正确可靠，就能得到正确的判断，做出正确的决策。

二、人事选员决策过程

个体差异为人员选择提供了理论基础。选择过程的目的在于利用个人差异挑选那些更具有某种特性的人，这些特性被看作干好工作的重要因素。图 4 – 7 为一个经典的人事甄选模型，说明了人事甄选的过程。

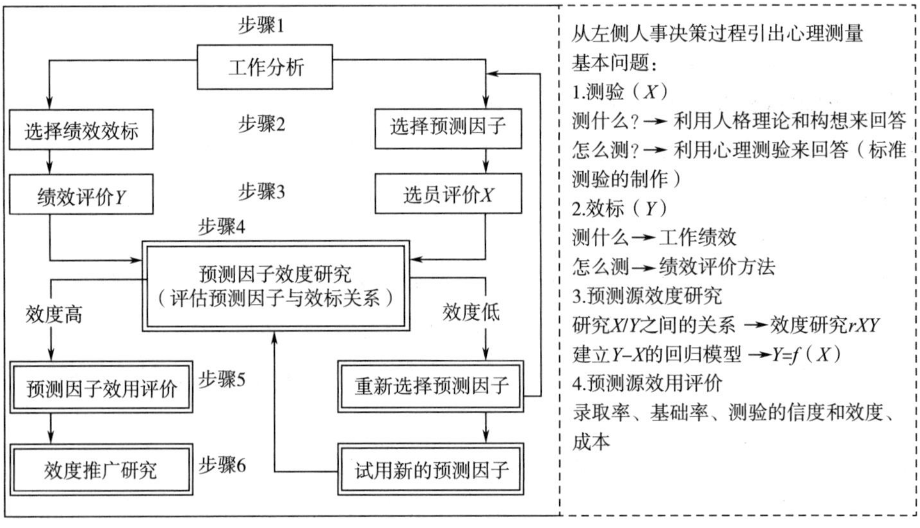

图 4 – 7　人事选员决策过程

从图 4 - 7 中可以看出，人事甄选的过程包括如下步骤：

（一）对工作进行分析

通过工作分析程序，分析工作的优秀绩效所需要的个体的知识、技能、能力条件。人事选择中的许多问题最终都来源于对工作及其需要条件的分析，好的员工是符合这些条件者。工作分析是整个选择过程的基础。

（二）确定效标和选择预测因子

在工作分析的基础上，选择一个或多个敏感的、相关的、可靠的效标；同时选择一个或一个以上的与效标相关的预测因子（如性格、能力、兴趣等）。预测因子的选择应以工作分析信息为依据，这一信息可提供哪种预测因子最有可能准确地预测极小标准的线索。

（三）测量变量

一旦选择确定了效标和预测因子，就要选择一定方法和程序对员工的绩效变量和预测因子变量（预测因子）进行测量。测量方法有两种：一种是对现有在职员工的绩效及预测因子进行测量；另一种是对所有申请人实施预测测验（或其他预测因子），然后录用所有申请人，在他们工作一段时间后，测量他们的效标变量绩效的数据。前者为同时效度研究，后者为预测效度研究。

（四）研究预测因子的效度

这一步是对预测因子与效标之间的关系进行系统研究。通过比较、确定预测因子分数的变异与效标分数的变异是否相关，计算预测因子与效标分数的相关系数，得到预测源的实证效度值。如果预测因子分数与效标分数的相关性高，即预测因子与未来的工作成功有密切的关系，则说明预测因子的效度高；如果两组分数之间相关性低，那么预测因子就缺乏效度，必须取消它。对预测因子效度的研究除了实证效度的研究外，还包括内容效度、结构效度、交互效度以及预测因子的效度推广等。

（五）确定预测因子的效用

如果预测因子的预测效度高，下一步就是确定怎样使用它以提高选员的质量，即预测源的效用研究。一个预测因子的效用由预测因子的效度、录用率、基础率以及成本等因素决定。如果预测因子没有效度，那就谈不上实际利用效用，就需要选择新的、不同的预测因子，重复上述的过程。

（六）再分析

一段时间以后，工作可能会发生变化，申请人亦发生一定的改变，预测因子效度就有可能降低，过去效度低的预测因子亦有可能提高。因此，任何人事甄选方案都应该定期地重新评价预测因子效度，检查在就业条件变化情况下的预测因子 - 效标关系。人事心理学家建议应该至少每 5 年做一次重新评估。

通过对预测因子的评估，确定预测因子具有较高的实证效度，就可以通过预测因子做出选员决策了。

为了更直观地说明问题，我们在图 4 - 7 右侧给出了人事决策过程引发出的基本心理测量问题。

三、人事决策模型建立——效度研究是关键

（一）人事决策模型建立

人事决策模型就是采用数学方法探讨预测因子与工作绩效之间的数学关系，筛选那些能够预测人员工作绩效的预测因子，建立用于甄选的测验组合（选拔测验），并且根据预测因子与绩效的数学关系模型（回归模型），确定录取分数线，估计决策风险和评估决策的效用。

（二）预测源效度研究是关键

预测源效度研究就是描述预测模型中，预测因子对所要预测目标的预测有效性有多高，二者之间的相关系数就是预测源的预测效度，如果相关系数为最大值1，则预测效度为100%，说明预测没有误差。同时，通过这个步骤的研究结果，也可反映人事决策模型建立前期基础工作的有效性。比如，预测因子选择是否有效，预测因子测量是否可靠，效标选择和测量是否有效，而预测因子和效标选择的有效性又取决于工作分析结果的有效性。

（三）效度研究与预测模型（回归模型）建立

从决策过程看，效度研究与预测模型建立似乎仅仅是一个步骤和环节。但这一环节，既是人事决策模型的核心问题，其中又包含了心理测量学所有关键的理论、原则、方法和技术。

本章小结

首先，人力资源管理的对象是人，对人员管理的前提肯定是基于对人的了解。

其次，从人力资源管理的两个基本挑战出发，介绍心理学对组织人性化管理和个性化管理的重要贡献。

再次，分析人事心理学与人力资源管理关系，了解心理学理论、知识、方法和技术如何帮助人力资源管理解决人事矛盾。

最后，人事决策是人力资源管理的核心问题，而决策模型建立是人事心理学研究的主要内容。

研究人性、人格、人事决策问题需要同时运用感性和理性、逻辑和直觉。

关键术语

人格（personality） 人性（human resource） 人事心理学（personnel psychology） 人格理论（personality theory） 心理测量学（psychometrics） 人事决策（personnel decisions） 效度研究（validity study）

复习思考题

1. 根据漫画实验和吊桥实验结果，讨论了解自己和了解别人哪个更难。

2. 为什么说学习人事心理学要从了解自己开始？

3. 人格与人性的区别是什么？讨论人格与人性分别是为了解决人力资源管理中的什么问题？

4. 人事矛盾产生的前提条件是什么？人事心理学对于组织人力资源管理的作用是什么？

5. 人格理论在人力资源管理中主要起什么作用？

6. 心理测量能不能用原始分数？心理测量使用什么分数？

7. 人事决策过程包括哪些步骤？人事决策模型建立的关键环节是哪个？

案例分析

案例1　社会亲昵性的形成

为了说明依赖性的形成，管理心理学家利维特曾进行了这样的假想描述：

假定你患了一种怪病，主要的症状是全身瘫痪，但你的头脑却十分清醒，感官也十分灵敏，能听、能看、能感觉，你可以思考——却不能活动。你的兄长具有一种特异功能——只要他把手放到你肩上，你的病就会好，你就可以像正常人一样地活动。可是，一旦他把手拿开，你就会马上全身瘫痪。

假设你的兄长是个好人，他花费了大量的时间把手放在你的肩上，虽然这样做对他极不方便。由于他的帮助，你可以过近乎正常人的生活。你患病时间不长，但现在已从疾病的惊吓中恢复了过来，你想尽己所能过上一种美好的生活。

早晨醒来，你躺在床上不能动弹，直到兄长过来把手放在你肩上。然后你起床、穿戴、梳洗、吃早餐，聊天、看报纸，像没患病前一样做每一件事。

用过早餐，兄长说他忘了告诉你十点钟他要去看牙，不得不在十点左右出去，中午才能回来。这对你没有什么大不了的，兄长只出去两个小时而已。

兄长离开前，把手放在你肩上，让你找了一个舒适的位置坐下来。你将一把椅子放到窗前，打开收音机收听最喜欢的广播节目。你打开窗子，让温暖的空气和阳光充满整个房子。而且，你还可一览窗外景物。你把这两个小时安排好了。

大约半小时过去了，你感觉良好，十分舒适。窗外的景物足以引起你的兴致，收音机的节目也很精彩。

十点半，广播节目变成了你最讨厌的民乐——这还没什么，一只苍蝇设法从纱窗的破洞钻了进来，开始在你鼻尖上嗡嗡乱飞——你已学会忍受各种不适，这只不过是其中一种罢了。

十一点钟，椅子不平的地方使你感到有点搔痒，这也还可以忍受。苍蝇仍在周围打转，民乐继续播放。十一点半的时候，乌云遮住了天空，天气变冷，刮起了风。差一刻十二点，下起了倾盆大雨，你浑身又湿又冷。如果不是全身瘫痪，你定会哆嗦起来。

搔痒加剧，你感到需要上厕所。但是你安慰自己：再忍十五分钟。

十二点到了，你热切盼望听到兄长的脚步声，可你失望了。十二点一刻，他还未出现。寒冷、潮湿、搔痒、想上厕所、苍蝇、收音机的节目，这一切都使你难以忍受。十二点四十五分，你已濒临爆炸的边缘。一点钟，兄长仍未归，雨更大，你感到更难受。

一点半的时候，你听到了脚步声，兄长走了进来，把手放到你的肩上，并说道："很抱歉，路上交通拥堵，我回来晚了。"

请你把自己当成瘫痪的弟弟，并考虑一下以下问题：

1. 此时此刻，你怎么看待你的兄长？
2. 此时此刻，你认为你会怎样对待你的兄长？

对于第一个问题，你的回答可能是下面几个中的一个：①我会感到愤怒；②我会感到一种极大的解脱，对兄长的归来极为感激；③我的感觉会很复杂，一方面感到愤怒，一方面又感到安慰与感激。

对于第二个行为问题的回答可能有两种：①我会照他的鼻梁挥上一拳；②我会伸出两臂拥抱他，吻他。

每一种回答都是适当的，可以理解的。从总体来看，它们反映了一种必然的矛盾心理，这种矛盾心理源于一个体对另一个体的完全依赖。回答自己会感到愤怒而充满敌意的人可能准备承认，愤怒之感虽然显而易见，但其感觉并非只此一种。在感到愤怒的同时，他可能也会产生感激之情。回答自己会得到安慰并对兄长有感激之情的人可能会承认，他也感到焦急与愤怒。每一个人都会产生一些复杂的感情，这些感情是两种大相径庭的情感的混合。这就是矛盾心理这一特殊现象，它是指同时、同地，共同存在的相反感情。

同样，就行动而言，回答"我会照他的鼻梁挥上一拳"的人可能还希望再加上一句"事后我会感到非常后悔"。而回答"我会拥抱他"的人，也会说其拥抱中含有某种愤怒的情绪。

再假定这类事件经常发生，你是否会逐渐希望摆脱掉你的兄长？是否会寻求控制、"驾驭"你兄长的方法以便不再无力地依赖于他的好心帮助？假定你兄长很坏，对你漠不关心，这会不断强化你的独立或控制欲望吗？

因此，极端的依赖作为一种手段，会激发出其他的需要。如果依赖达到了能够满足现有需要的程度，而这些需要又是一个人无法独自得到满足的，那么人的感觉就很可能是积极的、友善的，充满情爱的、具有保护性的，感激的，而且他会随之产生强烈的社会需要。如果依赖不但不能满足现存需要，反而起到了阻碍作用，那么人就很可能产生愤怒和敌意的感情，且会更急切地希望独立自主，就会产生强烈的自我需要。

婴儿就像全身瘫痪的患者一样，完全依赖于成人来满足其生来俱有的生理需要。然而，由于父母无法事事令孩子满意（或事事令孩子伤心），因此，每个孩子就必然会发展出一些积极与消极情感交融的混合情感。这感情最初是针对父母的，因为父母往往代表着整个世界，进而这些感情也就转为对世界的感情了。儿童长大后，教师、上司及其他人会代替他的父母，帮助其完成性格发展。

更确切地说，有些婴儿从一开始面临的就是一个几乎无法令人满意、无法预知、无法控制的世界，而另一些婴儿面对的则是一个比较令人满意、较易预知、较易控制的世界。

【案例讨论】

1. 通过案例分析，阐述社会亲昵性是怎么形成的。
2. 社会亲昵性的形成对组织培养员工忠诚度有什么启示？

案例2　葛宪国与李晓洁的故事

葛宪国与李晓洁1990年相爱。遗憾的是，葛宪国的母亲嫌李晓洁颧骨过高，长了一副“薄相”，就暗地里找人给她算了命，结果是，“五行失位，自身太旺，命中克夫伤子”，于是要棒打鸳鸯。葛、李二人先是逃到亲戚家，而此时李晓洁还怀了孕。他们原本以为木已成舟，就能得到葛宪国母亲的接纳，没想到李晓洁被葛母强行引产。他们二人再次出逃，发誓永不回家。1991年6月13日，他们来到李晓洁的女同学高明家，一场由命运导演的悲剧，在黑龙江省鸡西市的高家上演。

葛、李二人先在高家住了一段时间，虽然受到热情款待，无奈工作没有着落，只好告别高家，另谋生路。事有凑巧，他们刚走，高家便发生了一连串不顺心的事：家人接二连三地生病，服装店生意异常冷落，房子后山墙被冲塌，还丢过一次包……高桓德（高明父亲）毕业于哈尔滨师范大学历史系，酷爱《易经》，于是给自己卜了几卦，几次卦象都显示他家“晦气”太重，他怕自己算得不准，又找了一个据说算得极准的盲人“验算”了一番，那盲人说：“你家春天时来了一对青年男女，男的没什么，女的到你家时，正是‘月子’里，血污没退尽，秽气太重，扑了你家的运气。”又给了一个破解的办法：“那对年轻人上秋时还会再来，那时，你让他们做两套红被子，黄褥子，灾难自然会消除，不然的话，更倒霉的事情还在后头。”果然，1991年8月17号下午，葛、李二人再次来到高家，高父见状对算命先生的话更是深信不疑，于是开门见山地要葛李二人做两套红被黄褥，以求免灾。无奈，葛李二人流浪在外，手头拮据，无力购置被褥；再加上葛宪国对诸如此类的无稽之谈恨之入骨——别忘了，正是这样的无稽之谈害得他如此狼狈不堪，因此没有从命。他哀求高家高抬贵手，放他们走，待日后有钱了再给高家购置被褥，被高父严词拒绝。葛宪国从小娇生惯养，是家里的

“霸王”，现在受到如此侮辱，感觉无法忍受。于是他打定主意杀人泄愤，翌日早晨，葛宪国凶残地杀害了高家三人，与李晓洁仓皇出逃，6 天后被捕。1991 年 11 月 18 日，他们分别被判处死刑和无期徒刑。

【案例讨论】

1. 你认为这个故事与齐泽克仆人与死神的故事有什么内在联系？
2. 你认为是什么导致了这个故事的结局？
3. 这个故事是否反映了哪一类人的精神结构？

参考文献

[1] 韩晓燕，朱辰海. 人类行为与社会环境 [M]. 上海：上海人民出版社，2009.

[2] 乔斯·B. 阿什福德，等. 人类行为与社会环境：生物学、心理学与社会学视角 [M]. 2 版. 北京：中国人民大学出版社，2005.

[3] 查尔斯·H. 扎斯特罗，卡伦·K. 柯斯特 – 阿什曼. 人类行为与社会环境 [M]. 6 版. 北京：中国人民大学出版社，2006.

[4] 唐军. 现代人事心理学 [M]. 北京：北京经济学院出版社，1997.

[5] 唐军. 人格与人事决策理论在人力资源管理中的应用 [M]. 北京：首都经济贸易大学出版社，2015.

[6] 莱维特. 现代管理心理学：论组织中的个体、同事和团体 [M]. 方展画，刘纯，译. 上海：上海翻译出版公司，1998.

[7] 斯拉沃热·齐泽克. 意识形态的崇高客体 [M]. 季广茂，译. 北京：中央编译出版社，2002.

[8] 古畑和孝. 人际关系心理学 [M]. 天津：南开大学出版社，1987.

第五章　员工的后顾之忧与组织解决方案

学习目标

√ 掌握社会保险产生的国际背景
√ 理解社会保障相关概念
√ 熟练掌握社会保险与社会保障的关系
√ 了解社会保障可以解决的问题

人力资源管理通过招募甄选、培训开发、薪酬福利以及绩效管理等具体管理措施实现为组织吸引并留住优秀人才的目标，同时可以通过激励措施尽可能激发员工潜力或是通过开发手段将员工的能力提升到一个更高的水平，从而实现更好的组织绩效，达成组织战略目标，实现组织的愿景及使命。

但这就是人力资源管理的全部吗？员工在付出劳动，获得劳动报酬以满足生活需要的同时，是否会有其他的后顾之忧？如果有，哪些因素可能是员工的后顾之忧？人力资源管理者需要帮助员工免除后顾之忧，提高其工作满意度并最终提升工作效率。那么，员工后顾之忧的组织解决方案是什么？是否存在仅靠组织无法解决的后顾之忧？如果有，其解决方案又是什么？

本章力图回答上述问题，并为学生补充社会保障方面的相关知识。

第一节　员工的后顾之忧

人力资源管理通过甄选技术筛选出最适合的职位申请人并将其放在最恰当的职位上；通过培训和开发激发员工潜力并更好地胜任工作；通过绩效管理区分出员工中绩效表现好与欠佳者，进而通过奖金、福利等各种形式对员工进行激励或通过一定措施进行惩戒。但这就是人力资源管理的全部吗？管理者采用了上述措施之后，其雇员是否就会一往无前、全力以赴地工作？是否存在什么因素会拖住员工前进的脚步，进而制约企业发展？

一、“后顾之忧”的由来

“后顾之忧”一语出自《魏书·李冲传》。

南北朝时期，北魏有一位名臣和出色的政治家叫李冲，字思顺，陇西狄道（今甘肃临洮）人。他出身名门，幼年丧父，由长兄荥阳太守李承抚养长大。李冲少年时就立下报国大志，饱读经世致用之学，好交游，有气量。

史书记载，李冲起初很受冯太后的青睐，年纪轻轻即被选拔为官。孝文帝初年，他的职位越来越高，直接参与朝政，宫廷中的重要文案都由其掌管。随后，他充分发挥自己的聪明才智，积极建议并协助冯太后和孝文帝进行“太和改制”，在此期间推行的三长制、新租调制和均田制，形成了北魏政治、经济的三大支柱，北魏国力大增。孝文帝亲政后，对李冲也非常器重。李冲处处“竭忠奉上，知无不尽”，直接参与了孝文帝的重大改革，在整顿吏制、精简官僚机构、选任百官、变易服饰等方面多有建树。特别是他辅佐孝文帝拟定的《魏律》，内容完整，体例合理，废除了车裂、腰斩等残酷刑罚，对后世影响极大。因为功劳巨大，李冲后被升为中书令等要职，赐爵顺阳侯、陇西公，极受恩宠，连孝文帝都不直接叫他的名字，而尊称“中书”。

随着北魏疆域的扩大，孝文帝决定把都城从平城（今山西大同北）迁到洛阳，让李冲负责新都的营建。李冲尽心尽力，鞠躬尽瘁，在较短的时间内就指挥建起了一座恢宏壮丽的新洛阳城。随后，孝文帝更是任他为侍中、吏部尚书、太子少傅等职，封咸阳王。

太和二十年（公元496年），孝文帝率军征伐南齐，肩负重任的李冲随同前往，辛苦备至，途中又受到自己错荐的李彪恶行刺激，恼怒悔恨之下，突发重病。仅过了十多天，这位为巩固北魏政权，推动社会经济发展，促进民族融合作出了重要贡献的名臣便溘然长逝。

噩耗传来，孝文帝悲痛万分。之后在他路过李冲墓时，触景伤情地说了一段话，大意是：我把政事委托给李冲，使得我出境征伐时，没有后顾之忧。现在他去世了，怎么能不让我伤心啊！

二、员工的后顾之忧

若用一句话概括员工的后顾之忧，就是“风险”。风险是指意外事故发生的可能性。风险的发生是不可避免的，是不以人的意志为转移的客观存在，亦有其偶然性。风险发生的时间、地点、对象及危害程度难以预测，又具有突发性。员工的后顾之忧可能来源于工作、生活等各个方面。

（一）工作中的风险

1. 企业的发展状况

企业发展状况如何，将在极大程度上影响到其雇员的收入水平，而这又恰恰关系到员工及其供养亲属的生活水平，因此可以说这是员工最为关心的问题。然而企业的发展状况除与组织内部管理、管理者能力等方面相关外，还受到外部环境多种因素的综合影响，例如政府政策的变化、整体经济情况的改变、消费者偏好的转变等。这种不确定性可能会导致企业利润的下降，从而给员工带来收入降低甚至是遭遇裁员的风险。

2. 工作中的突发事件

由于不同工作在内容和性质上存在差异，其任职者也面临着不同的风险。例如，生产性企业员工日常工作中可能接触有毒、有害物质，从而导致中毒等不良后果；建筑业企业员工在工作场所中可能遭遇高空坠落、滑倒等风险，从而导致受伤；采矿业企业员工在作业中可能遭遇瓦斯爆炸、透水事故，从而丧失宝贵的生命；还有一些工作可能导致员工因伤而截肢、失明、器官缺损，从而终身残疾。即便是工作环境相对安全的办公室，在其中工作的员工也可能在通勤路上遭遇交通意外。

（二）生活中的风险

1. 疾病风险

健康与疾病是人类生活中始终存在的。人类自身受到生、老、病、死等自然规律的支配，影响和危害身体健康的事件难免发生。另外，人类在进行物质资料生产，向自然界索取生活资料的过程中，乃至日常生活中，常有可能遭遇各种自然灾害和意外事故。因此，与其他风险一样，疾病风险具有可能发生的客观性和不可预知性、偶然性等共同特点。但疾病风险也有其自身特性，疾病风险危害严重、涉及面广、复杂多样，是直接关系每个人基本生存利益的特殊风险①。

2. 伤残风险

生活中处处存在突发意外的可能性，如出行可能发生交通事故，居家可能发生滑倒意外等。这均有可能使人受伤，大多数情况下可以康复，但少数情况下将对个体造成肢体残疾、视力残疾等严重影响。

3. 贫困风险

造成贫困的原因有很多，如因某些不可控因素导致主要经济来源丧失，或者个体因丧失劳动力而导致无法获得经济收入；也有可能因家庭成员患上重大疾病，而导致整个家庭因病致贫、因病返贫等。

4. 生育风险

过去人们常说：女人生育如同过鬼门关。虽然现在科技发展、医学先进，但生育风险仍然客观存在，并可能威胁母婴健康。对于女性而言，常见的生育风险包括直接产科因素，如妊娠期高血压、妊娠期糖尿病、异位妊娠等；间接产科因素，如孕期甲状腺功能亢进、孕期甲状腺功能减退、胆结石等。对于婴儿而言，常见的风险包括因染色体变异导致的先天性疾病，如唐氏综合征、陶氏综合征等；因母亲孕前或孕期感染风疹病毒、疱疹病毒导致的先天性心脏病或畸形等。

5. 老年风险

老年是人生中一个特殊时期，处在这一时期的个体，劳动能力下降，从而导致收入水平降低；与此同时，由于年老本身相伴随的各种疾病如影随形，导致医疗等方面的支出增加。因此，老年时期是人生中一个脆弱时期，或者说这一时期个体所面临的风险水平较高。

我们可以如此概括员工后顾之忧的共性：个体由于某些原因使得劳动过程受到影响，工作劳动暂时或长期中止，最终导致收入减少或者丧失。而导致员工后顾之忧的因素可以简单概括为风险。那么，面对各种风险，组织管理者如何进行干预从而解决

---

① 毛艾琳．社会保险学［M］．北京：社会科学文献出版社，2021.

员工的后顾之忧呢？

第二节　员工后顾之忧的组织解决方案

尽管风险客观存在，但我们面对风险也并非无计可施，无论是个体还是组织都有一些相应的风险应对措施。本节将讨论雇员个体以及组织面对员工后顾之忧可行的解决方案，其中组织解决方案是我们讨论的重点。

一、个人的解决方案

当面对因劳动能力损失造成工作劳动中止，进而影响收入水平的风险时，员工个体应首先承担起自我保护的责任，通常可以通过以下途径：

（一）个人储备金

“未雨绸缪”是风险预防中常常提到的一个词。个人可以选择在仍有劳动能力，有工作收入时拿出一部分收入进行储蓄或合理投资，将所获得的这部分收益用作储备金。这笔储备金并不用于平时的消费，只在面对重大风险造成收入难以为继时启用，以渡过难关。这一方面体现了个体主动承担责任，而非消极等待帮助的积极态度，另一方面也是应对风险的一种理性选择。

（二）寻求他人帮助

当个人储备金不足以应对风险造成的损失时，单靠个体力量已经无力与其相抗衡，此时可以寻求他人帮助。通常首先选择向亲属或朋友求助，亲友的力量有限时，可选择寻求社会力量的支持。例如，一些患有恶性肿瘤或需要器官移植的患者，由于手术费用高昂，且后续仍需要长期康复及治疗，其全部医疗费用可能是天文数字。此时，可以选择众筹等方式获得他人帮助。

尽管如此，个体抵抗风险的力量仍旧是相当有限的，而他助形式并非一种稳定的风险解决方案。对此，员工的雇主或组织也需要提供一定的帮助。

二、组织的解决方案

组织层面可以通过提供更高的薪酬水平以及更加完善的福利制度解除员工的后顾之忧。其中，常见的主要组织解决方案包括以下几种：

（一）企业年金计划

企业年金，通常是指在政府强制实施的公共养老金或国家养老金制度之外，企业在国家政策的指导下，根据自身经济实力和经济状况建立的、旨在为职工提供一定退休收入保障的补充性养老金制度①。

可以说，企业年金制度是企业在国家法定社会保障体系之外为本企业员工提供的一重额外保障。其意义与作用在于：

---

①　胡峰．企业年金理论与实务［M］．北京：中国电力出版社，2020：2.

第一，对个体而言，在已经建立起企业年金的组织中，员工在退休后除了可以获得来自社会保险中的基本养老金，还可以获得一笔企业年金，相当于退休后养老金待遇更高，生活更有保障，也更可能做到体面老去。

第二，对组织而言，企业年金计划一般可以视作企业人力资源战略的重要组成部分之一，也是一项重要的员工福利项目。同其他人力资源管理项目一样，可以起到吸引、留住、激励优秀员工的目的。

第三，对国家和社会而言，在全球很多国家正在或即将人口老龄化的大背景下，养老已经成为各国政府都密切关注的一个民生问题，但是职工退休后的养老问题不能完全依赖国家。一方面，若由国家包揽全部或大部分养老保障责任，将降低用人单位的保障责任，也不利于发挥个人自我保障动机，在高福利国家甚至还会出现“养懒人”的情况，不利于整个社会经济的发展。另一方面，各国在养老方面的财政支出压力越来越大，一些发达国家的养老支出已经占到社会保障支出的大部分。在这样的背景下，若仍由国家承担全部养老责任，财政将难以负担，也影响整体经济发展，最终伤害每一名社会成员的利益。因此由企业建立企业年金作为职工退休后的补充性养老保障，是一项多方受益的福利项目。但需要指出的是，能够建立企业年金的前提是该企业经营状况良好，有能力拿出一笔钱为员工建立福利计划。目前我国并没有强制要求所有企业建立企业年金，为了防止因企业经营状况恶化伤及员工在企业年金方面应获得的利益，政府需要做好对企业年金的监管。

（二）健康保险计划

企业健康保险计划，也叫企业补充医疗保险计划或企业医疗保障计划，是企业为员工建立的、用于提供医疗服务和补偿医疗费用开支的福利计划①。

同企业年金一样，企业健康保险计划也是用人单位在国家法定的医疗保险制度之外为其员工提供的一重补充性医疗保障，因此，其意义与作用同样可以从三个方面加以理解：

第一，对个体而言，尽管与过去相比，我们现在拥有更好的医疗技术和公共卫生条件，然而仍有一些疾病并未被人类攻克，人们对于健康保障的需求仍较迫切。企业建立员工健康保险计划可以为员工提供更多一重保障，员工个体及家庭也可以在发生大病或住院时获得社会医疗保险基础上的二次报销，从而避免因病致贫，因病返贫。

第二，对组织而言，健康保险计划同其他员工福利计划一样可以起到吸引、留住优秀员工的作用，同时可以与其他员工福利计划一起，丰富员工福利选择。

第三，对国家而言，企业建立员工健康保险计划，可以分散员工看病就医的经济风险，最终起到促进社会稳定、降低医疗救助需求的作用。同时，由于企业健康保险通常是以团体险的形式投保，比个人参保费用更低，保障项目更多，因此是一项多方受益的福利项目。

---

① 仇雨临．员工福利管理［M］．上海：复旦大学出版社，2005：249－250.

（三）其他员工福利计划

在各种职业活动中，员工由于面临长期的工作压力，如人际关系、员工在组织中的角色、工作与家庭冲突等，或是生活中的压力，如离婚、伤病等，还有社会压力，如社会地位、经济实力、住房问题等，均可能导致员工的情绪问题。当这些压力长期得不到缓解，员工的情绪无法纾解，将可能导致心理问题，如倦怠、情绪耗竭，甚至抑郁；进而引发生理问题，如心血管疾病、高血压等①。

为了帮助员工解决上述问题，或是降低上述问题带来的负面影响，一些企业建立了员工帮助计划（Employee Assistance Programs，EAP）。经过多年的发展，EAP已经不仅仅局限于向那些遇到问题寻求咨询和帮助的员工提供解决方案，还经常主动为员工提供如子女教养、老龄化、法律问题、病假和住院问题等方面的大量信息②。

三、组织解决方案的不足

组织提供的各项福利计划看起来可以解决员工的后顾之忧，那么，这就是问题的全部答案吗？或许下面的资料有助于大家从另外的视角进行思考。

阅读材料

包袱难卸，国企混改遭遇现实屏障③

据《经济参考报》2016年12月29日报道，此轮国企改革在具体操作层面的一些现实难题有所显现，诸多历史遗留问题给国企背上沉重包袱。

化解冗员、加强管理、规范薪酬……不少国企都在内部治理上下狠功夫，相比之下，混合所有制、员工持股等产权改革却进展稍缓。这既归因于国企产权改革的复杂性，也受困于历史遗留的诸多现实难题。一位省级国资委负责人坦言，国企无论是搞产权混合，还是股权多元化，战略投资者的最大关切，往往就是企业是否负担沉重。

此轮中央出台的“1+N”系列文件中，将卸除国企历史包袱作为重点之一，旨在帮国企减轻负担，使其轻装上阵公平参与市场竞争，并为产权改革扫清障碍。然而记者在基层采访，还是碰到了不敢卸、不想卸、卸不起等难题。“空壳企业、厂办大集体、企业办社会、‘三供一业’、离退休人员社会化管理，哪一项不是依附在国企身上‘吸血’？而要想把它们彻底剥离，我们又很难承担得起须支付的巨额成本。”东北某省国资委领导向《经济参考报》记者说起其中的两难。

---

① 孙树菡，毛艾琳．员工安全健康管理［M］．北京：中国人民大学出版社，2013：128.

② MICHAEL A RICHARD，WILLIAM G EMENER，WILLAM S HUTCHISON Jr. 员工帮助计划：促进身心健康的方案［M］．4版．王京生，宋国萍，赵然，译．北京：中国轻工业出版社，2013：32.

③ 人民网．包袱难卸，国企混改遭遇现实屏障［EB/OL］．［2020－09－26］．http：//capital. people. com. cn/n1/2016/1229/c405954－28985590. html.

国资委前几年的一份统计报告显示，2011 年底，中央企业还负担着有社会职能机构近 9 000 个，费用补贴每年超过 400 亿元；离退休人员超 500 万人，每年负担的离退休统筹外费用及福利性补助数百亿元；此外，对困难群体、内退职工、病退工人等，企业都要承担相应社会责任。

这些包袱背着很沉，想彻底卸掉又并非易事。以老工业省份辽宁为例，据初步测算，仅解决地方国企的厂办大集体问题，成本就达 300 亿～500 亿元，如果加上剥离“三供一业”、离退休职工社会化管理、处理空壳企业等任务，费用更是天文数字。

事实上，在前面关于组织解决方案的讨论中，我们忽略了一个很重要的前提，即所有的员工福利都需要用人单位付出成本，而这项支出并不会直接带来收益。解决员工后顾之忧虽然有助于吸引、留住、激励优秀人才，通过他们更高效的工作，改进绩效，从而最终为企业带来更好的收益。但这种作用机制属于间接获益。

从这一视角分析，通过组织提供福利解决员工的后顾之忧主要存在以下问题：第一，部分企业本身经营已经出现问题，盈利有限，在这样的背景下，更无力为其员工提供额外的福利。第二，部分管理者存在短期行为，过度追求账面收益，而不愿意为员工福利这类短期内无太大收益的项目买单。第三，即便是发展良好且愿意为员工提供更为完善福利项目的企业，其能力也是有限的。对于员工养老等方面的后顾之忧，需要更强有力的主体承担。另外，由于不同企业所提供的福利水平不同，势必造成效益较差企业员工权益受损，由此造成的不公平可能引起员工不满，甚至引发社会问题。这就需要一个超组织解决方案。

第三节　员工后顾之忧的超组织解决方案

出于各种原因，组织无法解决员工的全部后顾之忧，需要一个超组织的方式，即超组织解决方案。

一、风险与社会风险

（一）风险

我们前面曾提到，员工的后顾之忧实际上源自风险。风险就是发生不幸事件的概率，是指一个事件产生我们所不希望的后果的可能性，表现为不确定性。关于“风险”一词的由来，传说古时以打鱼捕捞为生的渔民们每次出海前都要祈祷，祈求神灵保佑自己平安归来，其中主要就是让神灵保佑在自己出海时能够风平浪静、满载而归。“风”会给他们带来无法预测、无法确定的危险，“风”即意味着“险”，因此有了“风险”一词。

（二）社会风险

之前我们所总结的很多员工的后顾之忧实际上可以归类为社会风险。社会风险是一种导致社会冲突，危及社会稳定和社会秩序的可能性。更直接地说，社会风险意味着爆发社会危机的可能性，一旦这种可能性变成了现实，社会风险就转变成了社会危机，对社会稳定和社会秩序都会造成灾难性的影响。

（三）解决社会风险的责任主体

解决社会风险的责任主体通常指向个体、组织以及更大的集体。

美国风险和保险学会（American Risk and Insurance Association）的社会保险术语委员会将社会保险定义为：是一种将汇聚的风险转移给某一组织（通常是政府）的一种机制，要求该组织根据一定条件，当某些预定损失发生时依法向被保障人或其代表提供货币或服务给付。

二、社会保险产生的国际背景

社会保险的产生与市场经济的发展存在密切联系。而市场经济通常又存在以下规律：

（一）市场经济是生产社会化的大规模经济

社会生产不再以一家一户为单位，而是以大规模的工厂、农场为单位，劳动者多数离开家庭，走向社会。这时，劳动者如遇生育、疾病、伤残、年老等风险，就无法再依靠家庭来保障他们的生活，劳动者的这些个人风险集中到社会上，成为社会问题。这些问题如果不解决，就会影响社会生产，造成社会的动荡不安。

（二）市场经济是竞争经济

以社会化大生产为基础的市场经济是竞争经济，在竞争中，优胜劣汰，不可避免会出现两极分化，导致社会矛盾。为了维护社会安定，政府必须采取措施，对那些在市场竞争中的失败者给予物质帮助，以满足他们的生存需要。

（三）市场经济的发展呈现周期性

在经济膨胀时期，生产规模扩大，吸纳大批劳动力；在经济收缩或停滞时期，则会出现工人失业。即使在经济平稳时期，由于市场调节带有自发性、滞后性，也会有企业破产和工人失业存在，工人失去收入，生活来源中断，必须给予其生活保障，以避免危及社会安定。

阅读材料

社会保险产生的国际背景

1871 年德国实现全国统一，建立了德意志帝国，并得到普法战争 50 亿法郎的战争赔款，于是德国政府决定加快经济发展，以谋求成为欧洲的霸主。

1873 年世界性经济危机爆发，德国社会矛盾和阶级矛盾更加错综复杂，并日趋尖锐。这次经济危机持续了大约 5 年之久，许多国家的工业生产曾经历了两次下降：一次是 1873—1874 年，另一次是 1876 年和 1878 年。危机期间，德国钢铁产量下降了

18%，机器制造业的开工率只有30%，股票价格猛跌了50%。这次经济危机表现出一个新的特点，即重工业取代轻工业成了经济周期运动的重心。

1873年还同时出现世界农业危机。美洲新开垦地区的农业大幅度增长，使世界农业生产长期相对过剩，农产品价格持续下跌。农业危机和工业危机相互交织，使资本主义国家在19世纪最后30年里的经济发展速度大大放慢了。

1875年，德国工人运动风起云涌，他们奋起争取自己的经济利益和劳工权益。

德国当时的宰相俾斯麦决定首先要稳定国内政局，缓和阶级冲突，实施了一系列的经济社会改革政策。

从1883年开始，俾斯麦在6年间通过了3个国家社会保险法案：《疾病保险法》《工伤事故保险法》《老年、残疾、遗属保险法》。

1911年又将这些法规统一为单一的德意志帝国法典，这是世界上第一套完整的社会保险体系，开创了资本主义国家社会保障体系的先例。它对改善劳资关系，促进经济发展，发挥了积极作用。但在保障女工、童工以及劳动时间和法定休息日方面依然如“故”。

在当时的背景下：

1. 组织会不会主动给予工人更多的风险保障？
2. 社会保险制度的设立是否并不必然对应着社会福利的提高？

社会风险需要由社会化手段来解决，由此产生了社会保险。所谓超组织的解决方案，就是社会保障。而社会保障和社会保险之间是什么关系呢？我们接下来进行讨论。

三、社会保障相关概念

（一）社会保险和社会保障的关系

社会保障是国家或社会依法建立的、具有经济福利性的、社会化的国民生活保障体系。我国社会保障体系主要包括：社会保险、社会救助、社会福利与社会优抚。其中，社会保险是社会保障的核心，在我国主要包括养老保险、医疗保险、生育保险（与医疗保险合并）、工伤保险和失业保险；社会救助是社会保障的最后一道防线，依据救助内容基本可以分为：扶贫开发、灾害救助、生活救助等；社会福利是社会保障中的最高层次，依据服务对象可以分为：老年人福利、妇女儿童福利、残疾人福利等；社会优抚是对那些为国家和社会作出特殊贡献者提供的优待赈恤，在我国主要指军人优抚（见图5-1）。

（二）社会保障相关概念

从广义上看，社会保障是社会对没有劳动能力和劳动机会的成员提供一定的物质或服务，以保障其生活需要的制度。

在现代社会，社会保障特指政府和其他正式组织所制定和执行的各种保障制度。

社会保障（social security）：是政府或其他社会组织对社会中没有劳动能力和劳动

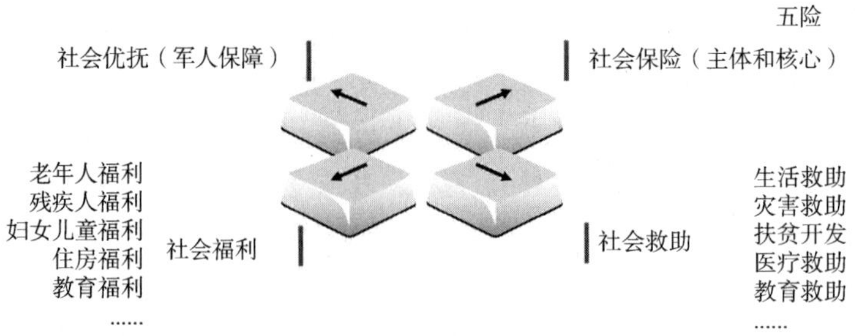

图5－1　我国社会保障体系

机会或者因意外事件而陷于困难的成员提供一定的物质或服务，以保障其生活需要的制度。

社会福利（social welfare）：广义上讲，社会福利是指政府或其他社会组织为提高社会成员的生活质量、创造良好的社会环境而向社会成员广泛提供的物质和服务的总和。从狭义上讲，社会福利是社会保障的一种类型，旨在保障人民的生活需要。

社会政策（social policy）：政府或其他社会组织在社会成员的教育、医疗保健、就业、社会保障、住房、社区发展及社区服务、环境保护、社会治安等公共事务方面，以及在对老年人、残疾人、妇女、儿童贫困者等特殊人群方面采取的各种福利性政策的总和。

四、社会保障能够解决的问题

（一）医疗保障

阅读材料

患病了，怎么办?①

小王到A公司工作将近2年了。小王的同事和领导都挺喜欢他，提起小王，大家都把大拇指一竖：这小伙子，踏实、肯干！

勤劳的小王一心扑在工作上，似乎忘了如何去照顾自己：不规律饮食、睡眠不足、不锻炼。他觉得年轻人都是这样，似乎没有什么不妥。直到这一年单位体检时，照B超的医生说小王腹部有阴影，建议他尽快去医院复查。当时小王也着实紧张了一下，但是工作忙起来他就把医生的叮嘱忘在了脑后，觉得自己年轻应该没有大问题。

不久后，渐渐地小王感觉到自己的身体似乎不如从前了，常常感到精力不济。不舒服的小王在同事和家人的催促下去了医院，没想到医生检查之后确诊小王得了胃癌。所幸的是，发现得早。

---

①　毛艾琳．企业社会保险管理实务［M］．北京：工人出版社，2015.

小王无奈向单位请了长假，住进了医院，手术加上术后康复是一笔不小的费用。这对于家庭经济情况本来就不好的小王，无疑是雪上加霜了。

那么小王该怎么办?

上面的情况正是我们之前所分析的员工的后顾之忧之一——疾病带来的风险。事实上，我国社会保障制度已经建立起覆盖城乡的多层次医疗保障体系：以基本医疗保险为核心，以补充医疗保险为补充，以医疗救助为托底。

对于小王这样的劳动者而言，一般参加的是我国职工基本医疗保险。职工基本医疗保险制度是社会保障体系的重要组成部分，是由用人单位和职工共同参加的一种社会保险，按照用人单位和职工的承受能力和经济社会的发展水平，来确定参保人员的基本医疗保障水平，具有广泛性、共济性、强制性的特点，并贯彻属地化管理的参保原则。职工基本医疗保险实行个人账户与统筹基金相结合，保障广大参保人员的基本医疗需求，主要用于支付一般的门诊、住院医疗费用。该制度建立的基础是1998年12月国务院发布的《关于建立城镇职工基本医疗保险制度的决定》（国发〔1998〕44号）。建立职工基本医疗保险制度的原则是：基本医疗保险的水平要与社会主义初级阶段生产力发展水平相适应；城镇所有用人单位及其职工都要参加基本医疗保险，实行属地管理；基本医疗保险费用由用人单位和职工双方共同负担；基本医疗保险基金实行社会统筹和个人账户相结合。

基本医疗保险制度，以及属于补充医疗保险制度中的大病保险、职工互助险、商业医疗保险等，在个体因患病就医而产生医疗费用时，可以给予一定比例费用报销，从而减轻患者及其家庭的经济负担，避免因病致贫，因病返贫。

（二）工伤保障

阅读材料

工作中摔伤被认定为工伤

王某是某通信公司的安装工，负责宽带安装工作。一日，王某与同事唐某在一居民家安装宽带，该居民家饲养的一条狗看到家中有陌生人进入，边大叫边朝二人扑过来。当时，王某正站在斜靠墙壁上的竹梯上调试设备，唐某为其扶梯。唐某见状迅速躲闪到一旁，王某则由于受到突然惊吓，在竹梯上站立不稳摔落到地上，并被随之歪倒的竹梯砸到右腿，造成右胫腓骨远端粉碎性骨折。之后，王某被人社部门认定为工伤。

现代化大生产下，劳动者面临的职业风险大大增加，工伤事故也难免发生。为此，很多国家都颁布了劳动保护相关法律，有些国家是《职业安全卫生法》，我国是《安全生产法》和《职业病防治法》。这是降低事故和职业病发生率，减少损失的重要保障。而一旦发生事故或职业病，工伤保险制度在医疗救治、康复，特别是对工伤者及其供养亲属的经济补偿方面，将是“最后一道安全网”。世界上大多数国家的工伤保险制度都比其他保险制度建立得更早，适用范围更广。工伤社会保险是社会保险的一个重要分支。工伤社会保险也可称为工业伤害保险、因工伤害保险、职业伤害赔偿保险，是指劳动者在生产经营活动中或在规定的某些特殊情况下所遭受的意外伤害、职业病，以及因这两种情况造成死亡、劳动者暂时或永久丧失劳动能力时，劳动者及其家属能够从国家、社会得到的必要的物质补偿。工伤保险所涉及的人群虽然不及养老保险和医疗保险广泛，仅针对遭受工伤或职业病风险的特殊工作人群，但这些人群所受到的伤害往往波及面比较大，而且会引发劳资争议和冲突，因此大多数国家都建立起了工伤保险制度。现代意义上的工伤保险不仅对因工伤/残/亡者进行经济补偿和物质帮助，而且着力促进企业安全生产、降低事故率及职业病发生率，并通过现代康复手段，使受伤害者尽快恢复劳动能力，促使其与社会整合，也就是工伤预防、工伤补偿、工伤康复三位一体。在生产中，劳动者创造社会财富的同时也承担了受伤乃至死亡的风险，所以理应由雇主（或用人单位）、社会保险机构负担补偿费用。工伤保险费由用人单位或雇主缴纳，劳动者个人不缴费，用人单位不能采取任何手段将工伤保险费分摊到职工个人。这是工伤保险与养老、医疗等其他社会保险项目的区别之处①。

（三）贫困保障

阅读材料

临时救助、低保扩面，黑龙江省出台新政扎牢民生兜底保障网②

近日，《黑龙江省临时救助工作规范（试行）》（以下简称《规范》）发布，这是该省首个以“规范”命名的社会救助政策文件，对现行临时救助政策进行了细化、拓展和完善，为基层实施临时救助工作提供了操作指引。其创新之处主要体现在以下四个方面：一是明确了支出型救助对象家庭财产状况的认定条件。规定支出型救助对象家庭人均货币财产为低保家庭人均货币财产的1.5倍以内，其他家庭财产符合当地低收入家庭财产状况，使救助对象的认定更加明确。二是完善了临时救助的困难类型。《规范》在原有支出型和急难型困难类型的基础上，增加了因灾型这一困难类型，是政策互补、制度衔接的具体体现。三是确定了临时救助的省级指导标准。文件规定，对急难型救助对象，每人每次救助金额参照当地1～3个月的低保标准确定；对支出型救助对象，每人每次救助金额参照当地1～6个月的低保标准确定；对因灾型救助对象，经

---

① 毛艾琳．企业社会保险管理实务［M］．北京：工人出版社，2015.

② 人民网．临时救助、低保扩面，黑龙江省出台新政扎牢民生兜底保障网［EB/OL］．［2020-09-28］．http：//www.hlj.gov.cn/n200/2020/0927/c35-11008327.html.

有关部门救助后，基本生活仍有困难的，按照政策规定落实救助。四是规范了临时救助的申请条件、申请材料及办理时限。《规范》首次提出临时救助可以在户籍所在地、经常居住地、急难发生地申请，明确了申请人在申请救助时需提供的相关材料。

此外，该省还从四个方面为低保“扩面”提供了政策支撑。一是扩大低收入困难家庭救助范围。文件规定，低收入家庭中的重残、重病人员可参照“单人户”纳入低保，保障标准按照当地“平均补助水平＋低保金加发”来进行计算；将重残人员的救助范围由一级、二级重度残疾人扩大到三级智力、精神残疾人。二是扩大临时救助范围。对受疫情影响无法返岗复工、连续三个月无收入来源，生活困难且失业保险政策无法覆盖的农民工等未参保失业人员，未纳入低保范围的，由务工地或经常居住地发放一次性临时救助金，帮助其渡过生活难关；对其他基本生活受疫情影响陷入困境，相关社会救助和保障制度暂时无法覆盖的困难群众，纳入临时救助范围。三是扩大支出型贫困救助范围。一方面，对家庭人均收入超出低保标准的困难家庭，因刚性支出较大、实际生活确实困难的，按照支出型贫困纳入救助范围。另一方面，对经过家庭经济状况核算，确实超出财产认定条件的申请人，在遭遇重大生活困难时，各地可根据调查结果“一事一议”实事求是地予以处理，符合条件的纳入救助范围，确保不“漏保”。四是扩大特困人员供养服务范围。将特困供养覆盖的未成年人年龄由16周岁延长到18周岁；分散供养特困人员要全部签订委托照料服务协议。

“低保”制度，即“最低生活保障”制度，属于我国社会保障体系中社会救助范畴。社会救助是指国家通过国民收入再分配，对因自然灾害或其他经济、社会原因而无法维持最低生活水平的社会成员给予救助。社会救助虽然不像社会保险那样是社会保障体系的核心，但也是非常重要的，它是保障社会安全的“最后一道防线”。

社会救助的对象是社会保险这道安全网保护不了的人群。社会保险是需要缴费的，而无收入和低收入的人是没有能力缴费的，所以，社会救助是社会保障体系的必要组成部分。在贫困现象比较普遍的社会中，发挥其扶贫济困的功能尤为必要①。

（四）生育保障

阅读材料

女经理怀孕后工资三连降②

2010年12月底，小王跳槽到一家新公司，岗位为营销服务部经理。小王和新公司签订了三年期的劳动合同，约定月薪为7 000元。

---

① 张琪．社会保障学［M］．北京：高等教育出版社，2016：213.

② 毛艾琳．企业社会保险管理实务［M］．北京：工人出版社，2015.

在新公司工作差不多一年的时候，小王怀孕。因为要做孕检、产检，小王时不时要向公司请假；而且考虑到休产假期间她负责的工作能顺利进行，小王提前跟领导说明了怀孕的情况，以及大致的预产期，方便工作进行。

让小王没想到的是，她的岗位很快就发生了变动，工资连续三次缩水。2011 年 12 月中旬，工作岗位由原来的营销服务部经理调整为讲师岗，2012 年 1 月工资调整为 2 800 元，2012 年 3 月工资调整为 2 520 元，2013 年 4 月调整为 2 300 元。而这一数次降薪的过程，公司都没有与小王进行协商。

2013 年 7 月 31 日，公司以口头告知的方式将小王辞退。

之后，小王向当地劳动人事争议仲裁委员会申请劳动仲裁。仲裁委审理后裁决，公司应向小王补齐工资差额，并支付违法解除劳动合同赔偿金。

为保护妇女的生育权利，政府各有关部门需要做好女性生育保障工作。生育保障主要包括生育健康保障、生育经济保障和生育就业保障。其中生育就业保障在我国通过包括《劳动法》《劳动合同法》在内的多项法律予以保障。生育健康保障工作主要体现在国家为孕期妇女提供的各项产前检查，通过进行遗传病筛查等工作确保优生优育目标的实现；此外，各地建立的妇女儿童医院通过提供生育医疗服务，确保妇女在分娩过程中及产后不会因感染致病。生育的经济保障主要通过生育保险报销各项医疗费用，并且规定以生育津贴的方式实现。生育保险（maternity insurance）是国家通过立法，在怀孕和分娩的妇女劳动者暂时中断劳动时，由国家和社会提供医疗服务、生育津贴和产假，对生育的职工给予必要的经济补偿和医疗保健的社会保险制度。我国生育保险待遇主要包括两项：一是生育医疗费用，二是生育津贴。

我国现行生育保险制度的法律依据主要有三项：《女职工劳动保护特别规定》（国务院颁布，2012 年 4 月 28 日施行，1988 年 9 月 1 日施行的原《女职工劳动保护规定》同时废止），《企业职工生育保险试行办法》（劳动部 1995 年 1 月 1 日起施行，2012 年 11 月 21 日人力资源和社会保障部关于《生育保险办法（征求意见稿）》公开征求意见）和《中华人民共和国社会保险法》（2011 年 7 月 1 日施行）。

对于本案例中的情况，适用我国 2012 年 4 月颁布实施的《女职工劳动保护特别规定》中第五条规定，用人单位不得因女职工怀孕、生育、哺乳而降低其工资、予以辞退、与其解除劳动或者聘用合同。此外，本案还运用其第六条规定，女职工在孕期不能适应原劳动的，用人单位应根据医疗机构的证明，予以减轻劳动量或者安排其他能够适应的劳动。对怀孕 7 个月以上的女职工，用人单位不得延长劳动时间或者安排夜班劳动，并应当在劳动时间内安排一定的休息时间。怀孕女职工在劳动时间内进行产前检查，所需时间计入劳动时间。

（五）养老保障

阅读材料

中国养老压力大难题多：夫妻需赡养4位老人①

我国自1999年步入人口年龄结构老龄化阶段以来，养老问题越来越凸显。第七次人口普查显示，我国大陆总人口数已达14.11亿，60岁及以上人口占全国总人口的18.70%，是世界上人口老龄化规模最大、发展速度最快的国家之一。随着计划生育一代独生子女的双亲衰老，越来越多的“4+2+1”模式家庭将面临经济上、时间上等诸多方面的养老问题。

“我们将来的养老要比现在的老人难得多，因为现在老年人差不多要有两个以上的子女。但是像我们，只有一个儿子，我的儿子和儿媳妇将来要赡养4个老人——我们夫妇俩还有儿子的岳父岳母。”张慧芳女士忧虑重重：“将来该怎么办？”

“不管是跟我们住、他们自己住，还是送到养老院，现在经济上都有压力。”40多岁的张先生现在“上有老，下有小”，又没有兄弟姐妹，经济上显得捉襟见肘。

“未富先老”、计划生育导致的“少养多”造成子女经济压力大，但这种情况还只是当前各种养老难题中的一个。如今社会节奏加快，年轻人工作繁忙，养老不仅经济上有压力，时间上也忙不过来。“住在家里比送去养老院花费少一些，但我们白天要上班，让他自个待在家里，万一出个什么事儿，可怎么办？”张先生提出的这个问题，可能比经济困难更严重。

在我国，“养儿防老”的观念一直以来根深蒂固，养老问题也一直被内化在家庭范围内。伴随着计划生育制度的实施，家庭规模缩小，形成了独生子女父母群体。当“只有一个孩子”成为现实之后，“养儿防老”能否持续下去？当独生子女一代逐渐老去，他们的养老问题如何解决？

如果养老问题解决不好，那么，目前30~40岁年龄段的人，在承受“生命中不可承受之重”经济负担的同时，当他们渐渐老去面临的养老问题异常严峻，是否将成为他们的生命中不可承受之重呢？因此，人人享有养老保险将成为我国社会保障事业发展的重要一环。

除特殊情况外，职工达到国家法定退休年龄，且按规定缴纳基本养老保险费累计缴费年限满15年的都可以在退休后按月领取退休养老金。我国现行的职工基本养老金主要由基础养老费+基本养老保险个人账户组成。

此外，我国的养老保险实际上实行的是“多支柱”，即：基本养老金、职业年金、

① 搜狐网. 中国养老压力大难题多：夫妻需赡养4位老人［EB/OL］.［2020-09-28］. http://news.sohu.com/20111013/n322019444.shtml.

私人储蓄养老金、商业保险和家庭养老并行。人们常说“靠国家的基本社保养老，只能解决温饱”，要想老了过得更舒适些，还应参加职业年金（企业年金），自己需要有些储蓄，与此同时采取家庭养老的方式。

五、社会保障与人力资源管理的关系

社会保障实际就是解决员工后顾之忧的超组织解决方案。此外，社会保障的一部分内容与人力资源管理是密切相关的。人力资源管理中，薪酬部分包括直接薪酬和间接薪酬，其中间接薪酬又可再分为法定和非法定部分。社会保险即属于其中的法定部分。根据我国《社会保险法》，所有用人单位均需为其职工缴纳社会保险，这是每个组织必须履行的义务。因此，人力资源管理者需要了解基本的社会保险知识。

第六章　员工关系管理的法律风险

学习目标

√ 掌握员工关系管理相关的法律规范
√ 掌握员工关系管理合规的必要性
√ 熟练掌握人力资源管理者所应具备的法律风险防范思维
√ 熟练掌握员工关系管理中的法律风险点

人力资源管理是以人为中心，涉及对雇主（包括管理者）与雇员的权利义务关系的调整。然而，传统观念中，雇员多为被管理者，被动遵守、服从雇主的管理，若欠缺适当的约束，就容易发生雇主（管理者）滥用管理权，侵害劳动者权益的案件。近年劳动争议案件的数量居高不下，既影响用人单位的生产经营秩序，又破坏社会和谐、稳定。因此，强化管理者的法治意识，提升管理工作的规范化水平，有助于实现用人单位、员工和社会之间的和谐。

员工关系管理是人力资源管理的重要组成部分，也是人力资源管理的基础，招聘与培训、薪酬与绩效等工作都围绕员工关系展开，人力资源管理的法律风险防范与处置是当今组织不可或缺的系统性职责。

第一节　员工关系管理

一、员工关系管理的基本理念

在员工关系中，由于劳动的人身性，形式上员工出卖自己的劳动力，而实际上是将自己置于单位管理者的控制之下，需要服从单位管理者的指示、命令，因此，员工与单位之间并非简单的劳动力商品交换关系。国际劳工组织在 1944 年的费城宣言（Philadelphia Declaration）中强调，“劳动力不是商品”。基于劳动人身性的特点，员工关系管理合规的基本理念应该体现以下四个方面：

（一）劳动的人身性相对于单位的财产权具有优先性

在权利位阶体系下，人身权优先于财产权。员工关系管理中，在维持生产经营的基础上，需要注重劳动者的人身权保护，单位及其管理者对劳动者负有社会保护的义务，而这种社会保护的实现有赖于管理的合规：

一是管理者的管理行为必须尊重员工的人格尊严，不得采取侮辱、歧视性的管理措施，并且单位内部应该构建规范、公平的管理秩序。

二是劳动的人身性意味劳动者保护的必要性。劳动权是生存权的重要组成部分，而生存权则是最为基本的人权。劳动者保护是维护其身体健康和生存保障的必要手段，因此，对劳动者的保护不仅是管理学和经济学的问题，也涉及人权保障。

（二）劳动的人身性使得员工关系管理合规具有多维性

由于劳动的人身性是综合的、动态的，因此员工关系管理合规存在多个维度。

一是从合规的内容来看，涉及就业平等（反就业歧视）、员工隐私和个人信息保护、劳动关系的解雇限制、工作时间和休息休假的保护以及社会保险等福利待遇等方面。

二是从合规的边界来看，管理行为的合规性以劳动者人身保护的必要作为边界，因此，除了完全符合法律规定之外，仍需考虑劳动者人身保护目的的实质需要。除了管理行为形式上合规之外，还需确保管理行为实质上具有合理性——“不得以合法方式实质损害劳动者权益”。例如，公司为避免员工在工作时间从事非工作相关事务，通过民主程序制定规章制度限制员工上洗手间的时间、频次等。即使该规章制度在形式上符合法律规定，但是因实质上侵害劳动者权益，基于该规章制度对员工进行的“违纪”处罚无效。

（三）劳动的人身性使得管理者不应仅将员工视作被管理者，而应视为合作者

随着劳动分工越来越复杂和精细，传统简单劳动之下雇主通过严格管控使劳动者被动劳动的管理方式越来越不适应现代化生产的需要。管理者应该在确立基本管理规则的基础上，尊重并激励员工发挥其主动性和创造性，从而实现“一起把蛋糕做大”的正和博弈，而非将劳动者完全视为管理行为被动的服从者，将彼此之间限定为此消彼长的零和博弈关系。

二、员工关系管理合规的必要性

党的二十大报告提出，“健全劳动法律法规，完善劳动关系协商协调机制，完善劳动者权益保障制度”。员工关系管理合规不仅对劳动者保护具有重要意义，而且对员工关系管理所涉及的多方主体都具有重要意义。

第一，员工关系管理合规是管理者职业能力和素质的体现，也是避免因为不合规管理引发极端事件的前提条件之一。员工关系管理法律法规知识和能力是用人单位管理者所必须具备的，用人单位员工管理的合规程度是管理者合规意识高低和能力强弱的具体表现。此外，从目前员工关系管理实践来看，由于管理者的行为违法，侵害员工权益在先，导致了极端案件时有发生。

第二，员工关系管理合规是用人单位减少争议处理成本、维持良好社会声誉的需要。员工关系管理不规范将增加劳动争议的发生率，将增加企业处理劳动争议的成本，不仅需要承担争议处理相关的律师费等成本，还须承担员工离职导致培训损失和招聘成本增加。此外，随着企业社会责任以及消费者运动的兴起，用人单位劳动者保护状况将会影响单位的社会声誉，进而影响其社会认知和市场销售情况。例如，目前部分招标单位会审查投标单位的社会信用以及履行社会责任的情况，将投标单位涉及争议

的情况纳入评标范围。

第三，员工关系管理合规是构建和谐劳动关系、促进社会稳定的需要。员工关系管理合规是用人单位内部构建和谐劳动关系的必要条件，稳定、和谐的劳动关系有助于减少员工的流失、提高劳动生产效率。此外，员工关系管理不合规易引发劳动争议案件，甚至因劳动争议引发群体性事件，影响社会稳定，因此劳动关系是社会关系的重要组成部分，和谐的劳动关系有利于促进社会稳定。

第二节　人力资源管理者的法律风险防范思维

“思想是行动的先导”，思想麻痹大意，意识不到问题的存在是员工关系管理中最大的风险。人力资源管理者应该强化法律风险防范的思维，培养管理者的职业素养。结合法治理念和管理实践，在日常的员工关系管理中，人力资源管理者应该具备四个方面的法律风险防范思维。

一、管理行为的内部性和法律风险的外部性

阅读材料

如果你是某高档酒店的人力资源部门主管，酒店内部规定（未经过民主程序），酒店摆放在客房的赠送水果，如有剩余要求统一回收，不得私自留用。然而，张某等部分客房服务员经常将剩余水果拿到集体休息室给大家分食，并且客房服务部的相关主管对此知情，但从未对这些客房服务员提出过任何批评或惩处。后来，由于酒店存在经营压力，准备压缩客房服务人员规模，计划裁减人员。如果你准备裁减掉张某等人，当准备材料、拟订方案时，发现以上信息，请问这些材料对裁减人员会产生哪些影响？如何发挥其影响？

由于评价的主体及条件的不同，管理行为的有效性和合法性的判断标准并不完全一致。在特定情形下，即使用人单位的管理行为并不符合法律规定，但是由于员工的同意（用人单位与劳动者意思表示达成一致），使得用人单位能够实现其目标。例如，解除劳动合同时，用人单位并无合法事由，但是劳动者明确表示接受，或者虽未明确表示接受、甚至对单位解除行为的合法性表示质疑，但是并未对用人单位的违法解除行为通过法律途径（劳动争议仲裁或诉讼）进行救济，则单位解除劳动合同、调整员工的管理目标达成。

图 6－1 为管理行为的内外部评价维度。

调整雇主与员工之间关系，影响管理行为的因素包括：①法律规范因素，如劳动合同、集体合同、规章制度；②管理因素，如日常管理的制度化、员工违规行为的证据等；③非正式因素，如员工与员工、员工与管理者之间的私人关系等。因此，从管

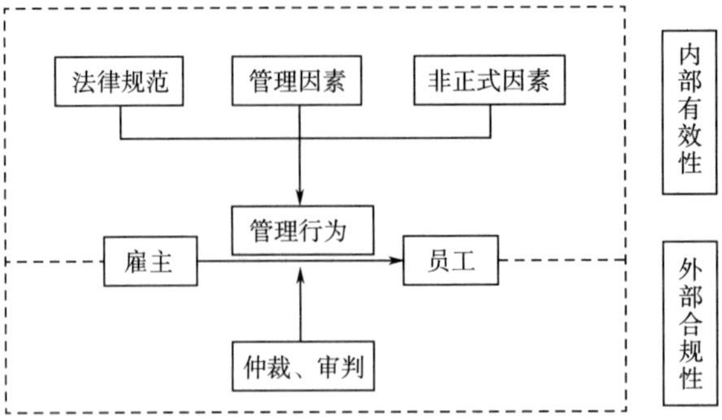

图 6－1 管理行为的内外部评价维度

理行为的评价来看，其内部的有效性评价和外部的合规性评价存在以下差别：

（一）内部管理行为的有效性评价是多维度的

对此，管理者需综合多重因素分析。各种因素作用的发挥并不存在必然性或固定的比例，关键在于方案设计及执行过程中如何充分发挥其有利之处，避免不利之处。根据上面的阅读材料，我们发现该酒店在解雇张某等的影响因素之中的不利因素包括：法律规范依据欠缺，如酒店内部规定欠缺民主程序；管理因素也存在瑕疵，如张某等客房服务员的违规行为虽持续发生，但部门主管明知而未及时采取措施，因此，我们应该从非正式因素中充分发掘可能的有利因素，如张某等员工与其他员工或者管理者的个人关系（张某等人与酒店某管理者是同乡，并且当初经该管理者介绍入职等）。

外部的合规评价是单维度的，通常只会考虑法律规范的因素，而不会考虑其他的因素，包括：①规范依据的合法性，如劳动合同的约定、规章制度的合法性；②证据的合法性、充分性，即用人单位能否充分举证证明员工的违纪行为等；③惩戒程序的合法性。

（二）管理行为合规性的内部评价和外部评价存在差异

一方面，评价主体存在差异，其中内部评价是由作为管理相对方的员工做出，其是否认可单位的管理行为，如上述阅读材料中，当你代表酒店向张某等送达解除通知之后，张某是否认可和接受酒店提出的解除理由。外部评价的主体则是裁判者——仲裁员或者法官，并且内、外部评价主体的评价意见未必一致，即张某的不认可并不一定影响裁判结论。另一方面，评价的依据及标准也存在差异。内部评价时，取决于员工的法律和内心的认知，并不会完全遵照法定的程序和标准。外部评价则须严格遵守法律程序和审查标准。尽管私自留用剩余水果的违纪行为及其惩戒的规定及其处理程序并不符合严格法定审查标准，但是张某等可能内心认可自己的违规行为，从而接受违规事实——惩戒（解雇）管理决定。

管理者在员工管理管理过程中，应该确立合规的理念，并且将其贯穿管理全过程：①在制定和执行管理制度时，应该“由外而内”，即以外部的合规性评价作为基础，梳理、检讨内部管理制度及其执行存在的问题，以预防风险、弥补漏洞；②在处理员工关系的过程中，则应“由内而外”，即不拘泥于法律法规的条文，综合运用各种因素，趋利避害，避免争议被提交外部评价。

二、员工关系管理的合法性和合理性

管理行为的评价涉及法律和管理的结合，由于法律文本容量的有限性和内容的抽象性以及管理实践的丰富性，使得大量的管理实践并无与之对应的法律规定，导致管理者可能陷入以下误区：一是僵化地照搬、理解法律条文，以为“法无规定不可为”，限制管理决策；二是泛化法律的授权，以为“法无规定即可为”，滥用单方管理权，通过形式上符合法律规定的管理决策、规章制度等侵害劳动者权益。因此，在员工关系管理中，除了合法性的要求之外，还需评估管理行为的合理性，这不仅是法律的要求，也是管理规范、有效的基础。

阅读材料

某驾校为了防止教练向学员索要财物，影响驾校的社会声誉和市场竞争力，通过严格的法定程序制定了规章制度，规定教练收受学员任何财物，均属于严重违反规章制度的行为，驾校可予以解除合同。某日，教练张某带学员在场地内练习，学员停车时下车吸烟，张某也从副驾驶位置下车活动身体。学员掏出一根香烟递给张某，张某顺手接下了这支香烟。恰巧，驾校风纪巡查人员目睹了这一幕，当场指出并填写了违纪事实确认单，张某也签字确认了相关事实。练车结束后，驾校向张某送达了书面的违纪解除劳动合同通知书。

用人单位享有对员工的惩戒权，包括当员工违纪时予以惩戒解雇的权利，《劳动合同法》第三十九条规定：“劳动者有下列情形之一的，用人单位可以解除劳动合同：……（二）严重违反用人单位的规章制度的；（三）严重失职，营私舞弊，给用人单位造成重大损害的；……”但是法律并未具体列举哪些行为属于违反规章制度的行为，并且达到严重程度，而是由用人单位通过规章制度规定。上述案例中，驾校按照法定程序制定规章制度，并规定“收受学员财物的行为属于严重违反规章制度的行为”，然而该规章虽然在形式上符合法律规定，但是由于其惩戒后果与违纪行为不成比例，欠缺合理性。在员工关系管理中，除了考虑形式上的合法性之外，还需考虑实质上的合理性：①单位对员工的管理具有目的的正当性；②员工行为与工作的相关性；③单位惩戒的严厉程度应该与员工违纪行为的严重程度成比例。

三、劳动争议预防的优先性和处理的补救性

劳动关系是当事人按照时间逐渐发展形成的权利义务关系，因此，劳动争议的处理实际是对用人单位已经完成的管理行为的评价。如果管理行为存在瑕疵、不符合法律规定是已经发生的既定事实，劳动争议的处理难以改变该管理行为违法的性质，只

能发挥补救作用。实务上，劳动争议案件中用人单位全部或部分败诉的比例超过 70%，因此，员工关系管理中应该确立劳动争议预防优先的基本原则，且该原则在劳动关系运行的不同环节存在差异。

（一）员工关系建立初期

此时，员工与单位处于磨合期，整体上员工尚处于对单位以及相应工作的熟悉阶段，并且从心理上希望能够好好表现、得到单位的认可。在此阶段，劳动争议的预防应该注重规章制度的完善以及管理的规范化，尽量减少或避免由于管理不合规可能引发的争议。

（二）员工关系运行中期

此时，随着员工与单位相互了解的增加，因单位管理不合规以及员工自身从初来乍到的新人转变为知根知底的老人儿的心理转变，双方会处于劳动争议的隐性期，即员工已经明知单位存在管理违规之处，但因尚未决定离职等，并未就此跟单位提出明确的诉求，使得单位并不清楚自己的管理违规行为，或者虽然明知自己管理违规但以为员工并不在意。在此阶段，单位应该建立日常的管理检讨和完善机制，对于自己存在的违规行为应该及时纠正、完善，对该违规行为对员工权益的侵害，应该及时予以弥补，避免争议升级。

（三）员工关系运行后期

此时，劳动争议由隐性期发展升级到显性期，即对于单位管理的违法性双方心知肚明，并且单位也知道员工对此心存不满。在此阶段，单位应该在及时纠正违法管理行为的同时，与员工进行沟通、协商，对员工遭受的权益损失予以弥补，消弭员工内心的对抗情绪，避免出现劳动争议，导致争议外部化。

四、组织运行的系统性和风险的个体性

单位作为一个组织体，涉及内部多个部门以及众多员工之间的配合、协调，各方需共同构建单位运行体系，因此，员工关系管理并非仅为员工关系管理部门或者岗位的事，而是涉及多个部门的配合协调等。实践中，大量劳动争议案件的产生，就是由于相关部门或者管理者没有按照规定配合员工关系管理部门等做好配合。

阅读材料

某软件公司设有人力资源管理部、软件开发部等多个部门。根据公司的员工关系管理流程，对于新入职处于试用期的员工，在试用期届满前，由业务部门主管作出考核意见和建议后报人力资源管理部门，人力资源管理部门根据业务部门的考核意见和建议给出试用期的最终考核意见，并做出是否留用的决定。张某应聘进入软件开发部门担任软件开发工程师。该部门主管尽管对张某的态度和能力不太满意，但由于业务太繁忙，人手也不足，因此，试用期届满前，软件开发部门的主管并未要求作出考核

决定。试用期过后，业务部门工作压力稍微缓解后，部门主管才向人力资源管理部门提出张某的个人能力不能完全满足业务需要，希望另行招聘他人替代。

由此可见，员工关系管理涉及整个组织体系，不仅仅是员工关系管理者的事情。如果相关部门及其管理者欠缺合规和配合意识，很容易导致劳动争议。

第三节　员工关系管理中的法律风险点

员工关系管理是从开始建立关系到结束关系的全过程管理（见图6－2)。劳动合同为确立劳动关系、明确双方权利义务的主要法律依据，因此，以劳动合同的订立为中心，法律风险可分为先劳动合同阶段、劳动合同阶段以及后劳动合同阶段，与人力资源管理的相关流程分别对应。

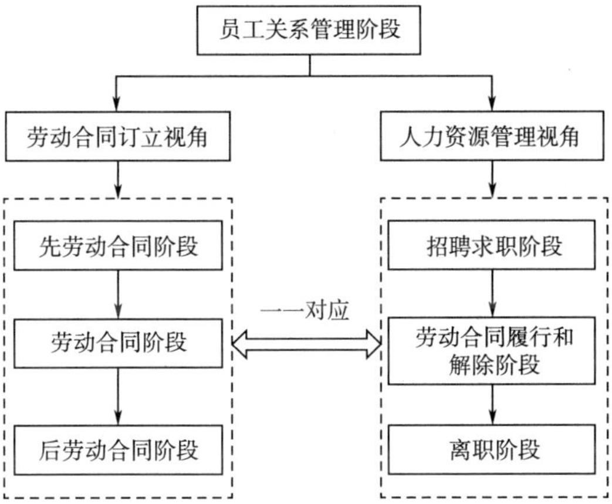

图6－2　员工关系管理阶段

一、招聘求职阶段的法律风险点

招聘求职阶段涉及用人单位与劳动者的信息交换。通过信息交换，双方进行筛选和匹配，以确认该求职者是否符合单位的岗位要求，而求职者也会评估该单位是否符合自己的就业意愿。该阶段主要涉及以下法律风险：

（一）侵犯员工个人信息或隐私的风险

用人单位发布招聘广告后，会收集员工的简历，简历上载明了员工的个人信息，并且在面试、体检等环节，单位也会询问员工的个人信息，甚至相关隐私问题。用人单位享有相关的知情权，但是该知情权受到诸多限制。

一是用人单位处理求职者的个人信息或隐私需要征求其同意。《民法典》第一千零三十五条规定："处理个人信息的，应当遵循合法、正当、必要原则，不得过度处理，并符合下列条件：（一）征得该自然人或者其监护人同意，但是法律、行政法规另有规定的除外；（二）公开处理信息的规则；（三）明示处理信息的目的、方式和范围；（四）不违反法律、行政法规的规定和双方的约定。个人信息的处理包括个人信息的收集、存储、使用、加工、传输、提供、公开等。”根据上述规定，用人单位在招聘阶段搜集、了解求职者的个人信息或隐私的应该以其同意为前提，并且应该明确信息处理的目的、方式和范围等。

二是用人单位处理求职者个人信息或隐私的范围应该坚持工作相关性原则。《劳动合同法》第八条规定：“……用人单位有权了解劳动者与劳动合同直接相关的基本情况，劳动者应当如实说明。”因此，用人单位处理求职者个人信息或隐私应限于劳动合同直接相关的情况，与劳动合同不相关的，用人单位则无权处理，求职者可以拒绝。

三是用人单位处理求职者的个人信息应该遵循合理原则，不得滥用权力。《民法典》第一千零三十六条规定：“处理个人信息，有下列情形之一的，行为人不承担民事责任：（一）在该自然人或者其监护人同意的范围内合理实施的行为；”因此，在招聘求职阶段，用人单位搜集的求职者个人信息和隐私应该具有目的的正当性——以招聘筛选为目的；手段的正当性——征求求职者同意，获取相关的信息和隐私；使用方式的正当性——应该建立严格的保管制度，对于员工信息披露、销毁等都应该予以严格限制。

可见，在求职招聘过程中，如果用人单位对于求职者个人信息和隐私的处理违反上述规则，则可能引发两个问题：一是涉嫌就业歧视，二是侵害求职者人格权，应承担侵权损害赔偿责任。

（二）就业歧视的风险

就业歧视是指没有法律上的合法目的和原因，而基于种族、肤色、宗教、政治见解、民族、社会出身、学习方式、性别、户籍、残障或身体健康状况、年龄、身高、语言等原因，采取区别对待、排斥或者给予优惠等任何违反平等权的措施侵害劳动者劳动权利的行为。就业歧视是对劳动者就业平等权的侵害。《宪法》第三十三条规定：“……中华人民共和国公民在法律面前一律平等。”第四十二条规定：“中华人民共和国公民有劳动的权利和义务。”因此，《劳动法》《就业促进法》明确规定了劳动者的平等就业权。《就业促进法》第三条规定：“劳动者依法享有平等就业和自主择业的权利。劳动者就业，不因民族、种族、性别、宗教信仰等不同而受歧视。”党的二十大报告提出，“统筹城乡就业政策体系，破除妨碍劳动力、人才流动的体制和政策弊端，消除影响平等就业的不合理限制和就业歧视，使人人都有通过勤奋劳动实现自身发展的机会。”

在招聘阶段，如果用人单位设定的招聘条件侵犯劳动者的平等就业权，则可能构成就业歧视，如实践中较为普遍地将性别、年龄、婚育状况等设定为招聘条件。对于用人单位的行为构成就业歧视的，《就业促进法》第六十二条规定：“违反本法规定，实施就业歧视的，劳动者可以向人民法院提起诉讼。”劳动者可以主张用人单位侵害就业平等权，要求用人单位承担损害赔偿的责任。

阅读材料

2014 年 9 月，东北某大学应届毕业生邓某通过某劳务派遣公司在北京邮政应聘快递员，试用两天并得到了口头签约承诺后，被该岗位只招男性为由拒之门外。2015 年 1 月，在公益律师的协助下，马某以“侵害一般人格权”为由，将北京邮政和该劳务派遣公司告上法庭。2015 年 10 月，北京市顺义区人民法院作出一审判决。法院确认北京市邮政速递物流有限公司对邓某实施了就业歧视，给其造成了一定的精神损害，判决赔偿精神损害抚慰金 2 000 元，入职体检费用 120 元、鉴定费 6 450 元。①

可见，为避免招聘求职阶段构成就业歧视，用人单位应该根据工作岗位的职责需要确定招聘条件，除法律、法规有特别规定外，不应将性别、健康状况等作为招聘条件。

（三）欺诈的风险

《劳动合同法》规定，劳动合同订立应该遵守诚实信用原则，诚实守信也是社会主义核心价值观的重要内容。目前，在招聘求职的实践中，有部分用人单位和求职者并未遵守诚实信用原则，存在虚构和隐瞒工作相关事实的情形，构成欺诈。

一是用人单位或中介机构虚构相关的招聘信息，骗取求职者的财物。实施欺诈的用人单位或中介机构可能需要承担以下三种责任：①行政责任，求职者可以向劳动行政部门投诉、举报单位和中介机构的违法行为；②劳动法律责任，如果劳动者因为用人单位欺诈入职的，劳动者可以单方解除劳动合同，并且要求用人单位支付经济补偿金；③刑事责任，如果涉及的数额较大，符合《刑法》规定的诈骗罪的构成要件，需要承担刑事责任。因此，用人单位以及中介机构应该诚信守法，向求职者依法披露真实的信息；求职者在求职过程中也应提高警惕，仔细甄别、审查招聘信息的真实性。

二是求职者也应该诚实守信，依法披露自己的相关信息，不得隐瞒或者虚构相关信息以获得用人单位的录用。因为即使获得录用，用人单位事后发现的，也可以单方解除劳动合同。用人单位在招聘阶段应该完善背景调查，对求职者的关键信息，如身份信息、学历、工作经历信息等依法进行审核。

二、员工入职后的法律风险点

（一）不签订书面劳动合同的风险

《劳动法》《劳动合同法》规定，建立劳动关系，应当签订书面劳动合同，然而，实践中诸多用人单位因为种种原因并未与劳动者签订书面劳动合同。根据《劳动合同法》的规定，应当自用工之日起一个月内订立书面劳动合同，未订立书面劳动合同的，用人单位需承担以下后果：①向劳动者支付二倍工资；②视为无固定期限劳动合同，

① 何欣．女大学生应聘快递员遭拒，打赢歧视官司获赔 2000［EB/OL］．［2021－03－30］. http：//news. sohu. com/20151103/n425024397. shtml.

即自用工之日起满一年不与劳动者订立书面劳动合同的，视为用人单位与劳动者已订立无固定期限劳动合同。劳动合同是确立劳动关系，明确双方权利义务的协议，因此，用人单位应该依法与劳动者订立书面劳动合同。

（二）不按照约定履行劳动合同的风险

用人单位与劳动者应当按照劳动合同的约定，全面履行各自的义务。用人单位主要义务是及时足额支付劳动报酬，而劳动者则应该按照要求提供相应的劳动给付。在劳动合同履行方面主要的法律风险点就是用人单位和劳动者的违约行为。对于用人单位而言，如果存在违约行为，如拖欠劳动者的劳动报酬，则将面临行政处罚以及劳动者可单方解除劳动合同并要求支付经济补偿金的法律后果；对劳动者而言，如果存在违约行为，如未按照规定出勤等，则可能面临用人单位的惩戒处分，甚至被解除劳动合同。

（三）随意单方变更劳动合同的风险

劳动合同是用人单位与劳动者双方协商一致的结果，其订立应该遵循平等自愿、协商一致的原则，因此，劳动合同的变更应以协商一致变更为主、单方变更为辅。《劳动合同法》第三十五条规定："用人单位与劳动者协商一致，可以变更劳动合同约定的内容。变更劳动合同，应当采用书面形式。变更后的劳动合同文本由用人单位和劳动者各执一份。"2020 年，最高人民法院《关于审理劳动争议案件适用法律问题的解释（一）》第四十三条规定："用人单位与劳动者协商一致变更劳动合同，虽未采用书面形式，但已经实际履行了口头变更的劳动合同超过一个月，变更后的劳动合同内容不违反法律、行政法规且不违背公序良俗，当事人以未采用书面形式为由主张劳动合同变更无效的，人民法院不予支持。"根据该司法解释的规定，劳动合同变更形式存在瑕疵，即未采取书面形式，可通过实际履行行为来弥补，但协商一致仍是劳动合同变更必须遵循的基本原则。

实践中，部分用人单位不遵循协商一致原则，单方变更劳动合同，如单方降薪、调岗等，侵害劳动者权益。这将引发劳动争议案件，在管理上不利于和谐劳动关系的构建，在法律上也将承担相应的法律责任。

（四）违法解除、终止劳动合同的风险

《劳动合同法》规定用人单位解除劳动合同的方式有两种：一是协商解除，即用人单位与劳动者协商一致解除劳动合同；二是单方解除，包括劳动者过错解除、用人单位法定解除以及经济性裁员解除。劳动法建立了严格的解雇保护制度，对于用人单位单方解除劳动合同作出了严格的限制：一是解除劳动合同时需遵循有因解除，即用人单位单方解除劳动合同都需举证证明符合法定的事由，如《劳动合同法》第三十九条规定的劳动者过错解除，用人单位需举证劳动者存在严重违反规章制度等过错行为，且该过错已达到严重程度；二是解除劳动合同需遵守法定的程序限制，如《劳动合同法》第四十条规定的情形下，用人单位需提前 30 日书面通知劳动者；第四十三条规定："用人单位单方解除劳动合同，应当事先将理由通知工会。用人单位违反法律、行政法规规定或者劳动合同约定的，工会有权要求用人单位纠正。用人单位应当研究工会的意见，并将处理结果书面通知工会。"三是在法定的情形下，用人单位单方解除劳动合同的，需向劳动者支付经济补偿金。因此，用人单位单方解除劳动合同应该慎重，违反上述规定单方解除劳动合同的，可能引发劳动争议案件。

《劳动合同法》第四十四条规定了劳动合同终止的法定情形，且《劳动合同法实施条例》第十三条规定："用人单位与劳动者不得在劳动合同法第四十四条规定的劳动合同终止情形之外约定其他的劳动合同终止条件。"因此，劳动合同终止的事由也已法定化，当事人不得通过劳动合同约定在上述法定事由之外增加劳动合同终止事由。

三、员工离职阶段的法律风险点

劳动合同解除、终止之后，用人单位与劳动者需相互配合办理离职手续。《劳动合同法》第五十条规定："用人单位应当在解除或者终止劳动合同时出具解除或者终止劳动合同的证明，并在十五日内为劳动者办理档案和社会保险关系转移手续。劳动者应当按照双方约定，办理工作交接。用人单位依照本法有关规定应当向劳动者支付经济补偿的，在办结工作交接时支付。"

因此，在离职阶段，用人单位应履行以下义务：①出具离职证明的义务；②协助办理社会保险关系、档案以及户口转移手续的义务；③支付经济补偿金的义务。

劳动者应履行以下义务：①办理工作交接的义务；②办理社会保险关系、档案以及户口转移手续的义务。

实践中，在离职阶段经常引发劳动争议案件的法律风险主要为以下两点：

（一）拒不出具离职证明的风险

《劳动合同法》第五十条规定，用人单位应当在解除或者终止劳动合同时出具解除或者终止劳动合同的证明，以证明双方的劳动关系已经结束，劳动者可以另行求职。第八十九条规定："用人单位违反本法规定未向劳动者出具解除或者终止劳动合同的书面证明，由劳动行政部门责令改正；给劳动者造成损害的，应当承担赔偿责任。"然而实践中，部分用人单位基于种种原因，在劳动合同解除、终止后，拒不为劳动者出具离职证明，导致劳动者无法入职，劳动者可以据此要求用人单位承担赔偿责任。

阅读材料

杨某2009年7月20日被某连锁酒店录用，双方签订了劳动合同，约定工作期限为2012年9与3日至2017年9月2日。此外，劳动合同上还载明，杨某同意根据公司的工作需要，在全国从事酒店服务岗位工作。公司则可以根据需要，结合杨某的能力或工作表现，变更杨某的工作岗位或职务并相应变更其劳动报酬。

2013年7月8日，杨某被派驻到北京密云某加盟店任店长，同年11月8日，杨某被调离该岗位，杨某以腿伤为由拒绝。随后，公司再次通知杨某去上海工作，并发邮件限其三日内到上海报到。杨某再次以腿伤及怀孕为由拒绝。12月9日，杨某申请离职，理由为"个人原因，寻求其他发展"。

2014年3月，杨某向某公司求职，并被该公司录用，该公司通知杨某，要求其携带原公司离职证明等材料于2015年3月25日下午2时到人事处办理自谋入职手续。因杨某无法提供离职证明，该公司决定不再录用杨某。杨某表示自己曾数次要求原单位给自己开具离职证明，但均遭到了拒绝。为此，杨某将原单位某连锁酒店诉至法院，要求其赔偿自己因此遭受的损失11万余元。

法院经审理认为，本案中，连锁酒店未及时应杨某要求出具离职证明，对杨某失去工作机会、产生经济损失的后果负有责任，应当予以赔偿，故判决连锁酒店为杨某出具离职证明（已执行），并赔偿杨某经济损失2.5万元，同时驳回了杨某其他诉讼请求。①

（二）劳动者违反竞业限制的风险

为了保护用人单位的商业秘密，《劳动合同法》第二十三条规定，用人单位与劳动者可以在劳动合同中约定保守用人单位的商业秘密和与知识产权相关的保密事项。对负有保密义务的劳动者，用人单位可以在劳动合同或者保密协议中与劳动者约定竞业限制条款，并约定在解除或者终止劳动合同后，在竞业限制期限内按月给予劳动者经济补偿。劳动者违反竞业限制约定的，应当按照约定向用人单位支付违约金。因此，对于用人单位的高级管理人员、高级技术人员和其他负有保密义务的人员，用人单位可以与其约定在其离职后二年内不得从事竞业工作。对于用人单位而言，制定严格保护商业秘密保的制度以及竞业限制的约定，将有利于保护其商业秘密及其所带来的竞争优势；对劳动者而言，竞业限制则将限制其劳动权。实践中，部分劳动者在离职后存在侥幸心理，不遵守竞业限制的约定，不仅构成违约，还可能侵害用人单位的商业秘密，将承担支付违约金等法律责任。

阅读材料

2019年12月底，联想集团宣布，（前）副总裁常某提出离职；2020年1月2日，小米董事长雷军在微博宣布原联想集团副总裁常某加入小米，担任小米集团副总裁，负责手机产品规划。随后，联想集团表示，公司与所有高管均签有竞业条款，如确有违约，公司将在法律框架内寻求问题的妥善解决。2020年6月，联想集团开始就常某违反竞业限制一事提起仲裁。联想集团回应称：自2017年限制性协议签署之日起，在常某离职前24个月内，联想共计向常某支付了竞业限制的股权对价500余万元。常某离职后，联想另向其支付了竞业限制经济补偿。所以，联想向仲裁庭要求常某返还股权激励金额、支付违反竞业限制义务违约金、并继续履行竞业限制义务。

2020年10月9日，“前联想副总裁常某跳槽小米”裁决结果公开，常某将继续履行竞业限制义务，并支付违反竞业限制义务违约金525万元。

---

① 王雪. 拒出离职证明致前员工任职受阻，单位被判赔偿［EB/OL］.［2020－10－21］. https://www.chinacourt.org/article/detail/2015/09/id/1708927.shtml.

以下为裁决书具体内容：

1. 常某继续履行竞业限制义务；

2. 常某于本裁决书生效之日起十日内，支付联想移动通信进出口（武汉）有限公司违反竞业限制义务违约金五百二十五万二千八百二十一元零九分；

3. 常某于本裁决书生效之日起十日内，返还联想移动通信进出口（武汉）有限公司2020年1月竞业限制补偿金七万二千九百五十五元八角五分（税前）；

4. 驳回联想移动通信进出口（武汉）有限公司的其他仲裁请求。①

本章小结

首先，劳动的人身性使得其优先于用人单位的财产权，因此，员工关系管理合规有助于实现劳动者保护、管理者职业素质提升、用人单位的社会声誉以及社会稳定的实现。

其次，人力资源管理者应该树立法律风险防范意识，做好合规工作，把握管理行为内部性和法律风险外部性的区别、员工关系管理合法性和合理性的关系、劳动争议预防的优先性和处理的补救性以及组织运行的系统性和风险的个体性。

最后，从招聘到离职的管理流程存在三个阶段九大法律风险点，分别是在招聘阶段的侵犯员工个人信息或隐私的风险、就业歧视的风险、欺诈的风险；员工入职后的不签订书面劳动合同的风险，不按照约定履行劳动合同的风险，随意单方变更劳动合同的风险，违法解除、终止劳动合同的风险；员工离职阶段的拒不出具离职证明的风险、劳动者违反竞业限制的风险。

关键术语

员工关系管理（employee relationship management）　合规（compliance）
法律风险（legal risk）

复习思考题

1. 员工关系管理为何需要保持合规性？
2. 人力资源管理者应该具备哪些法律风险防范的思维？
3. 员工关系管理过程中面临哪些主要的法律风险？
4. 除了本章列举和分析的案例，你还能够想到人力资源管理中哪些可能的风险？

---

① 联想前副总裁离职2天后跳槽小米，裁决出炉：支付违约金525万［EB/OL］.［2020-11-03］. https://k. sina. com. cn/article_1708533224_65d625e802000wcj1. html? subch=onews.

案例分析

末位淘汰违法解除案①

原告：A 新能源股份有限公司，住所地深圳市罗湖区东门中路……

被告：张某，男，1984 年 12 月 19 日出生，汉族，住北京市丰台区。

原、被告分别作为甲、乙双方于 2018 年 4 月 23 日签订《劳动合同书》。同日签订的《考核及薪酬规则》第 2.2 其他应用规定“……若员工考核结果出现 C（需改进）、D（不合格）时，不具备评先推优资格，且需进行培训、调岗、降职降薪处理；若处理后，员工个人绩效评定等级仍为 C（需改进）或 D（不合格），个人综合素质能力评定等级为 D（不合格）时，认为该员工不胜任其工作岗位，则给予优化处理。”

2019 年 12 月 30 日，原告向被告出具了《解除劳动关系通知书》，内容如下：很遗憾地通知您已不适合在现岗位继续工作；根据近半年的综合评估，您的专业能力、事项推进、工作结果及绩效表现均无法满足公司对该岗位的要求；经公司研究决定，正式通知与您解除劳动合同，请您于 2019 年 12 月 31 日 17：30 前办理完毕各项工作交接及离职手续，公司将按照劳动合同法相关规定，依法承担相应经济补偿金。被告未在《解除劳动关系通知》签收回执上签字。

……

后因双方无法就合同解除的补偿问题未能达成一致，被告以原告为被申请人申请劳动仲裁。要求原告继续履行劳动合同。

……

原告不服仲裁裁决，提起诉讼。

本院认为，劳动者的合法权益应当依法保护。原、被告之间已经签订了合法有效的劳动合同，双方形成了劳动关系。本案的争议焦点在于原告解除与被告的劳动合同是否合法。根据证据规则，原告负有作出解除劳动合同或聘用合同等决定所依据的事实和处理依据的举证责任。但庭审中，原告并未举证证明被告不适合在现岗位继续工作以及根据综合评估，被告的专业能力、事项推进、工作结果及绩效表现均无法满足公司对岗位要求，亦未举证证明其曾对被告培训或调整岗位，故原告径行作出与被告解除劳动关系的处理缺乏事实及法律依据，构成违法解除。根据《中华人民共和国劳动合同法》第四十八条之规定，被告有权要求继续履行与原告之间的劳动合同。原告虽主张劳动合同无法继续履行，但其并未举证证明被告所在岗位已不存在。故本院原告第一项诉讼请求不予支持。

……

综上所述，依照《中华人民共和国劳动法》第四十八条，《中华人民共和国民事诉

① 北京市西城区人民法院民事判决书（2020）京 0102 民初 34823 号，载中国裁判文书网，https：//wenshu.court.gov.cn/website/wenshu/181107ANFZ0BXSK4/index.html？docId = bd50c137ff794045bbbdacd600090000。

讼法》第六十四条，《最高人民法院关于适用〈中华人民共和国民事诉讼法〉的解释》第九十条之规定，判决如下：

一、原告A新能源股份有限公司继续履行与被告张××的劳动合同；

……

如果未按本判决指定的期间履行给付金钱义务，应当依照《中华人民共和国民事诉讼法》第二百五十三条规定，加倍支付迟延履行期间的债务利息。

案件受理费5元，由原告A新能源股份有限公司负担（于本判决生效之日起7日内交纳）。

如不服本判决，可以在判决书送达之日起十五日内，向本院递交上诉状，并按照对方当事人或者代表人的人数提出副本，上诉于北京市第二中级人民法院。

分析：

末位淘汰最早由通用电气公司CEO杰克·韦尔奇所创立，即淘汰企业内部排名最后的员工，然而，该规则的适用仍需遵守合规的原则。根据《劳动合同法》第四十条规定："有下列情形之一的，用人单位提前三十日以书面形式通知劳动者本人或者额外支付劳动者一个月工资后，可以解除劳动合同：……（二）劳动者不能胜任工作，经过培训或者调整工作岗位，仍不能胜任工作的；……"用人单位末位淘汰应该遵守实体和程序的限制：在实体条件方面，用人单位需通过绩效考核证明其不符合岗位需求，并对其进行针对性的培训或者调整其工作岗位，然后再次进行绩效考核仍然不能满足岗位需求；在程序方面，用人单位应该提前30日书面通知员工，或者额外支付劳动者一个月工资替代预告的30日。

【案例讨论】

1. 末位淘汰解除劳动合同如何做到合规？
2. A新能源股份有限公司在管理中有哪些违法之处？

参考文献

林嘉．劳动法和社会保障法［M］．北京：中国人民大学出版社，2017.

第七章　人力资源管理与微观组织运行

学习目标

√ 掌握人力资源管理打造企业核心能力
√ 掌握人力资源管理融入组织管理情境
√ 掌握人力资源规划与人才规划
√ 掌握人力资源获取与配置
√ 对培训开发、薪酬管理、绩效管理开展系统思考
√ 理解人力资源管理与组织的治理问题

人力资源是重要资源，更是战略资源。当前，随着经济的发展，人力资源管理备受企业重视。

对企业而言，人力资源的重要性是毋庸置疑的。企业经营必须以人为本，激发员工的能力，实现个人与组织的双赢，进而构筑核心竞争力。人力资源的作用越来越关键，企业中的人是一种特殊资源，对企业的发展具有乘数作用。人力资源管理实践活动，可把自然人培养成有利于企业发展的职业人。因此，提高人力资源管理水平有利于形成企业的核心能力。

这里请大家思考这样一个问题：微观组织（企业）的发展取决于什么？

第一节　组织视角中的人力资源管理

一、人力资源管理打造企业核心能力

企业核心能力是指企业自主拥有的，能够为客户提供独特价值的，竞争对手在短时间内无法模仿的各种知识、技能、技术、管理等要素的组合①。企业核心能力来源于两种无形但有价值的资产，就是组织资本和人力资源。

（一）企业核心能力的来源——组织资本

组织资本根植于企业的各个方面，包括部分组织内编码化或者全部编码化共享知识、信息和数据；制造流程与方法、分销模式与体系、研发模式体系；组织愿景与核心价值观、组织运行机制、典型人物与案例、报酬与激励系统；与顾客、供应商、合作伙伴、社区、政府以及其他利益相关者之间的关系；商标、专利、品牌知名度、客

① 彭剑锋．人力资源管理概论［M］．上海：复旦大学出版社，2012.

户关系和客户忠诚度。

人力资源存在于组织之中每个员工身上。每个员工所拥有的知识、经验和技能等，个性品质、态度、可靠性和组织行为等，对团队的参与和对组织目标的关注等，以及学习力与创造性共同构成了组织的人力资源。

（二）企业核心能力的根本来源——人力资源

区别于企业的其他资源，人力资源因其特性被作为一种特殊资源而重点关注，成为形成企业核心能力的根本源泉。

彼得·德鲁克1954年在其《管理的实践》中首先正式提出并明确界定了人力资源的含义：人力资源，即企业所雇佣的整个人，是所有资源中最富有生产力，最具有多种才能，同时也是最丰富的资源。它的特殊性在于人力资源只能自我运用，人对人力资源具有绝对的控制权，它必须通过有效的激励机制才能开发利用，并为企业带来可见的经济价值。①

（三）人力资源如何打造企业核心能力

随着知识经济时代的到来，市场需求多样化，经营风险增加，市场竞争更加激烈，企业要想在竞争中脱颖而出，就必须要构建自身的核心能力以形成竞争优势。这就要求企业通过资源的有效积累与合理配置，人力资源的积累和开发来获得企业核心能力。从企业核心能力形成的过程来看，人力资源已经成为现代企业核心能力的根本来源。人力资源打造企业核心能力一般通过知识技能、组织生产、创造价值和市场竞争来实现，包括人力资本、组织资本和社会资本的融合发展。

1. 在知识技能方面

人力资源的价值最直接地体现在知识、技能和经验方面。其中，掌握着先进知识和核心技能的人力资源是企业价值创造的主导力量，使得企业形成人无我有，人有我优的竞争优势。

2. 在组织生产方面

人力资源的价值就在于实现产品和服务的独特性。这种独特性依赖于生产该产品人员的技术和能力。

3. 在创造价值方面

人力资源的价值可以降低企业运营成本，增加企业收益。成功地识别、吸引和挑选出优秀的员工，使其胜任各项工作，必然会提高工作效率，提高产品和服务质量，为企业增加收益。

4. 在市场竞争方面

人力资源的特殊性是企业形成长期竞争优势的基础。创造竞争优势是一回事，创造长期的竞争优势是另一回事。一些资源是易于模仿的，因此企业的某些竞争优势难以长久保持。但是人力资源所带来的竞争优势往往比其他竞争优势更加持久，可使企业在市场竞争中始终保持稳定的竞争优势。

---

① 彼得·德鲁克. 管理的实践［M］. 北京：机械工业出版社，2006.

企业通过知识技能、组织生产、创造价值和市场竞争实现人力资源与组织的整合，从而打造出企业的核心能力。

（四）企业核心能力的来源之一——核心人才

企业内部的人力资源具有异质性的特点。人力资源异质性主要体现在其价值性和特殊性的高低差异。依据这两个维度可将企业内部的人力资源分为核心人才、独特人才、通用人才和辅助人才四类。

核心人才是高价值和唯一性的，是核心人力资源，是企业核心能力的来源之一。考虑到核心人才对企业的重要性，一般主要采取延揽、甄选、培育、配置等手段来吸引和保留最重要的人力资源，将其作为企业战略性资源，形成企业独特的核心竞争力。

独特人才是低价值和唯一性的，但对企业的战略价值低于核心人才。这类人才从事的岗位工作，可考虑采用外包或和短期雇佣的形式，以降低企业的成本。

通用人才是高价值和普遍性的，广泛采用外部招募的形式，通过劳动契约确立双方的交易关系，可根据工作要求进行岗位分析、培训开发、绩效考核和薪酬管理。

辅助人才是低价值和普遍性的，主要通过劳务派遣和短期招募的方式确立交易关系。

二、人力资源管理融入组织管理情境

（一）人力资源管理者在组织中的作用

要了解人力资源管理者在组织中要做什么。人力资源管理者最重要的工作之一是从组织的视角帮助每一个人来理解工作。

从组织视角来看，战略和组织结构、组织设计、工作流程分析这三项活动为人力资源管者在组织中的主要工作。

1. 战略和组织结构

战略和组织结构是企业通过分析外部环境的机遇与挑战、自身的优势和劣势而确立的。企业战略和组织结构改变，相应的人力资源管理战略也要发生变化。例如，英国航空公司将维护、保养及检修飞机发动机的工作外包给了以制造、设计和维修商用飞机发动机为核心业务的通用电气公司，这为英国航空公司省下了大笔的费用。可见，选择与企业战略和组织结构相匹配的人力资源战略可以为企业降低成本，提升效率。

2. 组织设计

组织设计是指选择一种可以帮助公司最有效地实现目标的组织结构。人力资源管理者根据企业的战略目标进行与之相匹配的组织设计，通过改进管理方式，提高公司人员工作积极性，进而提高产品的质量。组织结构的基本类型有官僚制、扁平化和无边界三种。

3. 工作流程分析

工作流程分析是指为了实现生产或服务目标而组织工作任务的方式。其目的在于减少或优化相关步骤，减少企业人员的工作成本，提高生产效率，优化服务资源。

总之，人力资源管理者设计组织结构，把工作分配至不同的部门、团队和岗位，以实现各个部门的高效工作，促进组织目标的实现。

（二）人力资源管理者眼中的组织有哪些？

正确选择组织结构是十分重要的，只有认清形势，积极应对，选择适合的组织结构，才能调动各个部门有效运转，帮助公司实现目标。

组织结构有官僚制、扁平化和无边界三种基本类型。组织结构的选择取决于外部环境的机遇和挑战、企业的优势和劣势两个方面的因素。

1. 官僚组织结构

当公司的市场环境确定且稳定时，防御者竞争战略较为适用，相应的组织结构适合选择官僚组织结构，它的管理方式通常采用自上而下的方式。

官僚组织对每项职能都有明确且严格的界定，严格的部门界限将各职能单位分隔开来，如一家官僚制的汽车配件公司，汽车工程师制订零件生产计划，具体操作由生产部员工负责。同时，严格的部门界限使得员工或个人均是独立工作的，每个人都有具体的工作流程和详细的工作说明。

官僚组织结构是高度集权的，一线员工在管理者的指导下进行重复性的工作。但在动态的环境下，这种缺乏效率和灵活性的组织结构存在严重的不足。

2. 扁平化组织结构

当公司的市场环境不确定且多变时，前瞻者竞争战略较为适用，相应的组织结构适合选择扁平化组织结构。扁平化组织减少了管理层级，强调分权式管理，极大地提高了员工的自主性。

扁平化组织结构一般按照不同的产品、服务或客户划分工作单位或团队。这有利于对外界环境的快速变化灵活调整。例如，强生公司共拥有 250 多个经营单位，每个单位像小企业一样运作，均有责任为公司创造利润。

扁平化组织结构对于那些强调客户满意度的公司是非常重要的。例如汽车保险公司调整理赔处理过程，组成理赔团队直接与客户联系，可加快赔付速度，提高客户满意度。

扁平化结构适用于快速变化的环境，能够为管理层创造一种创业文化，鼓励员工参与决策。

3. 无边界组织结构

无边界组织结构通常被那些采取前瞻者竞争战略并处于易变环境中的公司所采用。这类公司一般是由客户、供应商和竞争对手共同组成的合资企业。例如，一家汽车制造公司的质量专家会跟来自配件供应商的员工密切联系，帮助其了解特定的质量管理过程。无边界组织结构打破了组织与其他供应商、客户和竞争对手之间的边界，同时非常注重团队合作，比如，在合资公司中由不同企业的员工代表组成团队：空中客车公司合作伙伴来自欧洲的四个国家（法国、德国、英国和西班牙），它们合作制造飞机与波音公司竞争。苹果与富士康公司合作生产苹果的手机和电脑等，苹果设计和营销产品，富士康则根据设计生产和组装①。

---

① 路易斯·R. 戈麦斯－梅西亚，戴维·B. 鲍尔金，罗伯特·L. 卡迪. 人力资源管理［M］. 8 版. 刘宁，蒋建武，张正堂，译. 北京：北京大学出版社，2018.

采取无边界组织结构的组织为了提供更高质量的产品或服务与客户和供应商进行合作，以进入有壁垒的国外市场，实现以较低成本开发新技术等。

（三）人力资源管理者怎样使工作变成一群人（组织）的事

与工作小组一样，组织从根本上讲是由一群人所组成的。人们之间的关系可以通过不同的方式构成。人力资源管理者会选择最适合的组织结构，使得工作在组织内的流动更加便利。

企业员工都应将承担的工作视为一种投入，做有用的事情为其增加价值，再把工作交给下一道环节的员工。为此，需要知道：哪些工作要做？哪些工作可以整合、简化甚至去除？

人力资源管理通过工作流程分析促使企业重新组织工作，将个别员工转为工作小组，使完全不同的人有效地在一起工作，将工作变成了一群人（组织）的事。

人力资源管理中有一个重要原理：生活经历不同的人对现实有着不同的理解，让那些不同的人有效地一起工作是人力资源管理者工作的重点和难点。

第二节　人力资源管理在微观组织中的运行

人力资源管理的一个重要职能就是促使企业战略从目标层面落实到具体操作的行为层面。在这一过程中，人力资源管理围绕着企业的发展运行，运用多种技术和方法开展人力资源活动，包括：人力资源规划与人才规划，人力资源获取与配置，对于培训开发、薪酬管理和绩效管理的系统思考。

一、人力资源规划与人才规划

“凡事预则立，不预则废”，为了保证整个系统的正常运转，发挥其应有的作用，人力资源管理者首先要做好人力资源规划与人才规划，要解决好以下三个问题：

第一，企业在某一特定时期内对人力资源的需求是什么？即企业需要多少人员，这些人员的构成和要求是什么？

第二，企业在相应的时期内能够得到多少人力资源的供给？各类各层次职位分别能得到多少人力资源的供给？

第三，在这段时期内，企业人力资源供给和需求比较的结果是什么？企业应当通过什么方式来达到人力资源供需的平衡？

这三个问题形成了人力资源规划的三个基本要素，涵盖了人力资源规划的主要方面；在我们较好地解决这三个问题后，人力资源规划工作的主要任务也就完成了[①]。

人力资源规划是根据企业的战略和经营规划目标，对企业在一定时期内的人力供给和人力需求进行预测，为企业目标的实现提供充足的人力资源支持。因此，人力资

① 董克用，李超平．人力资源管理概论［M］．北京：中国人民大学出版社，2019.

源供需预测的准确性直接决定了人力资源规划的效果。

请思考这样的问题：当公司劳动力需求大于供给时，公司要增加劳动力供给满足公司需要，全球劳动力供给是过剩还是短缺？无论是过剩还是短缺，这取决于看待这个问题的角度。从宏观角度来看，把劳动力简单看作愿意工作的人数，全球劳动力是过剩的。但是对于大多数组织而言，想要很好地完成工作是需要各种各样的技能和经验的。这就意味着并不是所有人均能胜任所有工作，并且不同的工作岗位需要不同类型的才能。不难看出，即使从潜在劳动人数来看劳动力是过剩的，也可能存在劳动力短缺的情况。那么，在这种情况下，人力资源管理应怎么办？

对于人力资源管理来说，人力资源供给不仅仅是愿意工作的人数，关键在于：在市场中可获得的人才在哪？在一个合理的工资范围内，能否在一定区域和产业中获得充足的劳动力？方案、产品、技术、竞争等快速变化对企业人力资源规划工作提出了更大的挑战。

（一）基于战略的人力资源规划系统

为有效地解决这些问题，建立基于战略的人力资源规划系统显得格外重要。它将企业的使命、愿景与目标转化为具体的人力资源管理实践活动，是接下来一系列活动的行动指南。

基于战略的人力资源规划系统主要分为以下三个阶段：

1. 信息收集与处理阶段

人力资源战略规划的源头在于企业的战略分析，通过分析企业的产业环境、战略能力、愿景使命以及业务发展目标，从而确定企业需要什么样的人才服务于企业目标的实现。通过进行人力资源现状盘点，识别人力资源的现状与战略问题，分析人力资源现状与未来战略需求的差异和进行人力资源的供给与需求的预测，发现人力资源的供求缺口，支撑起企业人力资源战略总规划的制定。

2. 总体规划与分析阶段

人力资源总规划主要包括三个方面：

（1）人力资源总量目标，实质就是确定企业目前有多少人，以及企业未来需要多少人。

（2）结构目标，依据行业特点、企业规模、未来战略重点发育的业务及业务模式，对企业人力资源进行分层分类，也是人力资源总规划的关键。

（3）质量目标，又称素质提升目标。依据企业战略和业务要求，明确各个职位的任职资格，以及需要掌握的核心专长技能以及相应的能力组合。

3. 制订、实施计划阶段

人力资源总规划在实施过程中会转化为具体的人力资源计划，即管理体制调整计划、人员调配补充计划、素质提升计划和退休解聘计划。

最后要对人力资源总规划的有效性进行评估反馈，考核人力资源总规划最终为企业带来多大的价值以及存在的问题，并及时反馈。利用反馈的结果再次对企业的战略以及人力资源战略的调整，实现企业战略－人力资源战略－人力资源战略规划的良性互动，优化人力资源规划为企业发展带来的价值。

（二）全球人力资源规划与人才规划

知识经济与经济全球化是当今世界经济发展的两大趋势，企业的外部环境变得更加复杂，因此有必要将企业战略置于全球化的背景下，相应制订全球化的人力资源规划与人才规划。

全球人才规划是指有计划地利用国际人力资源管理活动（如：补充人力资源管理政策）去吸引、培养和保留具备高水平人力资本的员工。这些人才是在动态、高竞争性和全球化下的跨国公司中始终坚持企业战略方向的人才。置身于国际环境下，企业人才规划的难度提高，对人力资源管理者的能力提出了新的挑战。

在进行全球人才规划时，关键是关注核心员工而不是全部的跨国人力资本，相关因素包括组织的全球化战略和人才的国别差异。

1. 组织的全球化战略

当前，大多数企业越来越依靠本地员工而不是外派员工。海外员工的相关人力资源管理活动的本土化已成为企业的首选之策。那些成功实施了全球人力资源管理系统的企业案例（如宝洁公司等），其基本理念是建立一种本土化的人力资源管理系统，这样的员工易于接受，并能提高相关措施的落实效果。

2. 人才管理的国别差异

由于制度环境、文化认知的差异，不同国家的人才规划理念和模式呈现出各自的特点。例如，美国企业的人才管理注重以人为本，日本企业的人才管理思想结合了本国的管理哲学，欧洲企业的人才管理制度会受到欧盟法律法规的限制，同时对人才素质的要求相应也比较高。①

二、人力资源获取与配置

（一）人力资源获取

公司在决定用人需求后，就要雇佣最合适人员来填补职位空缺。人力资源获取有三个步骤：招募、甄选、组织社会化。

招募是为特定岗位寻找符合条件的候选人的过程。公司可根据不同的岗位选择相应的招募渠道和招募方法，有针对性地完成人力资源招募工作。

甄选是针对某个岗位的求职者做出雇佣或者不雇佣决策的过程。要选择合适的甄选工具对员工进行评价，甄选工具的信效度直接决定了公司总的人力资源质量的高低。

组织社会化是引导新员工适应企业或者服务部门的过程，增强团队归属感。其目的是为了留住这些已经被严格甄选出的人并在组织中充分发挥自己的才能。

找到具备适合条件的员工来填补公司的空缺岗位是人力资源获取的首要目的。如果人力资源管理者能从求职者的角度进行思考，人力资源获取工作可能变得更加有效率。

---

① 陈书洁．人才管理国际比较［M］．北京：中国人事出版社，2015.

可以思考这样一个问题：如果你是求职者，你希望人力资源管理者怎样推荐这份工作？

当前，很多求职者通过网络和社交软件寻找工作，公司如能利用好这一渠道与应聘者取得联系是很有效率的办法。人力资源管理者要清楚什么样的组织特征是求职者所关注的，如良好的工作氛围，明确的职业发展机会，工作-生活的平衡，工作内容的有趣性和挑战性以及薪资和福利等。招聘过程不仅是人力资源获取的过程，同样也是公司社会形象的一个宣传机会。

狭义的人力资源获取仅指企业通过组织外部和内部渠道招聘员工的活动；而广义的人力资源获取则进一步涵盖了从组织内部发现员工的新价值、通过培训使得员工人力资本增值的过程，即人力资源在企业内部的再配置过程。

（二）人力资源甄选工具与配置

如何招聘到合适的员工或发现员工的新价值，即甄选过程，需要借助相关预测工作绩效的甄选工具来衡量员工的胜任能力。常见的甄选方法包括：①推荐信，通过推荐信的内容来判断应聘者是否具备核心工作胜任力。②求职申请表，常用于企业初筛环节，以此来判断应聘者是否符合工作的最低要求。③能力测试，在测试过程中以工作分析为依据，也可以作为工作绩效的有效指标。④人格测试，评估是员工一贯的、持久的特质，结果较为主观，所以对其效度和信度存在争论，但是人格测试能够有效预测求职者日后的工作绩效。⑤面试，是最常见的甄选工具，但其信度和效度受到面试官个人能力的影响。面试前对面试官进行相关培训，提高面试官的能力是一项重要的准备工作。⑥评价中心技术，是预测管理岗位绩效、核心领导能力方面有效的方法，但存在成本过高的问题，常见的评价中心技术有文件筐测试、案例分析和无领导小组讨论。

关于人力资源配置的问题，一个工作的完成需要多个角色的共同努力。团队是很多组织的运作方式，团队成员在一定程度上相互依赖，并一起完成工作，例如技术性的问题分配给成员中技术能力最强的人，潜在的冲突问题交给人际能力最强的人。也就是说，成员根据不同能力扮演不同的角色。如果人们能够做各自最擅长的事情，就能取得最大化的效果。团队中的员工承担不同的工作，这将对员工雇佣过程产生重要影响。

三、对于培训开发的系统思考

（一）培训开发中面临的四个问题

1. 培训真的能解决问题吗？

管理者要明白绩效不足问题有很多的原因，不是所有的绩效问题都可以依靠培训来解决。例如，公司的要求不够明确或者彼此矛盾、士气低落及原材料质量差，这些都不能通过培训来解决。

2. 培训的目标是明确可行的吗？

培训目标必须是明确的，如果目标是提高特定技能，那么培训就要将这些技能当作目标；培训目标必须是可行的，要有具体的评判标准。例如管理者不能期望仅靠一次培训课程就让每个人都成为计算机专家，这样的期望一定会导致培训失败。

3. 培训是一项好的人力资本投资吗？

培训是不是一项好的人力资本投资需要衡量培训的潜在收益，虽然评估培训的效果较难实现，但是最好的公司会将培训与组织的使命、战略和目标联系起来，从而最大化地获得培训的人力资本投资收益。

4. 培训到底有没有作用？

没有哪一种培训始终是有效的，例如一个支持变革、学习和改进的组织文化会影响培训效果，参训人员和受训者的培训意愿和培训能力也影响培训效果。人力资源管理者的职责就是将培训与公司目标结合起来，确保培训是对工作进展有积极影响的。

（二）培训开发的步骤

1. 培训需求评估阶段

在培训需求评估阶段，总目的在于判断是否有开展培训的需求。当确定存在培训需求时，一方面对任务进行分析，提供熟练完成工作所需要的知识、技能与能力，并以此为依据判断需要为工作安排哪种类型的培训；另一方面是对个人进行分析，通过绩效指导明确员工需要的培训类型，帮助员工完成工作。

2. 明确培训目标阶段

在明确培训目标阶段，在培训需求明确的基础上确立培训目标。每个目标都应该与任务分析中的一项或者几项知识技能和能力相关，并且每个目标是具有挑战性的、明确的、可达到的、可以被所有人理解的。总体目标是培训目标的基本出发点，把目标分解为各个维度（即特定内容），最后建立具体的行为目标。例如，一个公司的培训需求是改变糟糕的客户服务，那么总体目标即为改进客户服务，总目标进而可分解为提供产品/服务和应对问题和抱怨两个特定内容，最后在每个内容下确定一些具体的行为目标，以引导培训并帮助评估培训项目是否成功。

3. 培训与实施阶段

在培训与实施阶段，经过评估后的培训计划针对组织的问题和需求，选择相应的培训地方，即在岗培训或离岗培训；采取合适的培训方法，即虚拟情景或现实情景下培训；选择有效的培训类型，常见的培训类型包括：为员工工作提供必要知识技能的技能培训、促进员工多技能掌握的跨职能培训、提高团队协作能力的团队培训以及能够为培训者提供指导、示范和实际经验传授的同事培训。

4. 培训效果评估阶段

培训效果评估阶段是对培训计划的效果进行评估。例如，一家公司设计培训的初衷是希望提升员工的效率，那么在评估时就应该以生产率或成本下降为评估重点，而不是员工的满意度。培训效果的评估不是只有成本 - 收益这一个指标，还包括参与培训者的主观反应，即对参训人员对培训的配合度和满意度；内容掌握，即通过培训员工的技能进步了多少和绩效表现，即在实际工作中的发挥程度等指标。这些都应被纳入评估培训效果中。

（三）培训开发与员工职业生涯规划

建立完善的培训开发系统是企业建立雇主品牌的方式之一。培训开发，一方面帮助员工弥补工作表现的不足，另一方面提高和丰富员工的个人能力，可促进员工职业生涯开发。成功的职业生涯开发包括三个领域：金钱、工作与生活。

你想要挣多少钱？对于大多数人来说，薪酬是衡量职业生涯开发是否有效的一个标准。

你想要哪种类型的工作？哪种类型的工作与你的优势和价值相匹配？实现工作与个人技能和兴趣的匹配也是职业生涯开发是否有效的一个标准。

在工作之外还想要什么？实现生活 - 工作的平衡也是大多数人职业生涯开发是否有效的一个标准。

总之，对于个人而言，这三个领域的平衡点决定了员工的培训开发的需求。同时这个平衡点是随个人所处的工作环境和私人生活一直变化的，相应的培训开发需求也应不断变化。

四、对于薪酬管理的系统思考

（一）薪酬的构成

薪酬是企业为员工的工作和服务支付的各种直接的和间接的经济收入，包括基本薪酬、激励薪酬和间接薪酬（福利）。

基本薪酬是员工按劳所得的定期获得的固定薪酬。激励薪酬是为了提高工作绩效而对高绩效的员工进行奖励的薪酬。间接薪酬即福利（包括健康医疗保险，休假、失业等计划），作为一种补充，增加员工对工作满意度的薪酬部分。

（二）薪酬管理的内容

薪酬管理是指企业在经营战略和发展规划的指导下，综合考虑内外部各种因素的影响，确定薪酬水平、薪酬结构、薪酬构成，明确员工应所得的薪酬和薪酬控制的过程。同时也要注意薪酬管理不单单是提供员工经济收入，薪酬管理是服务于企业的经营战略的，也是激发员工的工作能力，不断提高他们的工作绩效的与一系列管理活动密切联系的复杂的人力资源实践活动。

（三）薪酬体系的设计

薪酬体系是指薪酬的构成和分配方式。薪酬体系的设计，一方面要能够让公司实现战略目标，另一方面还要适应公司的独特条件和环境。

首先，薪酬体系的设计要考虑公平薪酬问题，分为薪酬计划在公司内被认为是公平的内部公平和薪酬计划在从事同样工作的其他员工中被认为是公平的外部公平。其中，内部公平通过职位评价来实现，外部公平通过薪酬调查来实现。

其次，薪酬体系的设计要考虑薪酬的支付方式，是固定薪酬还是可变薪酬。固定薪酬有助于降低雇主和员工的风险。而可变薪酬更加具有激励性。所以不同的公司根据战略要求，固定薪酬和可变薪酬之间的比例是不一样的。

最后，薪酬体系的设计要考虑企业是以什么为基础确定薪酬的，分为职位薪酬和能力薪酬。职位薪酬是以员工所在岗位为基础确定薪酬的，它最大的特点就是对岗不对人。职位薪酬体系是目前全世界使用最广泛的薪酬体系。其优点在于有清晰的期望和较强的激励性，缺点在于潜在的官僚主义弊端和灵活性不足；能力薪酬是以员工掌握的能力为基础确定薪酬的，其特点是以人为中心的薪酬体系。与职位薪酬体系相比，能力薪酬体系有鼓励员工学习和更加灵活等优势，其缺点是员工能力的评价和能力的培训等潜在问题需要科学评估。

（四）典型的薪酬结构

薪酬结构反映公司内部各个职位之间薪酬的区别。合理的薪酬结构会对员工的吸引、保留和激励产生积极作用。典型的薪酬结构有窄带薪酬、宽带薪酬。

窄带薪酬等级多，每一个等级的薪酬区间相对较小。员工想要大幅度提薪只能提高自己的等级，比较强调维护和强化等级观念。

宽带薪酬只有少数的薪酬等级，相应较宽的薪酬变动范围。员工想要大幅度提薪，可以通过在同一个宽带内努力提升技能和能力，能够引导员工重视个人技能的增长和能力的提升。但存在薪资预测和管理难度上升，增加企业成本等缺点。

（五）薪酬激励的效果讨论

薪酬是激励员工，提高工作满意度的方式之一，但是企业强调货币性激励手段是好是坏仍存在争议。

如果金钱买不到爱，他是否也买不到幸福呢？1974 年一项研究表明答案是：不。美国经济学家伊斯特林（Richard Easterlin）比较分析了中等富裕国家和非常富裕国家的数据后得出结论：尽管富人比穷人更加幸福，但是富裕的国家并没有比贫困的国家更幸福，而且幸福指数也不会随着财富的积累而变得更高，关于这个结论的解释是：只有相对收入（与你的同辈和邻近的人相比的收入水平）对幸福具有影响，而不是绝对收入。

宾夕法尼亚大学沃顿商学院的贝特西（Betsey）和贾斯汀（Justin）两位教授指出，新的调查研究结论是：富有的人比贫穷的人更幸福；富裕的国家比贫困的国家更幸福；国家越富裕，人们的生活越幸福。你认为呢？

五、绩效管理中的系统思考

（一）绩效管理概述

人力资源管理者就是要想方设法来保持和提高自己和组织中每个人的绩效。绩效管理即制订员工的绩效目标，收集有关信息，定期对员工的绩效目标完成情况做出评价和反馈。

绩效管理系统由绩效计划、绩效监控、绩效考核和绩效反馈四个部分组成，形成一个闭合的系统。

1. 绩效计划

绩效计划是绩效管理系统的起点，是指在绩效周期开始时，对整个绩效管理工作有一个前瞻性的规划和指导。这一过程中，上级和员工不断沟通，对绩效目标体系、考核周期和考核工具等内容进行讨论并达成一致。同时，绩效计划制订后也不是固定不变的，会随着企业战略的改变和工作过程中的具体问题进行调整，是一个动态的过程。

2. 绩效监控

绩效监控是指管理者和员工对绩效目标达成一致后，管理者还需要不断地对员工的工作表现和工作行为进行监督和辅导，帮助员工解决在绩效目标达成过程中出现的问题，以期更好地完成绩效计划。

3. 绩效考核

绩效考核是对员工在达成绩效目标过程中的每一项工作表现给出评价，最终汇总得出员工的绩效结果。绩效考核是一项系统工程，具体而言，主要包括以下几个方面：

（1）考核对象的确定。对于组织、部门和个人不同主体的考核，考核的内容也有所不同。

（2）考核内容的确定。以考核个人为例，考核的主要内容是工作能力、工作态度和工作业绩三个部分。

（3）考核主体的确定。由于企业岗位设置的复杂性，对进行绩效考核工作员工的能力提出了较高的胜任要求。

（4）考核方法的选择。每种考核方法都有优缺点，企业在进行考核时应当根据具体情况选择合适的考核方法。

4. 绩效反馈

绩效反馈是上级和员工就绩效考核结果进行面谈，指出员工在工作中存在的不足并与员工一起制订绩效改进的计划。绩效反馈后还要继续进行绩效考核结果的应用，一般应用于绩效改进和相关人事决策中。

（二）绩效管理的三个工具

关键绩效指标（KPI）、平衡计分卡（BSC）和目标与关键成果（OKR）能够很好地将组织的战略目标和具体的考核指标相互结合，并且有较强的可操作性，成为衡量绩效的三大工具。

1. 关键绩效指标（KPI）

关键绩效指标体系的设计分为以下几步：首先明确企业未来的发展方向和战略目标，再把关键结果领域层层分解为关键绩效要素，最后遵循 SMART 原则将要素细分为关键绩效指标并设置评价标准。

以鱼骨图法示例：①根据总公司的战略目标寻找对组织实现战略目标和获得竞争优势有重大影响的领域，确定组织的关键成功领域，即市场领先；②接下来对关键成功领域进行解析细化，根据相应的工作要求确定关键绩效要素，即市场占有和市场拓展；③最后再细分为关键绩效指标，即由市场占有细分的市场占有率、销售计划完成比值、网络销售增长率、营业费用比率与销售收入增加率以及由市场拓展细分的产品创新率、老客户流失率、产品齐全率与新客户增长率。

其中，KPI 的选择要遵循 SMART 原则：具体（specific），即设计的 KPI 明确且不笼统；可度量（measurable），即 KPI 的数据或信息可获得；可实现（attainable），付出努力的情况下可实现，避免设定过高或过低的指标；现实性（realistic），绩效指标可以证明和观察；有时限（time - bounded），即完成指标的特定期限。

2. 平衡计分卡（BSC）

平衡计分卡由哈佛商学院的教授罗伯特·卡普兰（Robert S. Kaplan）和复兴全球战略集团的创始人兼总裁戴维·诺顿（David P. Norton）在《平衡计分卡：良好绩效的评价体系》一文中提出。

平衡计分卡从四个角度来衡量企业的绩效：财务角度、顾客角度、内部业务角度、创新和学习角度。将财务指标与非财务指标有机结合在一起，打破了传统的以财务指标为核心的绩效管理系统。

（1）财务角度是其他角度的目标和指标的核心。重点是我们怎样满足股东要求；目标是实现利润最大化，即收入增长和生产率提高；再根据目标细化相关测评指标。

（2）顾客角度。重点是顾客如何要求我们；目标是确定自己的目标客户和细分市场；可能使用的测评指标有客户满意度、客户保持率、市场份额等。

（3）内部业务角度。重点是我们必须擅长什么；目标是改善企业经营业绩；可能使用的测评指标有产品合格率、生产周期、新产品开发速度、出勤率等。

（4）创新和学习角度是使得前三个角度获得成功的内在动力；重点是能否继续持续创造价值；目标是关注企业未来的发展潜力；可能使用的测评指标有员工的满意度、保留率、战略信息覆盖率、战略目标一致性等。

平衡计分卡的四个角度内部存在相互支撑和传递的内在联系，构成一个有机的统一整体。同时，将企业战略目标与绩效评价指标紧密联系在一起，有利于对员工进行有依据的绩效辅导，同时促进企业战略目标的实现。

3. 目标与关键成果（OKR）

OKR 旨在确保员工紧密协作，把精力聚焦在能促进组织成长的、可衡量的目标和关键成果上。目标与关键成果包括目标与关键成果两个要素。目标回答的主要问题是我们要做什么，关键成果回答的主要问题是我们如何知道自己是否达到了目标要求。OKR 的重点只在目标和关键成果上，一方面易于员工进行理解，增加员工的接受度和使用意愿，另一方面极大地提高员工工作的主动性和敬业度。OKR 虽然需要投入一定的人力、资源和时间，但为组织带来的收益也是十分明显的。

（三）绩效监控中人力资源管理者的工作

人力资源管理者和员工沟通后，还需要不断地对员工的工作表现和行为进行激励与控制，关注绩效实施才能帮助员工最终获得优秀的绩效。这个过程存在诸多因素影响着绩效管理的成效。

1. 领导风格

管理者处于极为重要的地位，管理者的行为方式和处事风格会极大地影响下属的工作绩效。这就要求管理者在适当的阶段采取适当的领导风格。

2. 管理沟通

人力资源管理者要不断地与员工进行必要的管理沟通，其目的在于：

（1）通过管理沟通来调整绩效计划。

（2）通过管理沟通为员工提供进一步的信息。

（3）通过管理沟通了解员工工作的相关信息，以便保障之后绩效考核的客观性，同时当绩效计划执行出现偏差时也能及时了解并进行调整。

有效的管理沟通能够不断完善员工的绩效计划，帮助员工实现目标，最终促进企业整体目标的实现。

3. 绩效信息收集

其作用主要体现在两方面：

（1）为绩效考核提供客观的事实依据，使员工绩效考核结果更加客观。

（2）为绩效改善提供具体的事例，通过具体案例指导员工实现进一步的绩效改善，提高员工工作能力。

4. 胜任力绩效管理

基于胜任力评价的绩效管理理念从结果导向转向能力导向，即从关注员工的短期绩效转向关注员工当前和未来的长期绩效。基于胜任力评价的绩效考核能够对员工未来绩效进行合理有效的预测，进而对下一步的人力资源实践提供有益指导；另一方面，胜任力评价不仅关注员工达成绩效过程中的不足和问题，还帮助员工关注自己的潜能，即我最擅长什么，我的潜能将如何影响我未来的绩效。

阅读材料

人力资源管理与组织的治理问题

（一）管理制度对人力资源管理的影响

从更加宏观的角度考虑，国家层面的管理制度对人力资源管理也存在较大的影响，例如法律制度，部分国家的法律制度强调平等，一些领域的法规制约了公司人力资源管理活动对员工的雇佣和解雇措施；有些国家出台公平劳动标准法案，要求企业达到同工同酬的要求。全球化的背景下，人力资源管理活动也需要考虑到不同国家的管理制度差异。

（二）微观组织中的管理者权利

微观组织中的管理者权利包括管理劳动力的权利，如雇佣、晋升、安排工作、处罚及解雇员工的权利。但是管理者权利会受到一些相关利益关系团体的影响，如最主要的雇佣自由权就会受到员工代表或工会的利益合同和法律的影响。因此，人力资源管理者要在相关法律和其他因素的限制下考虑如何有效地行使企业权利，服务于企业战略目标的实现。

（三）不可取代的那些员工：优秀人才

优秀人才是实现企业战略目标的关键，是企业持续发展的动力，也是企业形成核心能力的来源之一。优秀的人才资源是人力资源中劳动创造价值大、劳动贡献程度高而劳动素质技能也相对较高的部分。优秀的人才能够实现企业资源整合，为企业创造更多的利益。相较于其他人力资源，优秀人才与企业是相互配合、相互支撑的发展型关系。同时，优秀人才凭借其有竞争力的人才资本，在劳动力市场上是稀缺的，其竞争和流动性不断增大。企业该如何实现有效的人才管理也是人力资源管理者要关注的问题。

（四）数字化人力资源管理的安全

很多科技领域发展极为迅速，而信息技术的发展已经给人力资源管理带来革命性的变化。特别是互联网的普及，使得数据的控制、准确性、隐私权及职业道德等话题引人关注，人们越来越重视数字化时代背景下的人力资源管理安全问题。现在，有关信用记录、工作经历、健康报告和家庭成员等数据，甚至是关于组织的企业战略部署和人力资源管理相关信息似乎越来越容易获取。尽管信息难辨真伪，但是互联网提供的资料通常被认为是可供参考的。在现代信息技术不断强化的背景下，人力资源管理安全问题的重要性也日益凸显。

本章小结

首先，对企业核心能力的根本来源进行了分析，从组织的视角讲解了人力资源管理的职责。根据人力资源的特征确定了其为企业核心能力的根本来源，并从组织角度肯定了人力资源管理对企业发展的重要性。

其次，对人力资源管理各个职能在微观组织中的运行进行思考，从人力资源规划与人才规划，人力资源获取与配置，对于培训开发、薪酬管理和绩效管理的系统思考几个方面，说明人力资源管理如何支持企业运行和实现战略目标。

关键术语

企业核心能力（enterprise core competence） HRM（human resource management） 核心人才（key talents） 组织结构（organization structure） 组织设计（organization design） 工作流程分析（work flow analysis） 人力资源规划（human resource planning） 获取与配置（obtain and allocation） 培训开发（training and development） 薪酬管理（compensation management） 绩效管理（performance management）

复习思考题

1. 人力资源管理怎样打造企业的核心能力？

2. 人力资源管理是如何融入企业组织管理情境的？

3. 人力资源管理在企业微观组织中是如何运行的？

4. 结合本章内容，请你谈一谈我国人才强国战略的重要意义。

案例分析

阿里巴巴人力资源管理的传说①

从美国回来不久，蔡崇信就把我（阿里巴巴前副总裁波特·埃里斯曼）拉进他的办公室，解释说："我们现在又有一位COO的候选人，关明生，你面试他的时候，带着这份组织架构图，以便让他更好地了解阿里巴巴的框架。"

对于任何一家公司来说，这件事是再简单不过的工作了。但在阿里巴巴，这个任务就像烫手的山芋，内部混乱的代价我们已经尝过，新的部门组建后又解散，变化太快，以至于没人能搞清楚各自的职责。在做雇佣或辞退新员工之类的重要人事决定时，没有明确的规章，导致员工感到自己受到了不公正待遇，产生了怨气。整理组织架构图是一个棘手的活儿，但想到公司会来一个说话有分量的COO，我还是干劲十足。我尽我所能地拿出了一份最全的架构图，当意识到自己并没有把所有员工都涵盖在内时，我在页脚写下：如果你没在框架图中找到你自己，也并不意味着你不是阿里巴巴的雇员。

关明生是一位拥有25年管理经验的老手，其中有15年在通用电气任职。他肯定更适应架构清晰的公司。他出生且成长在中国香港，求学于伦敦，最后又回到内地。他是中国计划经济向市场经济转型的亲历者。他来内地后，香港人才渐渐形成了北上工作的趋势。2001年1月，阿里巴巴宣布关明生为新的COO，没过几周他果敢地裁去了剩下的大部分外籍员工，首先从香港下手，只保留了很少一部分财务及行政员工，又将美国办公室剩余员工裁掉，留下了几个技术专家。尽管过程很痛苦，但裁员能够帮阿里巴巴止住不断飙升的成本。在解雇国际员工的过程中，阿里巴巴采取了公平的举措。员工可以获得三个月的薪酬或一个月的薪酬外加赠送的两年的股票期权。关明生下一步的行动更具有象征意义——清理阿里巴巴杭州总部的高低床。"如果马不停蹄地工作，员工一定会被榨干，我们应该让员工和自己的家庭在一起，在工作之外要有自己的生活。"

他没有对公司采取管控措施，相反要求高管层进一步明确公司的使命、愿景和价值观，明确以上几点花费了很长时间。我们过去一年不是一直都在讲这件事吗？我自己在琢磨。阿里巴巴最乐此不疲的事就是讨论梦想和价值观。我们的问题在我看来就是口号喊得太多，能落实得出效果的太少。

---

① 波特·埃里斯曼. 阿里传：这是阿里巴巴的世界［M］. 张光磊，吕靖纬，崔玉开，译. 北京：中信出版集团，2015：69－76.

任职后的几个月，关明生来到上海，演示马云和阿里巴巴创建者的劳动成果：“在过去的几个月，我和马云及公司的创建者不断碰面，我们共同打造出公司的使命、愿景和价值观，今天在这里向大家呈现。首先，阿里巴巴的使命是：天下没有难做的生意……还有一些测评员工的核心价值观，从今天起，每个人都会有一个季度评估和打分卡。其中50%的分数基于绩效，剩下的50%取决于你怎样很好地坚持阿里巴巴的核心价值观。基于这些价值观，沃恩会建立起新的雇佣、评估、晋升和辞退体系。从今往后，人事决定必须按照员工的上级和上级的上级加上一位HR（one over one plus HR）这一原则，目的是为了保证我们的人事决定是清晰的，并且在公司范围内是一致的。我们同时做了新的尝试，在公司中将设两条晋升轨道，一条是为想成为经理的员工提供管理轨道；还有一条是为专业人才提供的专家渠道，这样他们也能在公司晋升。”

【案例讨论】

为什么当时阿里巴巴高管会做出这样一系列人力资源管理变革？

参考文献

[1] 陈书洁. 人才管理国际比较［M］. 北京：中国人事出版社，2015.

[2] 董克用，李超平. 人力资源管理概论［M］. 北京：中国人民大学出版社，2019.

[3] 彭剑锋. 人力资源管理概论［M］. 上海：复旦大学出版社，2012.

[4] 彼得·德鲁克. 管理的实践［M］. 北京：机械工业出版社，2006.

第三篇　展望和规划

改革开放40余年，我国人力资源管理经历了从学习借鉴到蓬勃发展的全过程。而今，基于“互联网+”的智能时代对企业的竞争格局提出了新要求；经济条件的持续向好，推动了人们择业观的普遍转移；新技术和新经济相辅相成，使得传统意义上的“360行”正在以几何倍数增长；少子化与老龄化交织，减少了世界各主要经济体的劳动力长期供给；再加上“物理劳动+情绪劳动+智慧劳动”等新型劳动模式，更导致“资金易得，人才难求”。

大教育家叶圣陶提出，“教不为教”。其含义是指，真够高水平的“教”，是为了用不着再“教”——因为学生已经掌握了必备的知识和方法，他们完全可以独立开展学习。本篇的目的，就是要帮助同学们了解和把握HRM在我国的实践现状和发展趋势，学会自我构建独具特色的能力素质模型，自主设计大学期间的“学习生涯”，进而以从事HR活动所需的能力素质模型为“训练蓝图”，有目的、有计划地打好理论基础，选择个性课程，参与相关社会实践，掌握主流研究方法，探索专业前沿，为将来的高质量就业和高质量成长奠定坚实基础。

希望我们有更多的机会在一起探讨学业、畅谈人生，更迫切希望在“中华民族伟大复兴”的新征程上，看到大家伟岸的身影和自信的笑容！

第八章　人力资源管理的发展现状与未来展望

学习目标

√ 了解人力资源三支柱理论的提出
√ 掌握人力资源三支柱模型构成要素及相互关系
√ 掌握人力资源三支柱模型角色分工与实践价值
√ 掌握人力资源三支柱模型适用范围
√ 掌握人力资源三支柱模型与传统模块化操作的异同
√ 理解数字化背景下的演变趋势

1996 年，哈佛商业评论主编托马斯斯图亚特发表了一篇文章《炸掉你的人力资源部》。在该文中，托马斯这样说：在你的公司中存在着一个暖洋洋的、昏昏欲睡的，就像是埃及艳后克利奥帕特拉七世胸脯上的毒蛇一样的东西，这个东西就是你公司中的一个部门。这个部门 80% 雇员的时间都耗在日常性的行政管理事务上。该部门的几乎所有职能都可以让其他部门用更少的时间却更为熟练地去完成。我所描述的当然就是你们公司的人力资源管理部门。因此，我想给你的一个小小建议是：为什么不把你的人力资源管理部门炸掉？

托马斯斯图亚特的这篇文章批判的是当时人力资源部门普遍存在的三大问题：

- 官僚化 - 效率低下。人力资源流程冗长、机构臃肿等官僚化结果，导致效率低下。
- 脱离业务，却又指手画脚。人力资源部门不仅自己官僚化，还经常脱离业务实践，从自己的专业深井出发去审视干预业务，提出不切实际和缺乏可操作性的改进建议，让业务团队无所适从。
- 权威化 - 制约业务。除了自己效率低，整天提不着边际的建议外，人力资源部门由于掌握重要的组织资源和决策权，还常常因为错误的判断掣肘业务发展，给公司带来损失。

同一年，人力资源思想家戴维尤里奇出版了人力资源领域的著名专著《人力资源转型》一书。与托马斯斯图亚特不同，戴维尤里奇没有那样激进。在他看来，企业人力资源部门并不是一无是处的（也就是说并非一定要通过“炸掉”人力资源部来解决问题），重点不在于取缔，而在于人力资源变革。人力资源职能如果想真正创造价值，不能只关注六大模块的活动，而要关注成果和产出。人力资源应该在以下四个方面做出贡献：作为业务伙伴推动战略执行；作为变革推动者助推组织变革；作为员工后盾打造敬业员工队伍；作为行政专家提升人力资源职能效率。

人力资源部门可以通过以下四种方式提供更多帮助：

首先，人力资源部门应该成为战略执行方面的高级和直线经理的合作伙伴，帮助企业将计划从会议室转移到市场。

其次，它应该成为组织和执行工作方式的专家，提高行政效率，确保在保持质量的同时降低成本。

再次，要成为员工的拥护者，向高层管理者积极表达他们的关切，同时努力增加员工的贡献，即员工对组织的承诺和交付成果的能力。

最后，人力资源部门应该成为持续变革的推动者，塑造过程和文化，共同提高组织的变革能力。

戴维尤里奇的人力资源四角色理念在学界和企业引起很大的反响。后来，IBM 根据戴维尤里奇的模型开发了人力资源三支柱模型。

随着互联网时代的到来，企业人力资源面临全新的机遇及挑战，而人力资源管理应用三支柱模型能切实解决人力资源管理职能与责任主体间明确性不足的问题，充分发挥人力资源管理的时效性，大大提高人力资源管理的工作效率。

如今，我们已经进入数字化经济时代，在大数据、云计算、人工智能和区块链技术赋能下，对组织人力资源体系带来更大变革机会的模型仍然是人力资源三支柱模型，只是我们需要时刻跟踪这个模型的演变。

人力资源三支柱模型的价值是承上启下，它帮助企业顺利从传统经济过渡到数字化时代。

第一节　人力资源三支柱模型

本书所采用的人力资源（HR）三支柱模型的定义来自 20 世纪 80 年代美国企业财务共享服务的实践。美国密歇根大学罗斯商学院教授戴维·尤里奇在《HR－HR 转型：为组织创造价值和达成成果》[①] 一书中提到 HR 三支柱模型，即如果按照 BP、COE 和 SSC 的方式分工合作，就能有效化解 HR 部门和业务部门的矛盾，有效发挥 HR 部门的价值。以三支柱为支撑的人力资源体系源于公司战略，服务于公司业务，其核心理念是通过组织能力再造，让 HR 更好地为组织创造价值。

一、三支柱理论——历史渊源

人力资源三支柱为一个新概念，IBM 公司根据尤里奇 1996 年提出的人力资源四角色理论开发出三支柱模型。2001 年左右该模型传入中国，真正将其发扬光大的是腾讯与华为公司。

三支柱模型重新定义了人力资源部门，把人作为资本而不是资源，并且将人力资

① 戴维．尤里奇．HR－HR 转型：为组织创造价值和达成成果［M］．李祖滨，孙晓平，译．北京：电子工业出版社，2015.

本当成一项业务来经营。沿着这个理念，组织的人力资源工作从职能导向转向业务导向，它要求人力资源部门要像业务单元一样运作。在这个被定义为业务单元的人力资源部门里面，有人负责客户管理，有人负责专业技术，有人负责服务交付。至此，人力资源组织被重新设计，人力资源的角色被一分为三，即大家熟悉的人力资源“三驾马车”。

很多实践证明，这种业务模式的变化有助于提升人力资源管理的效率和效能。从本质上看，人力资源三支柱模型是对企业人力资源组织和管控模式的创新。传统意义上的人力资源组织架构是按专业职能划分的，比如常说的六大模块，招聘、培训、薪资、福利、绩效、员工关系等，而在三支柱模型里面，所有工作按照业务性质来分工。

（一）人力资源三支柱理论的内涵

三支柱理论是人力资源管理的重要理论，该理论将人力资源工作重新定位为三大内容：人力资源业务伙伴工作、人力资源专家工作和人力资源共享服务工作。该理论的提出，对人力资源管理工作开展的逻辑产生了重要影响，也改变了人们对人力资源价值的认知。

在人力资源三支柱理论的模式下，人力资源业务伙伴（HRBP）在人力资源管理中，需要快速判断自己日常工作中需要开展哪些必要的合作，在工作推进落实当中需要与哪些人展开合作，以及作为企业的 HRBP，自己在人力资源管理工作中，要采取哪种定位；而人力资源专家要认识到，如何通过自己的工作支持，提升企业人力资源管理工作的专业度，如何最大程度发挥自己的专业力量，为整个企业奠定良好的人力资源基础；而对于人力资源共享中心来说，在人力资源管理具体实施中，精准地做好共享服务，是提升企业效率的重要条件，共享中心需要做好相关理论成果、管理理念在企业内部的全面分享，以此推动企业经营管理和人力资源管理水平不断提升。

认真研究人力资源三支柱理论的内涵，充分发挥三支柱理论的优势，以此构建企业内部新的人力资源管理体系，使人力资源三支柱理论得到有效应用，进而取得积极效果，已然成为解决企业人力资源管理问题的重要手段。

（二）人力资源三支柱的特点

人力资源三支柱从三个不同的方面推动人力资源管理工作的不断深入，在实际开展中，人力资源三支柱的特点主要表现在：管理系统方面将原有的六个功能化模块集成为三个功能系统——人力资源设计功能系统、人力资源共性内容共享系统、人力资源战略实施与员工后盾系统。这样一来，人力资源管理流程更加清晰，企业在落地实施中的指向性也更强。

二、三支柱模型——构成要素

人力资源三支柱模型由人力资源业务伙伴（HRBP）、人力资源共享服务中心（HRSSC）、专家中心（COE）三者构成（见图8－1）。

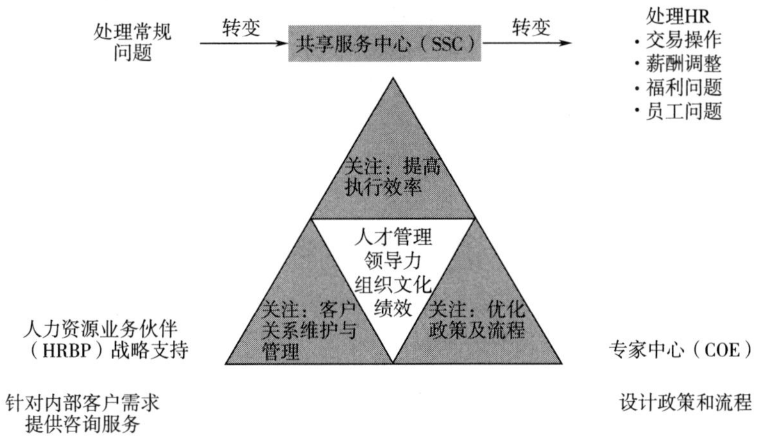

图8-1　三支柱模型构成要素

三、三支柱模型——三要素角色分工

人力资源三支柱模型各有各的角色分工。

（一）人力资源专家中心（COE）

人力资源专家中心的主要职责是为业务单元提供人力资源方面的专业咨询，包括人力资源规划、人事测评、培训需求调查及培训方案设计、绩效管理制度设计、薪酬设计和调查等专业性较强的工作。同时，帮助 HRBP 解决在业务单元遇到的人力资源管理方面的专业性较强的难题，并从专业角度协助企业制定和完善人力资源方面的各项管理规定，指导 HRSSC 开展服务活动。

人力资源专家中心的角色和职责具体如下：

设计者：运用领域知识设计业务导向、创新人力资源的政策、流程和方案，并持续改进其有效性。

管控者：管控政策、流程，保持合规性，控制风险。

技术专家：对人力资源业务伙伴、人力资源共享服务中心、业务管理人员提供本领域的技术支持。

对于全球性/集团型的大型公司来说，由于地域/业务线的复杂性，人力资源专家中心需要为不同的地域/业务线配置专属资源，以确保设计贴近业务需求。其中，总部专家中心负责设计全球/全集团统一的战略、政策、流程和方案的指导原则，而地域/业务线专家中心则负责结合地域/业务线的特点进行定制化，这样的专家中心设置可以实现在全公司一致的框架下，保证业务所需的灵活性。

（二）人力资源共享服务中心（HRSSC）

人力资源共享服务中心将企业各业务单元中所有与人力资源管理有关的基础性行政工作统一处理。

人力资源共享服务中心的角色和职责具体如下：

员工呼叫中心：支持员工和管理者发起的服务需求。

人力资源流程事务处理中心：支持由专家中心发起的主流程的行政事务部分（如发薪、招聘）。

人力资源共享服务中心运营管理：提供质量、内控、数据、技术（包括自助服务）和供应商管理支持。

人力资源共享服务中心是人力资源效率提升的驱动器，其使命是为人力资源服务目标群体提供高效、高质量和成本最佳的人力资源共享服务。为此，其通常需要一个分层的服务模式来最大化工作效率。

（三）人力资源业务伙伴（HRBP）

人力资源业务伙伴是人力资源内部与各业务经理沟通的桥梁。HRBP 既要熟悉人力资源各个职能领域，又要了解业务需求，帮助各业务单元更好地维护员工关系，处理各业务单元日常出现的较简单的人力资源问题。

HRBP 的角色和职责具体如下：

战略伙伴：在组织和人才战略、核心价值观传承方面推动战略的执行。

解决方案集成者：集成专家中心的设计，形成业务导向的解决方案。

人力资源流程执行者：推行人力资源流程，支持人员管理决策。

变革推动者：扮演变革催化剂的角色。

关系管理者：有效管理员工队伍关系。

同时，HRBP 也应利用其自身的人力资源专业素养来发现业务单元日常人力资源管理中存在的种种问题，提出、整理问题并交付给人力资源专家，采用专业和有效的方法解决问题或设计更加合理的工作流程完善所在业务单元的运营流程。

HRBP 往往贴近业务进行配置，从而确保管理人员得到有效支持。业界往往根据业务伙伴/全职员工服务率配置业务伙伴；不同组织的人力资源支持程度和业务复杂度不同，业务伙伴服务率也存在差异。

四、人力资源三支柱模型——构成要素之间的相互关系

人力资源三支柱之间相辅相成、共生共存，同时又各自承担独立角色。三支柱模型里面，三个角色各司其职，专家中心是规则制定者及优化者，共享服务中心是事务性工作的服务中心，人力资源业务伙伴是深入到业务团队的代理人（见图 8-2）。

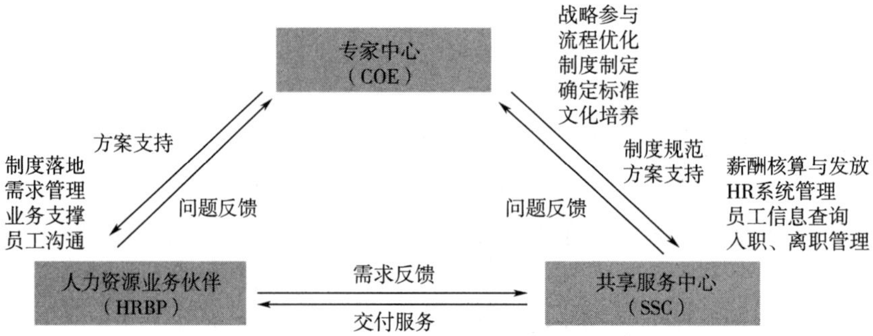

图 8-2　三支柱模型构成要素相互关系

（一）专家中心（COE）与人力资源业务伙伴（HRBP）

专家中心面向人力资源业务伙伴：提供方案智库支持。

人力资源业务伙伴面向专家中心：提供来自一线的问题反馈和人力资源制度、流程等方案修改需求。

（二）人力资源共享服务中心（HRSSC）与人力资源业务伙伴（HRBP）

人力资源共享服务中心面向人力资源业务伙伴：提供交付服务。

人力资源业务伙伴面向人力资源共享服务中心：提供需求反馈。

（三）专家中心（COE）与人力资源共享服务中心（HRSSC）

专家中心面向人力资源共享服务中心：提供方案智库支持。

人力资源共享服务中心面向专家中心：提供共享服务中心所采集到的问题反馈和人力资源制度、流程等方案修改建议等。

五、人力资源三支柱模型——与传统人力资源模块操作的差异和关系

（一）与传统人力资源模块操作的差异

从专业导向到业务导向：传统人力资源管理部门不是不重视业务，而是往往习惯从人力资源管理部门自身职能出发，有什么能力，就给业务部门输送什么人，而HRBP模式侧重需求导向，业务部门需要什么，人力资源管理部门就尽力去满足和支撑，这也叫从供给导向到需求导向转变。

从事务型人力资源到策略型人力资源：HRBP模式，提倡人力资源管理和服务职能有效分离，让可流程化实施的事务性服务职能交给共享服务中心或外包，将复杂程度高的技术性职能交给专家中心，而人力资源业务伙伴只需聚焦业务部门动态的需求变化，匹配相应的解决方案。

从职能型（function）人力资源到合作型人力资源：职能型人力资源在企业几乎都没有话语权，被业务部门牵着鼻子走；合作型人力资源，强调平等协商，推崇“服务交付”理念，在商言商。对此，业务部门可能不一定认同，但人力资源部门应该摆正这个理念。

（二）人力资源三支柱模型与传统人力资源模块操作的关系

三支柱模型所做的工作依然是人力资源六大模块的内容，所不同的是把原来以横向维度职能为主的六大模块换成了以纵向维度职能为主的高、中、基，上、中、下（见表8－1），也就是：

专家中心——高，政策中心，做总体的人力资源战略、政策、流程、体系、方案等，像专家、顾问。

人力资源业务伙伴——中，政策执行，发现运行问题，提出建议，成为业务伙伴，更贴近业务了解业务需求，是更基于业务导向的人力资源解决方案提供和执行者。

共享服务中心——基，支持服务，做日常操作事务类工作，是标准化的服务提供者。

表8-1 人力资源三支柱模型与传统模块操作的关系

人力资源系统 / 人力资源实践	专家中心（COE）	共享服务中心（SSC）	人力资源业务伙伴（HRBP）
招聘	人才盘点与人才规划，雇主品牌；招聘渠道与资源	内部招聘供应商（简历搜索、评级），招聘信息系统，数据化人力资源管理	承接专家中心招聘政策，招聘、猎聘、了解、反映业务用人需求
培训与开发	负责培训平台搭建，逐级培训；职业发展体系设计	新员工培训、区域共性问题的针对性培训	承接专家中心培训计划，业务培训需求挖掘与培训实施
绩效管理	牵头组织平衡计分卡（BSC）绩效管理	绩效评估系统	参与业务的关键绩效指标（KPI）设定
薪酬福利	薪酬调研，员工固定薪酬与短期激励，长期激励，福利	录入计算薪酬数据	业务定制化薪酬方案落地
员工关系	员工关系政策及常见问题解答（FAQ），入职、离职、异动流程管理	员工关系答疑热线，窗口办事大厅入职、离职、异动办理	承接专家中心的员工关系政策
组织发展	组织设计、组织变革	对组织变动进行发文通告；在人力架构图中根据变动进行修改	通过人才诊断，配合业务的组织、变革

六、人力资源三支柱——实践价值

以三支柱为支撑的人力资源体系源于公司战略，服务于公司业务，其核心理念是通过组织能力再造，让人力资源更好地为组织创造价值。

（一）提升人力资源效能

人力资源业务伙伴：贴近业务配备人力资源资源，一方面提供统一的服务界面，提供端到端的解决方案；另一方面为公司核心价值观的传承和政策落地提供组织保障。

人力资源专家中心：建立人力资源专业能力，提升公司人力资源政策、流程和方案的有效性，并为人力资源业务伙伴服务业务提供技术支持。

（二）提升人力资源效率

人力资源共享服务中心：提供标准化、流程化的服务，使主管和人力资源从操作性事务中释放出来，提升人力资源整体服务效率。

人力资源三支柱是人力资源变革转型的发展方向，也是人力资源开展工作的指导理念。人力资源三支柱模型是人力资源变革转型的重要发展方向，把人力资本当作业务来经营，使人力资源部门从职能导向转型为业务导向，以实现人力资源管理的业务增值和价值主张，从而产生负责客户管理的人力资源业务伙伴、负责专业技术的人力资源专家中心、负责服务交付的人力资源共享服务中心，极大地提升了人力资源的效率和效能。

同时，人力资源三支柱也为人力资源开展工作提供指导理念和工作思路，为人力资源管理提供一个全新的价值理念和整体框架。例如，能够流程化或规范化的重复事务性工作要尽量标准化，可设专员负责，相当于员工服务的人力资源共享服务中心。再如，尽量将创新专项性工作与事务性、常规性工作分开。项目工作和方案设计等创新工作由合适的专人负责，实际上就相当于公司的人力资源专家中心。又如，人力资源部门一般会要求各业务部门指定一位员工与之对接人力资源工作，以便全面了解各部门的业务需求。

人力资源三支柱模型是人力资源职业发展的三个方向，也是专业人力资源成功的三个阶段。很多大型企业的人力资源架构都是按照人力资源三支柱进行设置的，如腾讯、华为、联想等。这也给人力资源从业人员提供了三条通用的职业发展道路——面对 HRBP、COE 及 HRSSC 的职业发展方向，专业人力资源人员需要对此作出选择。

七、人力资源三支柱模型适用条件

三支柱模式并非所有的企业都适用，但这不影响各类型企业按需转型，去发展适应本企业的单个 HRBP。完整架设三支柱模型的公司，适用条件主要包括以下几方面：

（一）企业具有一定的规模

企业拥有庞大的下属公司或者机构，员工数量众多；各下属公司或分支机构中各人力资源部门均重复性设立了很多职能相似的部门。

（二）公司高层领导的重视度

高层领导要重视人力资源管理，有从人力资源管理方面提升企业竞争力的愿望。

（三）人力资源活动的相似性

各下属公司或分支机构的人力资源活动有较高的相似性，可以将某些人力资源工作从下面收归到集团层面来统一处理。

第二节　三支柱模型企业实践案例

一、腾讯[①]

作为中国最大的互联网综合服务提供商之一，腾讯公司的发展可以用“超速”来形容。1998 年 11 月腾讯公司由马化腾等五位创始人共同创立；2004 年 6 月于香港成功上市；2016 年 9 月腾讯股价开盘后持续大涨，成为亚洲市值最高的公司。

腾讯公司以“成为最受尊敬的互联网企业”为愿景，树立了“正直、进取、合作、创新”的价值观，希望“通过互联网服务提升人类生活品质”。这些愿景、价值观、使命构成了腾讯公司独特的企业文化，贯穿于其发展的每个阶段。

---

① 张国顺．腾讯 HR 三支柱模式的人力资源管理研究［D］．衡阳：南华大学，2018.

随着腾讯公司的“超速”发展，其员工的规模也在“超速”扩张，这对人力资源管理提出了前所未有的挑战。如何在瞬息万变的互联网行业中生存下来？腾讯公司用“大公司平台、小公司精神”完美演绎了互联网企业的成功之道。纵观腾讯公司发展历程，其成功离不开组织清晰的战略定位与人力资源战略的支持与协助。

腾讯公司在摸爬滚打中制定出三大战略——聚焦战略、泛娱乐战略和双打战略。当互联网行业也陷入红海竞争时，三大战略成了其征战互联网的“法宝”。

2015 年腾讯公司结合企业战略从人才和组织两个维度出发，制定了人力资源两大战略方向——保持人才攻防的绝对优势、提升组织活力，同时人力资源三支柱下的各个部门又根据人力资源战略制定全年关键目标，通过从组织到部门，再到个人的目标分解，推动企业战略的落地（见图 8－3）。

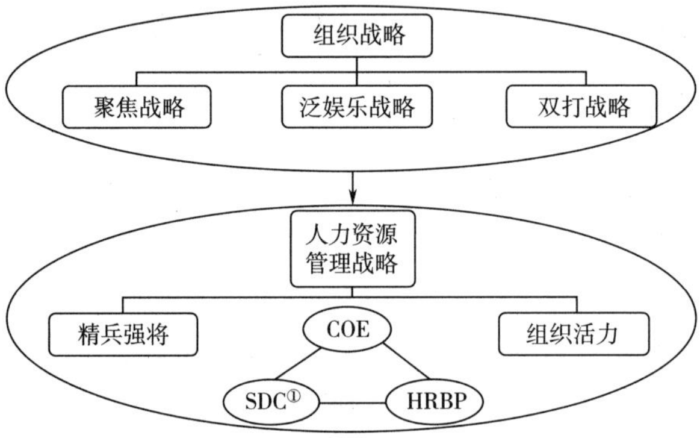

图 8－3 腾讯公司人力资源三支柱关系

当然，腾讯公司人力资源体系的成功也不是一朝一夕促成的，它经历了一次又一次的变革与突破。

第一阶段：人力资源管理初建期（1998—2002 年）。1998 年，腾讯公司刚刚起步，由于员工人数较少，没有设置独立的人事管理部门。后来人事管理部门逐渐形成以职能为导向的组织结构，同时也出现了客户价值导向的理念与思想的萌芽。

第二阶段：人力资源管理发展转型期（2003—2008 年）。2003 年，公司人数不断膨胀，正式成立了人力资源部门，“员工是企业的第一财富”的观念逐渐深入人心。在这个时期，公司还面临着企业文化被稀释、人才储备和培养跟不上企业发展等问题。为了解决一系列相关问题，公司成立了企业文化管理委员会和腾讯学院，推广企业的价值观，加快新人融入公司的步伐。

第三阶段：人力资源管理新型组织结构——人力资源三支柱的建立期（2009 年至今）。在这个阶段，随着移动互联网的发展，一个全新的时代“i 时代”降临了，它带来的是人与组织管理的新趋势。

---

① 共享交付中心（shared deliver center，SDC）。

从人的角度来看，工业经济时代关注的是标准，管理的是群体行为；知识经济时代关注的是信息，管理的是群体知识；而在i时代，我们谈管理，管的是人性，理的是人心，强调的是对个性的尊重，在去权威的环境中帮助员工自我管理、自我驱动与自我实现。

腾讯公司对此作出了自己的探索，于2010年3月正式提出建立专家中心、共享服务中心、业务伙伴的人力资源三支柱组织架构的概念，形成了客户价值导向的人力资源管理组织结构。2014年，为进一步将人力资源服务产品化，为客户、用户提供端到端的交付，腾讯将共享服务中心（SSC）升级为共享交付中心（Shared Deliver Center，SDC）。

腾讯公司通过从人力资源价值出发进行重新定位，确保人力资源部门在公司战略推进和落地过程中成为可信赖的合作伙伴。通过重新定位，人力资源部门推动各人力资源支柱发挥前瞻性牵引作用、体系支撑作用、紧贴业务作用。

总结腾讯公司人力资源三支柱模型的建立可以得出以下几个结论：

第一，企业管理将更多的视野放到员工潜能、员工自我挖掘方面，层级化的组织结构逐渐退出企业的管理模式，扁平化的组织结构逐渐放到平台上。

第二，明确人力资源部门的作用，领头－支撑－业务成为人力资源运行过程中的三大关键点，新型人力资源部门的三个子系统的分工便跃然纸上。

第三，人才配合战略，强调战略的主导性，强调企业的发展方向、未来的愿景。选择企业战略所需要的人才，人才配合战略并没有颠倒人才和战略的主次，聚焦战略，配置人才，打造自己的核心竞争优势。

二、阿里巴巴人力资源三支柱精髓

1999年2月，马云的一段话逐步演化成了阿里巴巴网络有限公司日后的文化，“尽管今天我们什么也没有，但我们要先做一个约定——我们这群人只能做连长和排长，以后我们的军长、团长，要从外面请更厉害的人，带领我们往前走”①。

2001年，为通用电气公司（GE）服务25年的关明生加盟阿里巴巴，帮助阿里巴巴打造了一套与国际接轨的绩效管理体系，奠定了阿里巴巴绩效管理的基础，借鉴GE对价值观的推崇并进一步予以强化。人作为资本在阿里巴巴的价值主要体现在两个方面：首先是认同并符合企业的价值观，其次才是业绩和具备符合阿里巴巴业务发展所需要的技能和潜力。

2005年是阿里巴巴发展史上重要的一年，前有淘宝网、支付宝的诞生，后有阿里巴巴网络有限公司成功上市。在这承上启下的一年里，为了适应员工规模的迅速扩张，更好地管理人力资本，进而提升组织的核心竞争力，阿里巴巴加大人力资源管理投入，制定完善的人力资本战略，从而进入阿里巴巴人力资源三支柱发展时期。

2004年“非典”以后，阿里巴巴的B2B业务高速成长，人才低价高用，机会多、

① 张正平：阿里巴巴的三支柱模式——人力资源管理的新逻辑。

工作多，但人手不够，对一线团队培养缺乏有效支持。对此，阿里巴巴一直在思考，如何在企业层级增多、跨区域发展成为趋势的情况下，保证一线员工的价值观传承，同时在业务和人力资源培养方面提供更快捷的支持。

阿里巴巴“政委”体系的灵感源于《亮剑》，马云将几十张DVD发到了管理层手中，要求他们通过看连续剧进行深入探索和学习。此时，主管人力资源的副总裁邓康明正在酝酿同样的事情——在B2B部门的一线销售团队中派出既懂业务又懂公司政策，还要肩负企业价值观宣导重任的人力专员。加上创始人马云的灵感，就将这套人力资源管理体系命名为“政委”体系。从战略的角度讲，阿里巴巴为了避免业务经理基于短期业务压力采取短期做法，需要有目光长远的人与其搭档，因此诞生了“政委”体系，这也是如今阿里巴巴人力资源三支柱中HRBP的发源点。

阿里巴巴最初决定使用成熟的人力资源管理系统是在2005年。2005年，阿里巴巴已经对未来电子商务的发展有了自己的判断，为了更好地在这一充满商机的市场中赢得头彩，阿里巴巴选择首先充实自己的资本力量，而最关键的砝码之一就是将人力资源当成自己的资本。为了推进企业价值观和员工素质的融合发展，更好地管理人力资本，进而提升组织关键能力和核心竞争力，阿里巴巴组织IT（信息技术）和管理方面的专家进行人力资源管理的咨询论证，构建了统一的e－HR平台，这便是人力资源三支柱中共享服务中心的雏形。

2006年底以前，人力资源都是集中管理的，2007年开始，各公司都有了自己独特的人力资源管理功能，同时通过集团统一的e－HR平台开展员工档案管理、薪资管理、绩效管理、福利和休假管理等方面的工作，整个集团的人力资源管理工作流程实现了规范化和自动化，各种统计分析报表自动生成，显著提高了人力资源管理的精确性和工作效率，为阿里巴巴人力资本战略的成功实施奠定了坚实的基础。人力资源三支柱也逐步发展成如下架构：

专家中心（COE）由组织发展部、校园招聘部、社会招聘部、企业文化部、薪酬福利部等构成。组织发展部分为平台OD（Organization Development）和业务OD。平台OD负责公司大体系发展、高管领导力发展和商业教练，业务OD则直接驻点在各个事业群，负责事业群相关的组织架构、人才盘点、业务复盘。校园招聘部负责阿里巴巴集团的校园招聘策划、招聘录用分配、新大学生培养（培训）计划及实施。社会招聘部主要负责高级人才猎聘，并在各个事业群与HRG（HR Generalist，人事专员）协同。

人力资源业务伙伴（HRBP）在阿里巴巴有一个很红色的名字“政委”。他们是阿里巴巴在各个事业群和业务部门的人力资源通才。所谓政委，主要是原来业务线转过来的HRG，他们熟悉业务并且能够比较深入地了解人和事，推动事业群进行组织变革和提供服务支撑。如今阿里巴巴已经很少提“政委”，更多的是HRG。

三、华为人力资源业务伙伴（HRBP）角色模型

1987年华为创立，公司发展过程中，人力资源管理一直发挥着重要的支撑作用。随着业务的不断拓展延伸和人员规模的持续扩大，华为的人力资源战略发展历程主要

分为四个阶段，各个阶段有着不同的特点。

（一）阶段一：活下去

1987 年，华为从销售代理起步，通信设备行业中企业众多，“活下去”成为华为的核心目标，基本的人事管理和有效的招聘管理是这个时期华为人力资源管理的主要任务。

（二）阶段二：增长，规范

1994 年，任正非提出“通信行业三分天下，华为将占一分”的宏伟目标，清晰的战略愿景加上行之有效的业务策略，华为的主营业务在国内市场快速增长，十年间销售额从 15 亿元增长到 462 亿元，员工也从 1 200 人增加到了 2.2 万人。具有前瞻意识的华为公司，早在 1995 年左右就开始基于过去和现实对未来成功之路进行探索，历经 3 年，以企业内部宪章的形式，制定《华为基本法》，对公司的未来发展作出全面的规范。同时，华为积极学习国内外成功管理实践，从 1997 年开始公司全面引进世界级管理体系，如 HAY（合益咨询公司）的职位与薪酬体系、Tower Perrin（韬睿咨询公司）的股权制度、IBM 的 IPD（集成产品开发）和 ISC（集成供应链）流程化组织建设等，并在人力资源管理方面逐步建立和完善专业模块。

（三）阶段三：全球化，超越

2005 年，华为开始走向海外市场。为实现全球化、超越国外产业巨头，华为在人力资源管理方面加大投入，使人力资本成为公司大发展的发动机，在培育新的核心价值观基础上，建立领导力与干部标准，完善评价与激励政策，搭建全球范围的人力资源体系，以应对全球化挑战。

（四）阶段四：领先，自我升华

2014 年，华为走到了行业的领先位置，基本实现全球化运作。此时，其人力资源管理的战略目标是：领先与自我升华。

在向人力资源三支柱转型升级之前，处于行业领先位置的华为，面临着更多未知的挑战，组织内外部的变化对人力资源管理提出了新课题。尤里奇主张，“人力资源部的意义不在于做了多少事情，而在于给企业带来什么成果——帮助业务创造多少价值，为客户、投资者和员工提供多少增加值”。基于这种理念，华为的人力资源管理变革围绕着“客户满意度、人力资本投资回报、员工价值同步提升”的目标进行，公司全面引入 IBM 的人力资源三支柱模式，建立起“增长、效率”导向的人力资源业务管理架构，并致力于成为公司业务部门的伙伴。

区别于过去职能化的人力资源管理架构，华为的人力资源三支柱模式进一步强调关注客户需求和业务需求，通过人力资源业务伙伴对业务需求的承接，有效整合并实施人力资源解决方案。专家中心的功能更多地在于提供专业化的支撑；共享服务中心则以服务为导向，致力于实现卓越运营的人力资源服务交付。

将人力资源三支柱与各职能模块综合起来看，华为的人力资源三支柱体系实质上强调对业务部门的支撑作用。人力资源业务伙伴扮演核心价值观传承的驱动者、战略伙伴和解决方案集成者等重要角色，针对公司战略、业务痛点和需求，提供包括高绩效组织、领导力、人才供应、激励、企业沟通和全球化支持等六个方面的专业解决方案。

在团队、职能部门、业务模块和公司等不同层面上，人力资源业务伙伴关注的焦点和解决方案也不同。以团队为例，人力资源业务伙伴主要关注团队绩效、人员管理技巧、工作满意度、激励和归属感等问题，相应地，其人力资源解决方案也聚焦在以上这些方面。而越高的层级，所关注的焦点则更多地体现在组织变革、领导力层面。

在人力资源三支柱中，专家中心专注于人力资源核心专业能力的提升上，致力于成为人力资源战略贡献者、设计者、管控者以及技术专家。其价值主要体现在不同人力资源政策与制度设计上，具体包括组织有效性、招聘与配置、学习发展与任职管理、整体薪酬、领导力与人才管理、个人绩效管理、员工沟通与关系管理等职能模块。

共享服务中心即人力资源三支柱中提供共享服务交付的中心，工作内容涵盖员工服务受理、共享服务中心内部运营管理、人力资源流程事务处理三个方面。通过专业化、标准化的高效服务，共享服务中心能够及时准确地把握需求，支撑业务发展。

第三节 三支柱在数字化背景下的演变趋势

一、当下一些优秀企业正在发生的变化

在平安集团、拜耳、强生等一些管理卓越的企业，正在发生的变化是：

专家中心（COE）：通过数字化手段捕捉并凝结专家智慧，打通企业战略与人力资源管理的连接，实现人力资源决策智能化。

人力资源业务伙伴（HRBP）：担负起企业人才运营过程中隐性数据披露、动态分析、及时干预、实现企业人力资源管理的实时化与可视化的角色。

人力资源共享服务中心（HRSSC）：进化成为共享数字中心——SDC（Shared Digital Center），成为打造员工与企业场景化的交互平台。

二、未来中长期的演变趋势

（一）“画像+BOT”精准助力人才数字化

要实现人才数字化，其背后是对人才的精准把握。过去，企业招聘依靠的是岗位说明书和简历。岗位说明书很难真实反映一家企业的战略要求，更无法反映既往任职于该岗位的成功者身上的基因；简历存在信息有限、过度美化等问题。用上述两者作为招聘依据，容易谬以千里。

未来，这些问题都将通过“画像”解决。“画像”将逐步取代岗位说明书和简历，成为职场人的第二张身份证。个人基本信息、上学及求职情况、性格、素质、职业动机等战略背景将可视化呈现，并据此预测出候选人在哪些行业、哪种战略模式的企业更易取得成功。

在数字化时代，机器人（BOT）也将遍及企业管理的方方面面，解决个体与企业之间的沟通问题。目前很多企业已经开发出将 BOT 融入面试、意向确认、面试安排、职位咨询、共享服务中心（SSC）等招聘、用人全场景的解决方案。未来，机器人将逐步充当个体与组织的对话平台，改变企业管理的基本面。

（二）数字人力资源时代，三支柱终将颠覆

当中国的人力资源管理进入数字化时代，不少人力资源供应商与企业已经开始进行数字化人力资源管理的尝试。其中包含了简历自动筛选、辅助 AI 面试、人工智能 SSC 解决方案等试水。

随着越来越多的尝试，传统的人力资源三支柱将被重新定义。

专家中心（COE）今后将被数字智能（digital intelligence）代替，通过数字化手段捕捉、总结专家智慧，打通企业战略与人力资源管理的连接，实现人力资源决策智能化。

人力资源业务伙伴（HRBP）将担负起企业人才运营过程中隐性数据披露、动态分析、及时干预、实现企业人力资源管理实时化与可视化的责任。

人力资源共享服务中心（HRSSC）也将转而成为数字关系（digital relationship），即打造员工与企业场景化的交互平台。让员工个体从被动参与者转变为主动创造者，介入公司管理、战略决策，与高层互动，发表自己的不同意见，在开放平台中实现成功。称之为 DIG – IT – ALL，多了一个 L，挖掘所有的数据，不再是 EHR，而是 DHR，实现数字化的人力资源管理。

在这过程中，SSC 可能会进化为 SDC（shared digital center），从而改变员工和组织的关系。

从中期来看，人力资源三支柱可能会首先变成两支柱，COE 和 SSC 将合二为一，变成 HR PM（HR project manager）。目前，很多企业正在运用“专家 + 数据 + AI”这三驾马车把企业人力资源管理方面的场景、痛点和需求输出，形成产品服务于企业。

从长期来看，人力资源三支柱势必分久必合，形成 HRDP（HR digital partner）即人力资源数字化伙伴。算法和硬件经历不断发展，终有一天，企业在日常运营中发生的点点滴滴都将成为数据，被保留、分析、挖掘，为 HRBP 数字化提供条件。HRBP 的工作就是把所有数据都挖掘出来，这些数据将涉及每个人的言行举止、企业中高层在招人用人时的决策习惯、企业文化等方方面面。

过去，DHR（digital HR）一直没有一个统一的定义，现在 DHR 可以总结为三化，即员工与企业交互化，过去我说你听的状态将被颠覆；人力资本管理决策智能化，随着企业管理状态逐步走向透明化，管理决策将从滞后、模糊的状态向及时、动态进化，变得更加智能；企业人才运营实时化与可视化，企业每分每秒的运营管理状态都变得清晰。基于此，企业管理将与战略高度链接，把全面切入业务、深度把握人才、组织快速迭代变成可能。

本章小结

社会环境和技术变革越来越快，要求企业的自我革新也必须越来越快。人力资源作为企业中最有挖掘潜力的部门，更需要进行持续的管理创新。

三支柱模型正是未来人力资源管理变革最具代表性的方式之一，三支柱模型有利于企业更好地从事人力资源工作。

未来人力资本管理决策将实现智能化，随着企业管理状态逐步走向透明化，管理决策将从滞后、模糊的状态向及时、动态进化；企业人才运营实时化与可视化，企业每分每秒的运营管理状态都变得清晰。基于此，企业管理将与战略高度链接，全面切入业务，深度把握人才，组织快速迭代。

关键术语

人力资源共享服务中心（HRSSC） 专家中心（COE） 人力资源业务伙伴（HRBP）
三支柱模型（three pillar model） 共享数字中心（shared digital center，SDC）

复习思考题

1. 简述人力资源三支柱构成要素及各自的角色分工。
2. 简述人力资源三支柱三要素相互关系。
3. 简述三支柱模型与传统六大模块的关系与三个关键差异。
4. 简述人力资源三支柱在数字化背景下的演变。

案例分析

三支柱模型在IBM——“蓝色巨人”IBM①

IBM素有尊重员工的传统，其尊重员工的举措创造了诸多世界第一：1914年，IBM聘用了第一名残疾员工。1934年，IBM在当时的高科技工作领域雇用了女员工。1935年，老沃森宣布男女员工同工同酬，这比作出同样规定的美国《民权法案》早30年。2005年IBM成为第一个不把遗传因素作为录用雇员考量标准的企业。

一个以信念为推动力的百年企业，在一个多世纪中始终践行着对人的尊重，或许正因为如此，才能让很多杰出的人才不受束缚，在IBM崭露头角。作为一个非常典型

① 为国. 从电子商务到智能星球：蓝色巨人IBM的3次战略转型［J］. 中国集成电路，2009，18（6）：70-76.

的跨国公司，IBM 在人力资源转型方面也一直是行业的标杆、客户的思想领袖。IBM 自 20 世纪 90 年代开始探索的效率导向的人力资源三支柱模式至今仍在实施并不断优化改进，这从时间的维度检验了人力资源三支柱的价值，并为同样探索人力资源三支柱模式的中国企业提供了宝贵的经验。

IBM 的人力资源转型采用的是一个非常典型的跨国公司模式，转型是从成本降低和效率提升角度出发的。

IBM 在 20 世纪 90 年代就开始建设人力资源共享服务中心（SSC），始于共享服务中心的人力资源三支柱转型通常都是成本导向的。IBM 的 HRBP 服务比为 1∶40（主管），是非常精简的配比。COE 采取“一张面孔”模式，非常看重全球政策、方案的一致性，一致性为 IBM 带来的是成本的降低、效率的提升。为了保持全球的一致性，IBM 于 2010 年成立了整合服务团队（IST）。

IBM 人力资源共享服务中心（SSC）的发展历程如下：

第 1 阶段：IBM 的人力资源共享服务的前身。1992 年以前，IBM 的人力资源管理在做本地整合的工作。

第 2 阶段：WFS 福利服务中心。1992 年，IBM 在美国的几个区域实施共享服务中心建设，这包括建设美国首个 ATS，关闭 36 个 CERIS 系统。

第 3 阶段：全国人力资源共享服务中心。1995 年，IBM 将几个区域进一步集中，实现了覆盖全美的共享服务中心。

第 4 阶段：HRSC 人力资源问询。HRSC 即 IBM 的共享服务中心。1998 年，共享服务中心的服务范围进一步扩大，从全国集中升级为 EMEA（开源、面向 Java 程序测试覆盖率收集和报告的工具）集中。

第 5 阶段：员工服务中心整合。2001 年，共享服务中心进行了专业能力评估，实现了亚太虚拟的薪资与报销等业务。

第 6 阶段：转型外包。IBM 将共享服务中心的部分工作转给流程外包服务（BTO）客户，2002 年将美国人力资源业务外包，2003 年将 EMEA 的人力资源业务外包，2004 年将加拿大和亚太地区的人力资源业务外包。

第 7 阶段：全球化。共享服务中心在 2005—2006 年实施全球化战略，2005 实施年薪资规划。

第 8 阶段：持续改进。2008 年 IBM 对共享服务中心的能力进行整合。

2000—2007 年，IBM 开始建立 COE 与 HRBP。具体做法是：实施 COE（大脑）－SSC（四肢）运作模式，将不同领域（招聘、培训、薪酬等）、地域操作集中化。IBM 大中华区人力资源副总裁霍斯特·加洛（Horst Gallo）认为这样做的价值在于不同领域员工交叉支持，通过培养业务多面手，弹性安排人力，达到节约成本目的。负责不同地域的员工集中办公，有助于促进互相交流，根据地域间流程、工序的差异（如英国、澳大利亚的一些要求较接近，有整合空间）整合不同国家子公司使用相同的人力资源系统，完善数据管理。通过尽量扩大薪资水平较低国家的人力资源用工，取代一些薪资水平较高国家的用工，节省成本。

2009年，IBM提出了“智慧的地球”理念。“智慧的地球”理念包括三个主要特征：更透彻的感应度量、更全面的互联互通、更深入的智能洞察。配合这一理念，IBM于2010年在人力资源三支柱之外建立IST（整合服务团队）这一支柱，向上充分把握COE制定的政策，向下贴近实务，帮助各个国家的HRBP实施全球政策和方案，对人力资源部门支持全球整合的公司战略起到关键作用。四支柱模式进一步帮助IBM提高效率，员工利用率持续提升，全球交付的实现率超过90%。IBM兑现了“为员工提供全球发展机会”的雇主品牌承诺，具有一致性的政策让员工可以更清晰地看到未来的发展机会。

凡事必有两面性，强调一致性的人力资源三支柱模式虽然为IBM带来了大幅的效率提升和成本缩减，但这种一致性也意味着缺乏国家灵活性，这会导致公司对当地市场的变化反应迟缓。对于小国家而言，对市场变化的缓慢反应可能对企业发展构不成太大威胁。但是对像中国这样巨大的市场而言，市场嗅觉不灵敏、转身不灵活却会成为跨国企业发展中的巨大失误。

参考文献

[1] 曹雅妮. 人力资源管理三支柱模型的本土化问题研究 [J]. 中国集体经济，2020 (23)：117-119.

[2] 戴维·尤里奇. HR-HR转型为组织创造价值和达成成果 [M]. 李祖滨，孙晓平，译. 北京：电子工业出版社，2015.

[3] 张国顺. 腾讯HR三支柱模式的人力资源管理研究 [D]. 衡阳：南华大学，2018.

[4] 邓珊. 基于HR“三支柱”模型的人力资源部门绩效评价体系研究 [D]. 武汉：中南民族大学，2016.

[5] 高宇. 企业人力资源三支柱理论研究及管理实践 [J]. 商场现代化，2020 (7)：82-83.

[6] 为国. 从电子商务到智能星球：蓝色巨人IBM的3次战略转型 [J]. 中国集成电路，2009，18 (6)：70-76.

第九章　人力资源的能力素质要求与学涯规划

学习目标

√ 掌握 COE 人力资源领域专家的工作职责和胜任力

√ 掌握 HRBP 的工作职责和胜任力

√ 掌握 SSC 的工作职责和胜任力

√ 了解人力资源管理专业学生能力素质培养体系

√ 了解新技术背景下的人力资源胜任力地图

人力资源管理专业是理论与应用并重的管理类专业，在课程体系上重视理论基础课程的设置和应用能力、实践技能的培养。人力资源管理专业不仅注重培养学生掌握人力资源管理的一般理论和方法，更注重培养学生掌握人力资源管理基本能力的训练。本章主要分析三支柱模式下，人力资源工作职责和胜任力素质要求，明确人力资源管理专业的发展趋势与能力素质要求。

第一节　三支柱模式下三类人力资源胜任力素质要求

要有好的人生，就要有专业的学涯规划。专业的学涯规划来自对人力资源工作职责、人力资源胜任力要求的熟知。

一、人力资源专家中心（COE）的工作职责和胜任力

（一）人力资源专家中心的工作职责

COE 的工作职责包括：对人力资源管理政策的适用性和有效性负责，洞悉企业面临的外部竞争与内部问题，根据具体情境制定相应的人力资源政策与策略，并指导人力资源业务伙伴（HRBP）和共享服务中心（SSC）执行。

具体职责可以概括为以下几点：

支撑战略，助力业务发展关键点；

整合资源，系统性提高工作效率；

建立制度，完善运营与管控机制；

确定标准，对人才形成统一判断；

落地文化，倡导正确的工作方式；

培养团队，促进最佳实践的传播。

（二）人力资源专家中心的胜任力

一般来说，COE 需要企业内部最懂企业和员工的人力资源专家，很多公司都喜欢从咨询公司招聘候选人负责 COE，当然也有企业的 COE 专家跨行做管理咨询。

做好 COE 工作需要信息获取、学习能力，概念思维、创新思维的素质与能力；能解读公司战略，深入群众调研，提取关键信息；能关注并迅速学习掌握该领域的理论框架、最新理念、工具，乐于分享并培养他人；能运用概念思维的能力迅速抓住问题所在，具有创新思维并能结合企业实际提出更有创意的落地方法。

二、人力资源业务伙伴（HRBP）的工作职责和胜任力

（一）HRBP 的工作职责

为更好落实公司人力资源政策、提供最无间的人力资源服务，要交付最有效的人力资源服务（比如人员招聘和配置、考核与培训），一定程度上也须对业务部门的员工提供标准化的人力资源服务，如政策宣导和业务咨询。

HRBP 需要信息获取能力、关系建立、战略思维、影响能力、执行能力等素质。HRBP 要给人力资源部门提供最直接、最鲜活的业务部门信息动态，同时还要和业务部门关键人物或者影响链的关键环节建立关系，使人力资源政策推行能得到关键角色的支持。同时，能立足业务部门的实际需求提供针对性的方案与服务，还要在和一线员工的交锋中建立人力资源的专业形象。

HRBP 的具体职责可以概括为以下几点：

从人力资源视角出发参与业务部门管理工作；

与 COE、SSC 合作，给出有效的人力资源解决方案；

向 COE 和 SSC 反馈人力资源政策、项目等实施的有效性；

协调员工关系，调研培训需求；

制订并执行业务部门人力资源年度工作计划；

运作适合所在业务部门的人力资源战略和执行方案；

参与所在业务部门的领导力发展和人才发展通道建设；

支持企业文化传承与变革；

建立所在业务部门的人力资源管理体系。

（二）HRBP 胜任力

1. 战略方面

领导变革：要具备可以去激励并推动组织中的成员成为变革中的一员的能力。

观察入微：要有能力在本组织以及其他组织内发现关联以及相互关系，并找到关键人物。

客户服务导向：集中关注和发现客户的需求，并尽力满足客户需求。

2. 专业方面

战略思考：将自身的业务和所处环境结合起来，发现突出的成功因素和能力。

构建人力资源架构和管理体系：理解人和组织是企业长期成功的关键因素，并将

其转化为当前发展形势下的人力、程序和系统。

专业技能：了解人力资源管理领域的专业知识，将其变得可视化并且不断扩充知识。

3. 领导力方面

作用及影响：洞察他人及其兴趣点，说服并影响他人，从而在某个观点或目标上给予支持。

积极主动：发现问题、找到机遇和可能，并采取行动。

4. 个人方面

成就驱动力：以达到极为出色的表现和超越绩效标准为目的。

探究型驱动力：拥有天生的好奇心以及想要去了解其他人和当前事物的渴望。

勇气和正直：勇于说出自己认为正确的事情。

三、人力资源共享服务中心（SSC）的工作职责和胜任力

（一）人力资源共享服务中心的工作职责

SSC 的工作涵盖多个模块，如运营服务、系统建设、信息维护等，这里涉及人力资源人员的工作职责主要为运营服务，即面向员工提供标准的人力资源服务。

根据国内民间人力资源研究组织智享会第二届中国企业胜任力模型运用与实践调研报告，参与调研企业中设计 SSC 胜任力模型的企业约为 58%，近 33% 的企业正在设计或者计划设计。

（二）人力资源共享服务中心的胜任力

博世的 HRS（HR Service）的整体胜任力模型包括流程执行力、沟通能力、客户服务、解决问题能力、持续改善、项目管理、团队合作、领导力八个要素。

腾讯将共享交付平台员工的能力模型划分为三个类别，分别是员工服务类、平台支撑类、事务处理类。每个类别中按照能力要求的不同，分为通用能力和专业能力，通用能力普遍适用于所有员工，专业能力则是对员工提出的更高要求。

具体可以概括为以下几点：

（1）沟通能力。能够与客户保持良好的沟通，对于客户面临的问题、需求、困扰等，能够耐心倾听并提供力所能及的帮助。

（2）服务意识。有帮助或者服务客户的愿望，能够做到从客户的需求出发，满足他们的要求。

（3）解决问题。面对纷繁复杂的问题，能够运用已有的知识、技能主动去解决。

（4）执行力。有效利用资源完成预定目标。

（5）主动性。主动挖掘并响应客户的需求；对客户的问题有清醒的认识并且主动采取行动，帮助客户解决现有的问题。

（6）信息收集能力。通过各种技术手段挖掘客户的需求，掌握全面的信息，更好地服务客户。

（7）灵活性。具有适应不同环境、不同个性、不同人群并有效工作的能力。

（8）成就导向。希望工作杰出或者超出标准地优秀，通过自我驱动把工作做得更好。

第二节 培养开发三类人力资源胜任力素质

我们应该如何培养开发这三类人力资源胜任力素质，紧跟时代的脚步呢?

一、三支柱模型目前存在的问题

目前三支柱模型，即人力资源管理平台化方面还存在一些问题，致使多数传统企业还难以满足人力资源管理平台化的要求：①专家型人才稀缺；②具有人力资源大数据分析背景的 HRSSC 人才稀缺；③HRBP 专业人才稀缺。

二、未来人才培养方向

彼得·德鲁克认为，中国具有的资源首先是人力资源，因为中国拥有一支庞大的、接受能力和生产能力都很强的，也许是独特人才的劳动大军①。中国人民大学彭剑锋指出，企业核心竞争力最终来源于企业中的人力资源，凭借企业中人所掌握的核心专长和技能②。

三支柱模型管理实现的核心基于客户价值，要真正把人才当成客户，为他们提供共享交互服务。上要对接战略，为公司战略服务；下要为员工服务，为业务经理服务；企业整个流程体系也必须基于内部客户关系来构建。而很多企业的业务流程体系根本不是基于客户价值来构建的，使得三大系统之间不能实现有效协同、闭环运营。

根据三支柱模型目前存在的问题，未来人才培养方向应侧重于：①专家型人才的培养；②有大数据背景的 HRSSC 运营人才的培养；③有人力资源理论知识与基础的 HRBP 人才培养。

三、人力资源胜任力地图

人力资源管理专业学生能力素质的培养是一个长期持久的过程，需要充分发挥学校、企业、政府等多方主体的积极性、能动性和创造性，需要加大对学生实践能力培养的财政投入，并建立行之有效的学生能力社会综合评价服务体系，把学校的人才供给与社会的人才需求紧密联系起来。只有这样，才能培养出大量优秀的人力资源管理类人才（见图 9－1）。

---

① 彼得·德鲁克．组织的管理［M］．上海：上海财经大学出版社，2003.

② 彭剑锋，荆小娟．员工素质模型设计［M］．北京：中国人民大学出版社，2003.

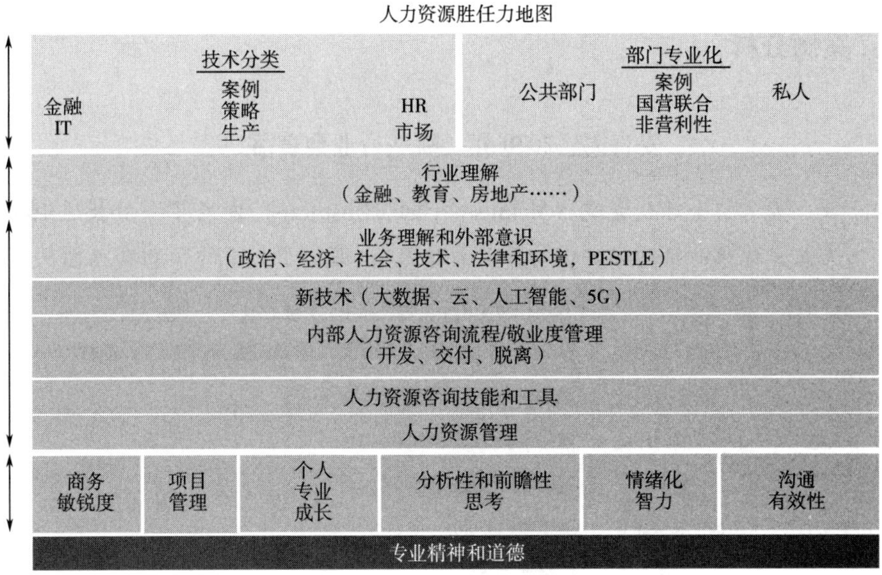

图 9－1　人力资源胜任力地图

本章小结

首先，引出三支柱模式下 COE、HRBP、SSC 的职能并分别阐释，使读者初步掌握三支柱模式下三类人力资源的工作职责和胜任力素质。

其次，进一步分析三支柱模型目前存在的问题，指出未来人才的培养方向，并绘制人力资源胜任力地图。

关键术语

胜任力（competency） COE 胜任力（COE competency） HRBP 胜任力（HRBP competency） SSC 胜任力（SSC competency） 人力资源胜任力地图（HR competency map） 能力素质培养体系（ability and quality training system）

复习思考题

1. 人力资源专家中心的工作职责和胜任力包括哪些内容？
2. 人力资源业务伙伴的工作职责和胜任力包括哪些内容？
3. 人力资源共享服务中心的工作职责和胜任力包括哪些内容？
4. 你认为目前三支柱模型，即人力资源管理平台化方面还存在哪些问题？未来的人才培养方向应该是怎样的？
5. 基于本章内容、结合全书重要知识点，对你的职业生涯做一下规划。

案例分析

麦肯锡：2030年，哪些行业会衰落?①

2017年，麦肯锡全球研究院（Mckinsey Global Institute）发表了一份长达160页的报告——《失业，就业：自动化时代的劳动力转移》，做出了如下的预测（见图9-2）：

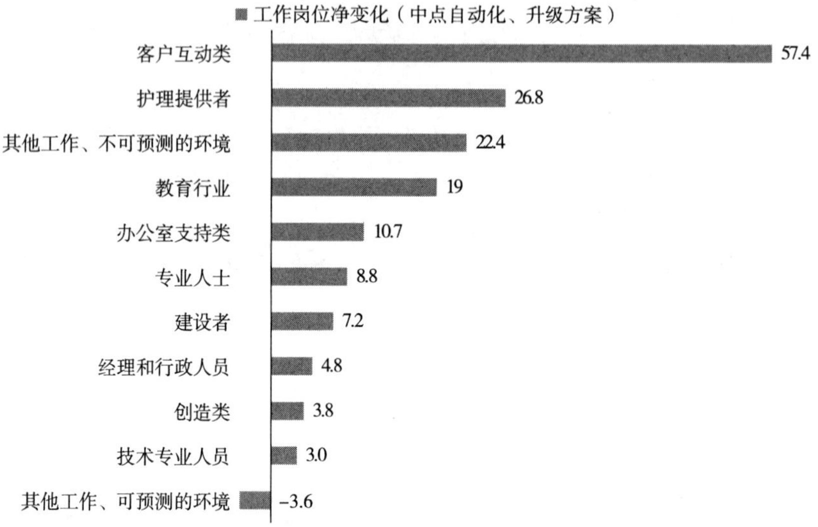

图9-2 麦肯锡报告的预测

（一）自动化针对未来职业发展带来的挑战和机遇

1. 挑战：自动化将改变现有的工作场景，引领劳动力转移潮流

从麦肯锡之前关于自动化的报告中发现，虽然很少有职业（少于5%）能够实现完全的自动化，但是，在大约60%的职业中，至少有30%的工作内容可以被自动化。而在全球范围内人们所从事的有偿活动中，有50%左右的工作理论上可以利用技术实现自动化。这意味着所有的工作场所都将发生巨大的变化。

麦肯锡的报告显示：到2030年，全球可能会有4亿~8亿人因自动化而失业。7 500万~3.75亿工人（占全球劳动力的3%至14%）将需要转换职业类别。

报告重点分析了六个国家：中国、德国、印度、日本、墨西哥和美国。其中，中国将面临需要转换职业的工人数量最多——达到1亿人，占2030年劳动力的12%。尽管这个数字与过去25年中国农业的巨大转变相比相对较小，但是相对于发达国家，中国受自动化影响的劳动力的比例还是要高得多。

2. 机遇：自动化将改变许多职业的工作内容，甚至创造出今天不存在的新职业

麦肯锡的研究结果表明：到2030年，成为未来劳动力需求催化剂的几个趋势可能

---

① 资料来源：FasTrakCareer。

创造数百万个就业岗位。

这几个趋势分别是：

√ 老龄化日趋严重，养老服务的需求；

√ 提高能源效率；

√ 应对气候挑战；

√ 为日益扩大的消费阶层（尤其是发展中国家的）提供商品和服务；

√ 对所有国家所需的技术、基础设施和建筑进行投资。

所以，从另一个角度来看，自动化带来的投资增加和生产率增长，可能刺激足够的增长，以确保充分就业。这些新型职业所带来的大量新增就业机会，会大大抵消自动化带来的失业，但前提是大多数失业工人在一年内找到新工作。如果员工的再就业缓慢，摩擦性失业会在短期内上升，工资将面临下降的压力。

（二）自动化趋势带来的未来行业趋势

自动化的影响因一个国家的收入水平、人口结构和产业结构而异。自动化取代工人的程度将取决于其经济发展的速度和工作需求的增长。

从全球总体的行业趋势来看：

对于美国和其他发达经济体，收入两极分化可能会继续：如果目前的工资结构持续下去，高工资职业（投行、咨询）的需求可能会增长最快，一些目前工资较低的职业（如护理助理和教学助理也将增加），而中等工资职业的需求会下降。

在中国和其他新兴经济体则不相同：服务和建筑等中等工资职业可能会出现最大的净就业增长，零售销售和教师等中等收入岗位也将迅速增长，从而提振新兴的中等收入阶层。

从全球范围来看，哪些行业比较受欢迎，哪些行业将会衰落？

创新型职业（作家、编剧、演奏家、作曲家），以及偏社交和身体、心理护理（心理医生、销售）的工作不容易被替代。

能被数学建模的工作，即偏向利用数据收集与分析的工作比较容易被取代，简单举两个例子。

办公室支持相关：电脑支持工人、财务人员（采购、会计等）、行政助理。

机械操作相关：生产工人、物料搬运机操作员、农业分级机和设备操作员。

以中国为切入点，详细列举部分受青睐和不受青睐的行业。

未来需求比较大的行业：

医疗/社区护理行业：护士、医生助理和药剂师，社区工作者，保姆；

教育行业：教师、培训师、教学辅助；

创意行业：艺人/媒体工作者；

需要与消费者互动的相关行业：个人护理工作者。

未来需求较少的工作：

机械行业：农业分级机和设备操作员；

建筑行业：塔吊操作员；

物流行业：物料搬运机操作员。

（二）应对自动化趋势

我们能够提前做些什么？

从整体的角度来说，未来的所有员工都需要适应新的工作环境，因为他们的职业是随着越来越强大的机器而变化的。

对于每一个劳动者而言，跟上最新的发展潮流，练就不可被自动化替代的技能，将成为最重要的竞争力。

有哪些不易被自动化替代的技能？

在麦肯锡的报告中，未来很多工作活动将需要社交和情感技能以及高级的认知能力，比如高层次的逻辑推理能力。

这种能力的转变并不局限于某一种工作。许多员工花费大量时间收集和处理数据，他们的工作内容可能会发生重大转变：举个例子，财务经理可以花更少的时间监控现金流，而将更多的时间用于管理职能，如监督员工和就业务事项向他人提供建议。

各行各业的专业人士都将很快意识到这些“软技能”的重要性，尽管理解数值计算的含义仍然很重要。

例如，在专业社交网站领英（LinkedIn）上，专业人士越来越多地围绕这些较难自动化的软技能发展和推销自己（见图9－3）。

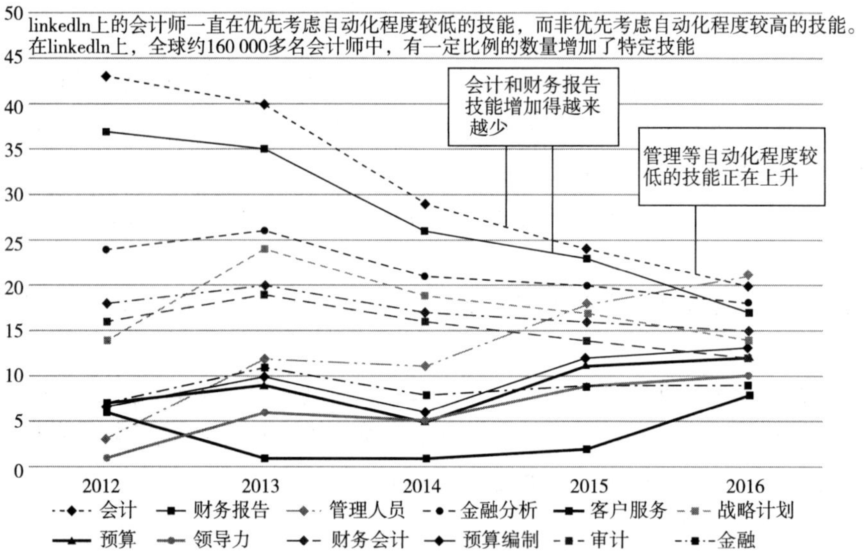

图9－3 领英网站数据图

资料来源：领英麦肯锡全球研究所分析。

【案例讨论】

1. 你认为人力资源管理是比较容易被取代的工作吗？10年后，你的行业发展会怎么样呢？

2. 为了避免未来被自动化取代，我们应该培养和掌握哪些不易被自动化替代的技能？

3. 麦肯锡的报告给你带来什么感触和启发？

参考文献

［1］彼得·德鲁克．组织的管理［M］．上海：上海财经大学出版社，2003.

［2］彭剑锋，荆小娟．员工素质模型设计［M］．北京：中国人民大学出版社，2003.